comparative studies

比较

图书在版编目（CIP）数据

比较．第 41 辑／吴敬琏主编．—北京：中信出版社，2009.4
ISBN 978-7-5086-1505-9

I. 比…　II. 吴…　III. 比较经济学　IV. F064.2

中国版本图书馆 CIP 数据核字（2009）第 051845 号

比较·第四十一辑

主　　编：吴敬琏
策划推广：中信出版社（China CITIC Press）+《比较》编辑室
出版发行：中信出版集团股份有限公司（北京市朝阳区和平街十三区 35 号煤炭大厦　邮编　100013）
（CITIC Publishing Group）
承 印 者：中国农业出版社印刷厂
开　　本：787mm×1092mm　1/16　　印　　张：10.25　　字　　数：200 千字
版　　次：2009 年 4 月第 1 版　　印　　次：2009 年 4 月第 1 次印刷
书　　号：ISBN 978-7-5086-1505-9/F·1597
定　　价：28.00 元

服务热线：010-84264000
服务传真：010-84264033
http://www.publish.citic.com
E-mail: sales@citicpub.com
author@citicpub.com

comparative studies 比较

卷首语

2006 年诺贝尔经济学奖得主埃德蒙德·菲尔普斯在他的获奖演说中提出了“好的经济”的概念，
《比较》亦在第 36 辑发表了此文。
在全球经济危机肆虐之际，他进一步提出“令人向往的经济”的概念，
即什么样的经济政策决策能够最好地帮助我们实现“令人向往的经济”。
一个好的经济——“令人向往的经济”，必须有足够的活力，
能够激励人们去解决问题和发掘人的聪明才智，能够提供大量的工作和丰厚的回报，
因而使得经济不断走向繁荣，在这里，繁荣就是目的本身，而不仅仅只是提高经济发展水平的一个手段。

2006年诺贝尔经济学奖得主埃德蒙德·菲尔普斯在他的获奖演说中提出了“好的经济”的概念，《比较》亦在第36辑发表了此文。在全球经济危机肆虐之际，他进一步提出“令人向往的经济”的概念，即什么样的经济政策决策能够最好地帮助我们实现“令人向往的经济”。一个好的经济——“令人向往的经济”，必须有足够的活力，能够激励人们去解决问题和发掘人的聪明才智，能够提供大量的工作和丰厚的回报，因而使经济不断走向繁荣，繁荣就是目的本身，而不只是提高经济发展水平的一个手段。由此，我们对各种不同的经济制度进行选择的时候，它能够为我们提供一个道德标准。但在经济泡沫和亢奋期，这类本质性的制度问题，人们无暇深刻思考。危机来临，对既有经济的批判和对“好的经济”的思索恰逢其时，本辑《比较》首先就为读者提供了菲尔普斯的新文章。

《国家的经济繁荣：繁荣依赖于活力，活力取决于制度》一文是对“令人向往的经济”的具体论述，是关乎我们究竟希望拥有一个什么样的经济的真正的讨论。作者批评了经济学界过于关注负面激励机制的新古典经济学分析，他认为，除了传统的效率标准外，“令人向往的经济”最重要的表现是繁荣，而繁荣依赖于有益的变革，变革创造了激励人们解决问题和发掘聪明才智的活力，活力则取决于一系列的制度组合，

诸如产权保护、法治和监管等都是“好的经济”所必需的制度，但上述制度并不足以让一个国家具有活力。作者比较和分析了社团主义以及加大公共开支等传统政策手段，认为它们都与提高经济活力无缘，在任何情况下，制度选择都是最重要的因素。

政策讨论栏目的一组文章主要讨论当前的政策和制度问题。香港金管局的何东等人用投入产出法分析了 4 万亿财政刺激方案在行业层面的影响，然后用动态模型法研究了财政刺激方案的传导机制，以期从静态和动态两个方面对该政策的产出和就业影响给出比较客观的评估。项俊波构建了一个经济结构调整的分析框架，在该框架的基础上讨论了中国经济结构调整的战略思路和举措。周汉华全面分析了当前广泛运用的地方政府负总责制度存在的问题，并提出了具体的改革建议。

本辑《比较》跟踪和延续了我们对金融危机引发的监管问题的关注。诺贝尔经济学奖得主斯蒂格利茨认为，出于市场失灵、人们的非理性行为以及公平等方面的考虑，政府监管不可避免，视监管内容的不同，监管可以采取不同的方式。他以主权财富基金、金融市场监管和针对温室气体排放的环境监管为例，讨论了监管原则的运用，并指出如何将监管体系设计得有效、公平是目前最重要的问题。

普林斯顿大学的斯蒂芬·莫里斯和申铉松认为，这次金融危机引发的金融体系动荡对传统监管理念提出了挑战。他们指出，金融监管的目的是为了确保金融体系的整体稳定，因此以风险资本要求为基础的传统金融监管体制就不足以实现这个目标，而需要全面改革当前的资本制度，引进新的金融监管工具，做到系统性金融监管，或许才能更加有效地保障金融体系的稳定。

同为普林斯顿大学教授的马库斯·布伦纳梅尔概括并解释了 2007 年至 2008 年间的流动性危机和信用紧缩的重大事件。他还详细分析了四类机制如何将抵押贷款市场的几千亿美元损失，放大成全球罕见的金融和经济危机。他的分析为我们思考新的金融架构和未来的金融监管提供了起点。

在“海外特稿”中，关志雄的文章以日本 20 世纪 70 年代初期被迫从固定汇率制向浮动汇率制转变为比较，给我们提供了很好的经验和教训。文章认为，中国目前的环境与当年的日本十分相似，完全浮动的汇率制是中国未来的必然方向，关键在于政策选择和时机把握。

《20 国集团和全球资本主义》一文是三位学者对 20 国集团峰会的评论。耶鲁管理学院的加腾认为，20 国集团关于国际合作的讨论空洞无物，而各个国家为自己规划的狭窄道路似乎没有什么光明的前景。洛桑国际管理学院的让 - 皮埃尔·莱曼则认为，20 国集团峰会暴露了欧盟的巨大分歧，在急需稳定和明确意见的危机时刻，这种分歧对欧盟和全世界都没有意义。伯克利加州大学的巴丹教授则认为，资本主义制度尽管表现出不平等性、不稳定性和不道德性，但有强大的适应性，使之有可能继续存在下去。

在当今美国的经济学界，年青一代的经济学家正在致力于用经济学方法来研究各种社会现象。《电视的力量》一文是对当前颇为活跃的青年经济学家艾米莉·奥斯特和罗伯特·詹森所做研究的一个总结。他们的研究表明，在印度，电视的引入通过将城市的生活态度和价值观传递给农村家庭，提高了农村妇女的社会地位和儿童的受教育程度。

社科院世经政所的王永中博士则给我们带来了日本学者对这次金融危机的看法，对于我们从不同侧面了解危机提供了重要的信息。

comparative studies
比较

02 09
Vol.41

《比较》
2009 年第 2 期 总第 41 辑

国家的经济繁荣

繁荣依赖于活力，活力取决于制度

The Economic Prosperity of Nations: Prosperity Depends on Dynamism, Dynamism on Institutions

埃德蒙德·菲尔普斯

对绝大多数国家来说，经济制度的选择是经济政策决策中最重要的内容，而且这十几年来，制度选择一直都居于核心地位。表面上的理由是，我们对制度的理解还相当有限。更深层的原因是，事情还未开始就已困难重重，因为我们还无法就制度的表现以及选择什么样的制度展开真正的讨论：哪些制度运行良好，哪些制度需要加以改革，同时又需要引入哪些新的制度。除非我们愿意并且能够具体指出（即便仅仅是为了进行讨论），我们究竟希望拥有一个什么样的经济。在此，我想首先提出这样一个概念——“令人向往的经济”(desirable economy)，即什么样的经济政策决策能够最好地帮助我们实现“令人向往的经济”。[1]当我们对各种不同的经济制度进行选择的时候，它能够为我们提供一个道德标准。此外，这一概念还可以使我们从一个新的视角来讨论所有的经济政策。

在政策讨论中，最为常用的标准是新古典经济学/新自由主义/供给学派经济政策分析中所使用的静态效率标准。这一标准的核心是如何有效地激励人们去工作、储蓄和投资，对经济政策的判断就是看它们是否对人们的上述行为决策产生了负面激励。当第二次世界大战后激进的凯恩斯主义已经成为过去，几乎我们所有人都吸收了新古典经济学的基本思想。我们知道，国家往往会因为对各种政策参数的错误干预而造成巨大失误，如过高的边际税率、强制性重置比率等等。有鉴于此，新古典经济学/新自由主义/供给学派对欧洲大陆的经济提出了极为严厉的批评：对政策参数的扭曲是造成西欧国家低就业和经济增长下滑的“罪魁祸首”[2]。

我并非暗示新古典主义经济分析没有价值，或者说它在解释现今欧洲大陆和日本仍然存在的相对停滞问题时起不到什么

* 作者 Edmund S. Phelps，2006 年诺贝尔经济学奖得主，哥伦比亚大学政治经济学 McVickar 讲座教授，哥伦比亚大学资本主义和社会研究中心主任。作者最近与 Gylfi Zoega 一起对国家经济活力进行了合作研究。——编者注

1 这可以抽象地概括为经济正义。从某些观点来看，一个令人向往的经济体制或许有公正或不公正之分，但不论是哪种情况，它都比另外一些经济体制更为可取。

2 见 Layard，Nickell 和 Jackman（1991）。我曾经指出，市场力量至关重要。例如，自 20 世纪 70 年代末期以来直至 80 年代，过高的真实利率（Phelps，1992）与欧洲生产率下降之间的相关关系。当然，美国也存在类似的问题，尽管程度相对较轻（Phelps，1997）。

作用。事实上，我自己就研究了税率对劳动收入的影响，特别是短期的影响。[3]此外，我还特别强调了福利国家不断膨胀的福利待遇对就业水平的(不利)影响[4]。迄今为止，人们已经广泛分析了经济政策对经济活动和经济增长的各种不利影响[5]。尽管我坚信任何判断都存在不确定性，但我仍然同意，自20世纪80年代以来，西欧国家经济活动的停滞和生产率的下降在很大程度上是源自各种政策变量的扭曲。真正需要回答的问题是，新古典经济学政策冲击效应到底有多大？与美国相比，欧洲大陆在20世纪80年代和90年代的失业率相对上升。我们当然可以从欧洲国家福利待遇的提高和连续高税率的角度对此进行统计学上的解释，但是，这种统计学意义上的相关性分析可能存在重大问题，因为还有许多其他变量也会影响这一结果，例如（欧洲）技术进步的落后，人口分布比例的不利前景等等，而且我们也很难对所有变量都进行相关的统计分析。如果对OECD国家进行跨国分析，我们就会发现，这些国家之间在失业和劳动参与率方面存在的差异并不能通过分析它们在劳动税率、重置比率和公共部门规模等方面的差异来作出充分的解释。[6]

我的批评是，新古典经济学分析已经偏离了它在政策制定中的恰当指导地位，而成政策制定的唯一标准：效率不再是构成一个好的经济的诸多要素之一，而是成为唯一的标准。在近些年里，欧洲经济改革的重点（包括正在实施的和计划实施的改革措施）除了考虑重新调整新古典经济分析中的工具变量，如税率水平、社会贡献和公共开支等等，几乎不再考虑任何其他因素。由于相信过度膨胀的福利待遇已经成为问题的关键所在，一些国家计划大幅削减福利待遇，首先就是延长工作年限，如意大利就从35年延长到了40年；那些认为所得税税率过高是一个严重问题的国家则计划降低税率，如德国打算下调10个百分点，法国是9个百分点；考虑到重置比率对失业的负面影响，一些国家决定降低这一比率，例如法国就缩短了机器设备的使用寿命；[7]由于认识到基础设施的匮乏是欧洲存在的问题之一，欧洲委员会计划在未来10年里投资20亿欧元用于建设新的桥梁和隧道。这看起来似乎都有些可笑，政策制定者们堂而皇之地认为依靠这些积极的政策改革就足以改善就业或是提高生产率。事实上，更深层次的问题是，上述政策反应显示出人们并没有对究竟是什么构成了“表现良好的经济”进行过深入细致或具有启发意义的思考。在此，我将阐述自己对这一问题的看法，并愿意就其中的一些基本观点展开建设性的讨论。

令人向往的经济：效率和繁荣的优异表现

政策讨论中最关键的问题就是要对经济表现这一概念具有明确和清晰的认识——什么是令人向往的经济生活。适龄的工作人群需要得到广泛的职业选择机会，而这反过来就要求在一系列工作岗位上获得较高的工资，这就是一个高效率的经济

3 见Phelps（1994）。其他税率保持不变，如非劳动收入的税率水平。

4 Phelps和Zoega（1997）。

5 Heckman（2004）的分析包含了我最近在相关文章以及本文中所提到的部分经济制度。

6 或许多元回归分析能够让我们得出一些令人满意的结果。

7 我在自己的文章中曾经提到过这些观点（Phelps，2003b），其他研究者也独立指出了这方面的问题（Raphael，2004）。

（建立很高的福利待遇，如特殊人群社会补贴以及为所有人提供免费教育，确实可以让人们选择他们自己愿意从事的工作而根本不必考虑工资的高低。但其困难在于，只有高效率的工作所带来的税收收入才能支撑起这样的福利支出）。另一个观点是，处于精力旺盛年龄阶段的人们需要一个可以充分施展才能的环境，让他们能够去思考、工作、休息等等。舒适的环境意味着人们能够拥有足够的空间，无论是家还是工作场所都不能太热和太冷，然而提供这样的环境必然要求高效率。当然，高效率仅仅只是好的经济表现的构成要素之一。

如果说一个经济表现良好，那还意味着经济活动的参与者正在不断走向繁荣。繁荣是指所从事的工作具有吸引力并且能够获得回报（回报绝不仅仅是指金钱上的收入）。繁荣意味着所获得的工作能够抓住人心，激励人们去解决问题，让做事的人能够充分发掘他们的才智，提高他们的能力。所谓一份让人满意的工作，其关键在于，通过发掘才智，提高能力来完成个人的成长。在这里，繁荣就是目的本身，而不仅仅只是提高经济发展水平的一个手段。当然，满意的工作也会带来其他效应，如提高工作人员的参与程度，振奋员工士气或增加员工忠诚度等等；满意的工作还能够通过降低失业，从而提供更多的好工作。繁荣的程度可以由一些相对精确的经济活动指标来加以衡量，如参与比率、失业率和活跃比例等等。

繁荣意味着所获得的工作能够抓住人心，激励人们去解决问题，让做事的人能够充分发掘他们的才智，提高他们的能力。

如果"好的经济"就是指激励人们去解决问题和发掘人的聪明才智（这依赖于经济活力），那么我们就难以解释为什么过于关注负面激励机制的新古典经济学分析居然占据了中心地位。正确调整税率、社会福利水平和公共支出并不能让资源发挥更高的效率，它也无法让工作更具有吸引力以及提供更多的回报。这就是我们认为增加桥梁和隧道建设的计划非常可笑的原因所在。如果欧洲大陆国家认为它们正在一步一步地失去繁荣，那么很显然，更多的桥梁和隧道并不意味着它们能够对欧洲大陆的繁荣作出什么有益的贡献。

但这是一个人们普遍接受的概念吗？在欧洲，还是在其他任何地方？一般认为，我所阐述的关于"令人向往的经济的良好表现"是美国人的特有观念[8]。对很多读者而言，一些美国著名作家和思想家都或多或少地提到了类似的概念（即什么是好的经济表现，或者更宽泛地说，什么是好的工作和商业表现），如富兰克林、林肯、威廉·詹姆斯、杜威、罗尔斯、罗蒂、鲍可等等[9]。但是，那种普遍认为这一概念与欧洲价值观没有多大关系的想法是没有任何根据的，因为事实正好与此相反。

正是欧洲人最早阐述和发展了这一人本思想，即探索、独立、进取和参与是人类通向自我发展和自我完善的康庄大道。人本思想来自古希腊、文艺复兴和启蒙运动。亚里士多德在《伦理学》一书的开头就首先假设，"所有的人都渴望知识"，然后他探讨了工作、学习、发展、快乐以及幸福之间的关系。切利尼（意大利文艺复兴时期的代表人物之一）自传的原型就是一个获

8　在一次研讨会上，Ralph Gomory 在进行评论时提出了这样的观点。如果我没有记错的话，当时我并没有表示出异议。可现在，我不太同意这一观点。

9　阿玛蒂亚·森在美国的时候（当时他在哈佛，现在他又回到了这里）大量吸收了这些人士的思想，认为"做事情"和"能力"是自由和公正的核心。

得解放的人努力追求自我实现和成功。亚当·斯密讨论了自助和竞争的社会价值，他提倡人们广泛参与商业生活。萨伊赞美了那些不断通过经济创新而获得更高收益的商业人士；孔多塞认为，比起那些在政治上争夺权力的政客，从事经济活动的企业家更值得赞扬，因为政治上的权力斗争往往都是零和游戏，而企业家们的活动却能够提高生产率[10]。显然，美国的这类价值观恰恰来自于欧洲的人本主义思想传统，而且这一思想传统一直延续到了18世纪之后。法国哲学家贝格松将渴望改变的潜能视为人的生命力，好的生活是一个人不断地“成为”(becoming)而不仅仅是“存在”(being)。马歇尔将工作场所看成是大多数人精神活动的源头；米达尔则认为，对很多人而言，工作所带来的快乐要远远超过消费。

既然如此，那么为什么人们普遍认为正是欧洲人自己在很久以前抛弃了这些西方世界的核心价值呢？之所以有这样的看法，是因为在20世纪初，大部分欧洲国家开始厌恶1913年那种充满活力的资本主义制度：东欧国家选择了共产主义，后来又走向了市场社会主义；两个西欧国家，意大利和西班牙则发明了社团主义并付诸实践。但每一轮“革命”运动的众多拥护者们都支持如下观点：与资本主义制度相比，新的体制能够更好地刺激投资，让科学服务于人类的进步，并由此带来经济增长；新的制度还能够提供更多具有吸引力的工作，同时可以大大提高工人的责任心。由此可见，所谓“人本主义传统与欧洲的价值观没有多大关系，那是美国人的特有观念”的说法显然是过于夸张，而且也不符合历史事实。

10　见Rothschild（2001）第33页，在这本书中，孔多塞占据着突出的位置。

或许有人会提出，是不是人本价值对欧洲人的行为所产生的影响已经受到了严重侵蚀？我们也似乎看到，在欧洲，人们工作是为了生活；在美国，人们生活是为了工作。究其原因，人们可能会想到，在过去的一个多世纪里，欧洲经历了各种“反商思潮”，再加上基督教教育的影响以及对社会动荡和不平等的愤怒，这些都大大削弱了西方传统价值观的力量[11]。上述问题可能会引起很大的争论：究竟是什么让一个国家的经济获得了繁荣？是经济制度吗？因为有了某些制度而没有另外一些制度？或者是文化，还是其他什么别的东西？抑或是各种东西的“大杂烩”？在讨论这一问题之前，我们需要先往前迈一步。

繁荣依赖于经济活力，或许生产率同样如此

既然繁荣是构成经济表现良好的最重要的因素之一，那么一个经济想要获得繁荣，它需要具备哪些东西呢？我的答案是，必须有有益的变革，我称之为“活力”。首先，如果想要员工走向繁荣，那么就要在工作岗位上不断提供进行变革的激励和挑战，例如，有新的问题需要去解决、有新的任务需要去完成，以及努力获得新的能力。其次，国家并不想要进行那些受到误导或者没有意义的变革。正如金融部门那样，国家进行投资必须要看到未来会创造出有益的变革，即能够提高生产率。

上述观点有没有实证上的支持呢？在

11　与欧洲人在20世纪的经历不同，美国人没有受到基督教教育中“反商思潮”的影响，而且美国本土没有发生过大战。同时，美国人在经济不断增长、前景光明的时候，很少将被剥夺资格视为一种严重的不平等。当然，我不太肯定这些解释是否能够令人信服（例如，从1880年到1930年，欧洲几乎不太了解美国的实用主义哲学）。

20世纪90年代后期，我认识到，有一些间接证据表明，一些国家的活力水平比另外一些国家要低，而且那些活力水平低的国家往往经济表现欠佳：繁荣程度相对较低，特别是生产率较低。在互联网和通讯革命出现之际，有些国家投资高涨，而有些国家反应麻木。在OECD最发达的12个经济体中，至少有三个看起来缺乏活力：德国和意大利错过了投资高潮，法国直到很晚才作出反应。我发现，相对于OECD的其他9个经济体而言，这三个国家在工作岗位方面回报率低，员工士气也不高，其他方面的问题还包括劳动力参与程度低和高失业率。

那么生产率作为经济表现的另一个构成要素是否同样依赖于活力呢？对于这一点，相关证据比较复杂。以英国为例，英国经济在面临市场机会时反应较为灵活，这显示出它具有一定的活力；但与此同时，英国在生产率方面相对落后于法国和德国，这又表明英国的活力并不是很强。综合来看，相对高的活力水平并不是生产率高的充分条件（另外一种可能是，20世纪90年代后期的数据误导我将英国列入了具有较高活力的经济体之列。当时的英国财政大臣布朗曾指出，英国在90年代后期并没有出现投资高涨的情况，这一点与我的计算正好相反）。

我真正要说的是，活力这一概念所包含的内容可能超过诺斯的产权观点以及施莱弗进一步证明和强化的其他东西。

在OECD的12个经济体中，法国和德国仍然是生产率相对较高的国家，这一事实表明，相对较高的灵活度和相对较高的活力并不是导致相对较高的生产率的必要条件。欧洲之所以能够提高生产率，很可能是因为它聪明地模仿了美国的技术进步和成功经验，而美国为此支付了巨大的创新成本并经历了各种失败。事实上，如果考虑到法国经济中将如此之多的不合格工人吸纳到了各种工作岗位之中，我们就很难将法国列入生产率较高的国家之列。当然，所有这些观点都需要在未来进行深入研究。

经济体的活力依赖于它的经济制度

国家应该怎么做才能具有活力呢？因为正是活力创造出了繁荣。我的观点是，对一个国家而言，其经济活力的水平主要依赖于一些非常关键的经济制度及其发展状况，这些经济制度包括：公司法和公司治理，人们在投身商业活动之前是否有充分的准备，金融市场和金融工具，如股票市场等等。更一般性的制度，如法治以及为个人的收入、储蓄和投资提供安全保障，这是任何市场经济所必须的，即使是市场社会主义也不能例外。但上述制度并不足以让一个国家具有活力。在这里，我绝非是要贬低诺斯的开创性研究，例如，他认为如果没有产权保护，经济将无法获得发展；对于施莱弗也是如此，在一系列极富想象力的研究中，他证明了某些产权制度具有非常广泛的解释力。我真正要说的是，活力这一概念所包含的内容可能超过诺斯的产权观以及施莱弗进一步证明和强化的其他东西。“诺斯—施莱弗”的分析体系主要是基于传统情况的假设，而我所增加的内容则更为现代，即考虑到了行为者知识的不完全性。这其中的区别正如舞蹈家特怀拉-萨普对于古典芭蕾的评价：“所谓现代就是古典加上更多的东西。”

我关于活力源泉的观点是有证据支持

的。我们的研究可以对世纪90年代OECD 12个经济体的经济发展作出很好的预测，即通过衡量它们的活力水平来看一看它们在90年代末期的经济表现排序。代表一个国家活力水平的指标并不复杂，其中包括拥有大学学位的人口比例（可以采用1988年或1990年的数字），OECD各个国家开办新企业所需要的各种手续和程序，以及用股票市场现值来衡量的资本市场广度。

在此，我提出了二组证据：第一组将繁荣的间接证据与质量（我称之为活力）联系在一起；第二组直接将活力与一些与之正相关的制度联系在一起，如有广度的资本市场；同时与一些负相关的制度联系起来，如批准新公司的繁琐手续。我相信，这一检验方法向前迈进了非常重要的一步。通过这一分析，我想强调两个假设性结论：第一，活力这一概念所涵盖的内容远远超过私有产权；第二，不能把失业全部（或主要）归因于错误的劳动立法。当然，这些相对零散的证据并不能囊括目前欧洲改革所涉及的全部问题。

在经济的良好表现（即繁荣及其表现，如高就业和高生产率）与有利于增强活力的经济制度（以及没有不利于增强活力的经济制度）之间有没有直接证据呢？我们发现，即使在OECD 12个经济体的小样本中就存在这样的证据。

我与吉尔维·索伊加（Gylfi Zoega）对这些经济体进行了非正式的跨国研究，我们检验了衡量经济表现的三个指标：就业率（相对于适龄工作人口）、失业率（相对于劳动力）以及劳动效率。前两个指标大致可以刻画工作满意度和个人在工作中获得发展的状况。我们发现，有一项制度，即大学教育对改善经济表现的三个指标（就业、失业和生产效率）都有帮助。另外一项制度，即阻碍变革的“官僚作风”（以OECD国家对企业家创业的繁琐程序来加以衡量）则对经济表现的三个指标都不利。最后，严格保护就业的立法有损于生产效率，但它对就业率或失业率并没有显著影响[12]。

对欧洲社团主义影响的研究

众所周知，从1925年到1940年间，在欧洲大陆、南美和东亚的部分地区，一种通常被称为社团主义（corporatism）的经济体制逐渐流行开来。社团主义的核心思想是保留资本主义的核心内容，如私人收入、私人财富和公司的私有产权（这在市场社会主义的实践中有过先例），但它试图消除资本主义的“大脑”，即抑制和修正私人企业家和金融家的试验和发现机制（资本主义制度正是依靠这些来探索自己前进的方向）。社团主义力图在投资和创新中建立一种选择机制来替代资本主义的试验和发现机制，社团主义的选择机制要求获得主要社会团体的一致同意，即重要的选择和分配决策，如开办或关闭一家企业，需要得到社会指定团体的批准和认可。社团主义试图通过一系列影响商业部门发展方向的决策来干预整个社会的利益。典型的社团主义经济体制（无论建立这种体制的国家实际上采取了什么样的实施方式）主要包括以下特征：全面的工会组织、雇主联盟和大银行[13]。在第二次世界大战后，工人委员会成为欧洲社团主义体制的又一个

12 这里的部分结论散见于作者本人的一个评论中，见 Phelps（2003a）。

13 Rajan和Zingales（2002）研究发现，在欧洲大陆的大部分国家里，资本市场的资本化程度（即与GDP的比率）直到1980年还没有能恢复到1913年达到的最高值。

独特标志。在欧洲大陆，人们为这种体制引入了新的话语标签，如“社会伙伴”（意思是要有计划），“共同决策”以及意大利的所谓“和平协商政策”（即通过政府、三个主要的工会和雇主联盟进行三方的薪资谈判）。

正如前文所述，新体制的拥护者和支持者一般都宣称，与资本主义制度相比，

当社团主义建立起了可以对一系列经济决策进行直接干预的机器之后，这一机器最终将变成某些利益集团对所有进步建议加以否决的工具，除非人们能够为这些利益集团支付令它们满意的贿赂。

新体制具有内在的优越性，一旦运行起来，它就能够通过协调工资制定和投资决策对社会资源进行更加理性地分配。社团主义的理论家们与社会主义的理论家们一样，他们先验地认为自己的体制能够成为对经济进行科学管理的工具。与之相反的观点则兴起于20世纪80年代，这些观点认为，当社团主义建立起了可以对一系列经济决策进行直接干预的机器之后，这一机器最终将变成某些利益集团对所有进步建议加以否决的工具，除非人们能够为这些利益集团支付令它们满意的贿赂[14]。这些强势的利益集团并非罗尔斯式的弱势团体，而且它们也很少由那些富有远见和大公无私的政治家来领导。

我倾向于赞同如下观点：就总体而言，社团主义体制对生产率和繁荣具有负面影响[15]。我和其他一些研究者都指出，在欧洲大陆的一些国家里，至今依然存在着不少具有社团主义性质的制度安排，但它们并没有阻碍这些国家模仿在其他经济体中已经获得成功的相关先进技术和经验。事实上，欧洲国家在第二次世界大战后数十年的“追赶”已经证明了这一点。在我看来，社团主义制度以及鼓励建立这类制度的社团主义思想实际上是抑制了本土的创新活动。就这一点而言，与福利国家制度相比，欧洲大陆国家残留的社团主义制度和社团主义思想能够更好地解释这些国家商业活动和创新行为的衰落，由此也就解释了诸如工作满意度低、参与程度低以及高失业率等欧洲国家普遍存在的现象。

当然，在20世纪后半叶欧洲国家残留的社团主义制度也经历了很多变化。因此，很难对社团主义的正面影响和负面影响进行更为准确的比较和衡量。另外一个问题是，那些在过去十多年里一直宣称自己奉行社团主义的国家究竟在多大程度上已经偏离了（无论好坏）社团主义早先的运行机制和思维模式，这仍然需要进行研究。

在我看来，目前通过对OECD 12个国家进行统计分析之后所得出的一些假设性结论还是具有一定启发意义的。我和索伊加发现，在OECD的12个国家中，高度的社团主义（通常以工会和雇主的协调程度来衡量）往往与低就业率和低效率具有相关性，尽管并非高度相关。这一点已经得到了广泛承认，其中瑞典是一个例外或者说是“局外人”。这一发现只是根据12个

14　这包括两位先驱者，一位是Herbert Giersch，另一位是后来的Ezio Tarantelli。前者写到，在西德，社团主义仿佛是中世纪的行会组织（Giersch，1993）。后者则认为，所谓看起来非常有益的“工会协调”，实际上却复杂得多（Tarantelli, 1986）。

15　我在自己的一本书中首先关注了意大利的情况（Phelps，2002a），最近的研究是由Chatham House出版的一本演讲集（Phelps，2003c）。

国家的数据进行了简单的相关性分析[16]。当我们同时加入一项或二项其他制度变量的时候（即多变量回归分析），分析结果就会发生变化。阻碍企业家的“官僚作风”指数可以解释某些国家相对欠佳的经济表现。保护就业的立法可以解释为什么有些国家表现良好，而有些国家表现欠佳。但是，如果用“协调程度变量”来加以衡量，这两项制度（官僚作风和保护就业的立法）本身就与社团主义高度相关。当这两项制度变量（它们主要受到了社团主义的影响）被纳入分析模型之后，就不需要再用“协调程度变量”来解释残差。工会和雇主的“协调程度”不会对经济表现产生直接的负面影响。社团主义的危害更多是来自由社团主义思潮所激发建立的各种附属制度，而非工会和雇主协调机制本身。进一步的分析表明，在给定其他制度的前提下（即带有更强社团主义色彩的制度），工会和雇主的协调很可能只是一个很小的“加号”。

新体制（即社团主义体制）具有重大的潜能，就这一点而言，早期社团主义理论家们的断言可能真的没错。但是，我们越来越清楚地看到，就总体影响而言，社团主义体制和社团主义思潮极大地伤害了欧洲的活力，并进而对欧洲的经济表现造成了负面影响。

文化在经济表现中发挥着一定的作用吗？

在经历了20世纪70年代和80年代早期的两次剧烈冲击之后，欧洲经济在此后的二十多年里一直处于低迷状态。与此同时，印度、中国和一些南亚国家正显示出强大的能量和动力，无论它们的经济制度是具有支持作用还是具有阻碍作用，反正事实就是这样。因此，不管是经济学家，还是非经济学者都开始猜测国家之间是否存在着一些尚未发现的重要差别，而正是这些差别为今天各个国家的工作参与程度、投资以及其他经济表现带来了不同的影响。至今局限于新古典经济分析的政策讨论以及有关经济制度的研究可能并没有涉及到这些差别：或许文化差异是影响经济表现的重要因素之一。

最近，我强烈地意识到，除了质疑欧洲国家的经济制度需要对欧洲出现的经济问题负责之外，欧洲的文化是否同样也是欧洲经济表现欠佳的“罪魁祸首”之一呢？如繁荣的衰落和相对低下的生产效率[17]。正如汉斯·辛恩（Hans W. Sinn）对我所说的那样，一个德国人可能更愿意说他继承了财产而不愿说自己创造了财富。一些比利时商人告诉我，他们认为，与美国人相比，欧洲人大多是风险回避者。此外，欧洲家庭更习惯于将青少年保护起来，不希望他们很早就有什么工作经验或者去挣钱，因此，当这些孩子长大之后，商业世界对他们来说就显得比较陌生。还有人提出，欧洲的学校教育往往剥夺了孩子们自由玩耍

不管是经济学家，还是非经济学者都开始猜测国家之间是否存在着一些尚未发现的重要差别，而正是这些差别为今天各个国家的工作参与程度、投资以及其他经济表现带来了不同的影响。

16 见 Phelps（2003a）。

17 可参见我在慕尼黑演讲中的论述（Phelps，2002b）以及我在报纸上关于欧洲经济表现和经济制度的一篇文章（Phelps，2002c）。

的天性以及他们的创造力。也有观点认为，欧洲的文化保护思想实际上是要保护上年纪的人和权威人士，这使得年轻人认为挑战和颠覆既定秩序是不正确的行为。当然，需要特别指出的是，我并不是说欧洲人在某些基因方面存在什么缺陷（毕竟大部分美国人都是欧洲的后裔）。

我相信，除我之外，可能所有人都会对这些猜想感兴趣。这里的问题是：“是经济制度还是文化？”这个问题必然会引起人们的争论。但是，这类猜想很可能会遭到一些经济学家的反对，在他们看来，经济学家应该在他们擅长的专业领域里寻找原因，而不是跨到已经被心理学家和社会学家所占据的地方施展拳脚。同时，欧洲人自己对这样的猜想也会非常敏感，毕竟文化是他们最引以为傲的东西，如果再告诉他们，欧洲的文化是造成欧洲经济表现相对欠佳的重要原因之一，这可能会让人很不舒服。

正如我和其他人曾经一再提及的，我的研究策略仍然是继续集中于经济制度而非文化。沿着这一方面展开研究，经济学家具有比较优势。我们的目标是想从统计意义去解释欧洲大陆国家之间以及欧洲经济和其他经济体之间在经济表现上的差异，当然也可以去解释为什么美国和其他一些国家会有不同的经济表现。我们的努力完全可能失败，而失败的原因很可能就是：文化是一个国家的活力和经济表现更为重要的决定因素。更不利的结果是，我们也许最终会发现，尽管国家的制度选择确实是造成它们不同的经济表现的重要原因，但国家之间的制度差异恰恰是文化差异的反映。换言之，文化差异才是主要原因，即文化可以直接解释经济表现作，而根本不需要借助经济制度这个中间变量。

但是，对我而言，这是对需要加以证明的东西进行假设。也许文化并没有发挥独立的影响，由此也就否定了所谓的“文化决定论”。当有了恰当的制度之后，工作将具有吸引力，商业活动会变得生机勃勃，那么文化也会逐步演化，从而认识到健全的商业生活是令人满意的。一旦有了这样的认识，文化又会继续强化这种认识。在那些经济制度获得普遍认可并能够充分发挥作用的地方，“动物精神”就开始复苏。

毫无疑问，国家也会努力进行“社会学习”，它们有时候之所以决定引入某项制度，是因为看到其他一些国家在采取了这项制度之后取得了良好的经济表现。

提出文化是一个竞争性的解释变量并非进行制度研究所面临的唯一挑战。还有人提出，制度研究缺乏一个外生变量使之难以进行因果关系分析，从而对健康的经济和不健康的经济作出病因诊断。对此，我的回答是，国家并不了解什么是最好的经济制度。心理学家指出，老鼠在吃了可疑的食物之后会环顾四周，看看其他老鼠会怎么做。毫无疑问，国家也会努力进行“社会学习”，它们有时候之所以决定引入某项制度，是因为看到其他一些国家在采取了这项制度之后取得了良好的经济表现。

但是，当各种制度相互连接构成了一个复杂网络的时候，国家的上述选择就会出现高度的不确定性。我认为每个国家的制度网络都存在巨大的随意性（当然，如果欧洲大陆经济体都简单复制其他国家的制度，那么也就无法进行统计分析了，即制度选择外生于所有国家样本。但这是一个完全不同的问题）。

另外一个反对意见是从相反的假设出

在此，我并不否认中国创建了一些属于自己的独特制度，而且这些制度也有利于中国追赶西方。同时，中国创造出了不少有利于企业家精神成长的新方法。因此，中国的制度是一个值得深入研究的有趣案例。

发，认为制度以及环境并没有随着时间的变化而不断发生变化（一个十年接着一个十年），只不过是一个国家在某个时期内处于黄金时代，而在另外一个时期滑入了黑暗时代（也许一个国家的制度只是就其平均状况而言是逐步向好的方向演变，因此有的时候表现良好，有的时候却表现很差。）这种反对意见认为，在三四十年前，欧洲大陆在第二次世界大战后取得的快速经济增长和高就业率曾经令整个世界羡慕不已，欧洲大陆的制度并没有改变，但时代变了。因而，由此推断欧洲的制度需要为最近二十多年来欧洲经济出现的困难负责，这显然是不正确的。

但上述论点如果想要成立，那么它必须首先证明，从20世纪50年代中期到70年代中期（所谓欧洲大陆的“辉煌时代”），欧洲的制度确实是好的。这一点并没有得到证明。认为欧洲的制度在“辉煌时代”是好的，其实是忽视了那一时期不同寻常的市场力量。当欧洲国家走出了第二次世界大战的严重破坏并且开始重建的时候，它们发现自己遇到了一次追赶技术进步的机会，这次技术进步发生在美国20世纪30年代和40年代（后来又出现在日本的经济部门）。欧洲的经济制度只是没有阻碍这一非常时期大范围的技术追赶（“成熟的果实垂了下来，抬抬手就可以摘下来”），但这不能反驳我先前的假设：欧洲大陆的某些经济制度对活力具有负面影响。有利于模仿和进行追赶（特别是从差距很大的地方起步）的制度并不足以产生一个具有创新精神的经济，从而进行大量的和有益的本土创新。上述反对意见存在的逻辑缺陷是，一个在“辉煌年代”保持高速增长并由此带来高就业的经济体并不意味着它在正常状态下也能表现良好（当然，这样的经济体不会保持稳定的增长和就业）。

同理，我们也可以对某些关于中国经济的错误分析作出类似的反驳。尽管中国现在的经济制度并没有阻碍中国大规模地追赶西方，但这并不意味着这些制度能够支持中国的活力。当中国无法轻易获取西方的技术转移以及无法与外国公司合作的时候，中国经济就会出现问题。在此，我并不否认中国创建了一些属于自己的独特制度，而且这些制度也有利于中国追赶西方。同时，中国创造出了不少有利于企业家精神成长的新方法。因此，中国的制度是一个值得深入研究的有趣案例。

总之，我对研究不同国家的经济制度（及经济制度对经济的影响）充满信心。我们最好是将每个国家的经济制度都看成外生变量，其中许多制度选择是历史的偶然现象，即使那些经过刻意选择的制度也不是最好的。同时，我们最好也不要被那些根据“独特时代”得出的推论所吓退，那些推论也许都是错误的。如下假设可能是正确的：一系列的制度组合是决定一个国家的活力水平（进而是经济表现）的重要因素，或者说在任何情况下，制度选择都是最重要的因素。

（国家发改委　张安　译）

参考文献：

Bergson, Henri (1907). Creative Evolution. Paris.

Giersch, Herbert (1993). Openness for Prosperity, Cambridge, Mass.: MIT Press.

Heckman, James J. (2004). [Title], publisher, place.

Hoon, Hian Teck, and Edmund Phelps (1997). 'Growth, wealth and the natural rate: Is Europe's jobs crisis a growth crisis?' European Economic Review, 41, April.

Layard, Richard, Steven Nickell and Richard Jackman, Unemployment: Macroeconomic Performance and the Labour Market, Oxford University Press, Oxford.

Phelps, Edmund (1992). "A Review of Unemployment by Layard, Nickell and Jackman," Journal of Economic Literature, 30, September, 1476-90; reprinted, Journal of Economic Studies, 20, no.1/2, 7-26.

Phelps, Edmund (1994). Structural Slumps, Harvard University Press, Cambridge, Mass.

Phelps, Edmund S. (2002a), Enterprise and Inclusion in Italy, Kluwer Academic Publishers, Boston and Dordrecht.

Phelps, Edmund S. (2002b), "The Continent's High Unemployment: Possible Institutional Causes and Some Evidence," Keynote Address, Conference on Unemployment in Europe, CES/ifo, Munich, December 6-7.

Phelps, Edmund S. (2002c), "European Myths, European Realities," syndicated column, Project Syndicate, December-January.

Phelps, Edmund (2003a). "Reflections on Parts III and IV," in P. Aghion, R. Frydman, J. E. Stiglitz and M. Woodford, eds., Knowledge, Information and Expectations in Modern Macroeconomics: In Honor of Edmund Phelps, Princeton University Press, Princeton, N.J.

Phelps, Edmund (2003b). "The Dynamism of Nations," syndicated column, Project Syndicate, January-February.

Phelps, Edmund (2003c), "Economic Underperformance in Continental Europe," lecture, Chatham House, London, March.

Phelps, Edmund, and Gylfi Zoega (1997). "The Rise and Downward Trend of the Natural Rate," American Economic Review, Papers and Proceedings, 87, May.

Raphael, Thérèse (2004). "Europe's Great Reform Wimp-Out," Wall Street Journal, January 26.

Rajan, Raghuram, and Luigi Zingales (2002) "The Great Reversals: The Politics of Financial Development in the 20th Century," forthcoming, Journal of Financial Economics.

Rothschild, Emma (2001). Economic Sentiments:Adam Smith, Condorcet and the Enlightenment. Cambridge, Mass., Harvard University Press.

Tarantelli, Ezio (1986). "The Regulation of Inflation and Unemployment," Industrial Relations, 25, no. 1.

Tarantelli, Ezio (1986b). Economia Politica del Lavoro. Torino, UTET.

中国财政刺激方案

对产出和就业的影响有多大？

How Large Will Be the Effect of China's Fiscal Stimulus Package on Output and Employment?

何东　张智威　张文朗

一、引言

随着全球金融危机的深化，对中国大陆经济可能急剧下滑的担心也随之加剧。中国农业部[1]的一项调查显示，近几个月来已有2 000万左右的农民工因失业而返乡。其他研究也表明经济的下滑将导致失业人数剧增。[2]为此，中国政府推出了一系列措施，以应对金融危机的不利影响。2008年11月，中央政府出台了财政刺激方案，将在2009～2010年启动4万亿元的投资计划，大部分财政资金将投向基础设施领域。中国经济的前景将在很大程度上取决于4万亿元财政刺激方案的有效性，因为外部需求在未来一年里将难有作为。

本文用两种方法研究中国财政刺激方案对产出和就业的影响。首先，我们利用"投入产出表"所展示的上下游产业之间的联系来分析财政支出在行业层面的影响。以建筑业为例，如果将一部分财政资金投入建筑部门，我们就可以分析建筑业和为建筑业提供中间投入品行业的产出和就业将会增加多少。由于财政刺激方案主要集中在几个行业，要准确预测其影响，就需要识别行业间的关联，而这正是投入产出表分析法的优点。同时，这种分析方法也存在一定的局限性，它是一种静态分析，没有考虑当期投入对下一期最终需求的影响。为弥补这个缺陷，本文也使用了动态结构模型分析法，探讨中国财政刺激方案的传导机制。动态结构模型分析法虽然无法俘获行业间的联系，但它提供了一个平台，能够模拟财政刺激方案出台的经济周期环境以及价格和其他宏观变量的内生反应机制。这两种分析方法的优缺点将在后文进一步讨论。

本文分别讨论了中国财政刺激方案的短期和中期效应。为了说明这两种效应的差别，我们假定修建一条公路的资金来源于财政支出。公路的建设将带动建筑业和投入产出表所显示的与该产业相关联行业的劳动力需求与产出。因此，该项目对这些行业的就业和产出的短期影响可以根据投入产出表得出，由此我们可以分析2009年财政刺激方案对GDP和就业的影响。在

---

* 作者供职于香港金融管理局研究部。本文的观点仅代表作者的观点，与作者所在单位无关。

1　数据来源于陈锡文（2009）的讲演，http://www.sgdaily.org.cn/news/2009-02/03/content 97223.htm。

2　《财经》杂志（2009）的报告显示，在中国春节前几个星期，已逾1 000万工人返乡，工人返乡的时间比以往年份提早了许多，其中很大一部分人已经失去了工作。Wang 和 Hu （2009）指出2009年上半年的失业人数将达到1 500万~1 800万左右。

中期，该项目将影响居民消费和企业投资，也就是说，从该项目的修建中获得收入的工人和企业将会增加他们的支出。我们认为，财政刺激方案的中期效应需要一段较长的时期才能够完全显现。

通过投入产出表分析，我们发现2009年2万亿元的财政支出，能够直接增加约1.7万亿元总产出，即财政支出乘数约为0.84。这与黑明、马赫福兹、席梅尔普芬（Hemming，Mahfouz 和 Schimmelpfennig，2002）的研究结果比较吻合，他们研究了43个国家的财政支出乘数，发现财政支出乘数小于1。我们进一步研究发现，根据不同的财政支出分配情况，中国财政刺激方案有可能创造1 800万~2 000万个新的非农就业岗位[3]。这与芬斯特拉和洪畅（Feenstra 合 Hong，2007）的研究结果接近，他们研究了出口增长对中国就业的影响。我们发现，由财政刺激方案创造的大多数就业岗位并不在农业和制造业部门，这意味着受金融危机冲击而失业的的制造业工人，要想在新的工作岗位上立足就必须学习新的技能。

通过动态结构模型分析，我们证实了财政刺激方案对总产出的影响。财政支出占GDP的比率上升1个百分点，可以在第一年拉动GDP增长0.8个百分点。这种影响在第一年后迅速减弱，在两年之内累计可以带动GDP增长1.1%。

据我们所知，在研究中国财政刺激方案对产出和就业影响的文献中，本文是第一篇同时考虑行业关联和经济周期背景的论文。大多数现有研究在凯恩斯理论框架下通过假设或估计消费、投资和进口边际倾向，推断出了单一的财政支出乘数。有学者（Peng 和 Zheng，2008；Wang 等，2008）认为财政支出乘数在1~1.5之间，也有学者（Liu 和 Tsang，2009）认为财政支出乘数在2.53~5.36之间。我们研究得出的财政支出乘数要小于他们研究的结果，这主要有两个原因：第一，这些研究对财政支出乘数的估计既包括了短期效应和也包括了中期效应，而我们的研究则区分了这两种影响，我们认为短期影响对于分析2009年的经济形势更为合适。第二，这些研究都建立在总量的水平上，而我们的研究采用了“自下而上”的方法，并考虑到因财政支出在部门间的分配不同，短期乘数存在一个取值区间。由于财政资金主要投在几个行业，因此，以行业为基础的研究方法将会对财政刺激方案的效应提供一个更准确的估算。

本文的结构安排如下：第二部分用2005年投入产出表估算了最终需求被平均分配到各个行业时，最终需求增加对产出和就业的影响；第三部分详细描述了中国财政刺激方案，并估算它对就业和产出的影响；第四部分利用动态结构模型讨论了政府支出的影响；第五部分是结论。

二、用“投入产出表”计算就业系数和增加值系数

投入产出表可以用于分析某一特定时期经济体中行业之间的联系，有助于我们清晰地理解最终需求、产出和收入之间的联系。在研究中国政府支出对就业和产出增加值的影响时，需要区分中间投入品的国产和进口部分，因为后者由国外制造，不直接产生任何国内增加值。这一点对中国尤其重要，因为过去几年里，进口的中间投入品占总进口的比重很大。因此，我

3 我们主要研究非农部门的就业创造。农业部门劳动统计的精确程度不及非农部门，这就使农业部门的就业估算相对困难。我们将在本文第三部分对此进一步讨论。

表 1　各行业的就业系数和增加值系数

行业	就业系数（人 / 万元）		增加值系数	
	直接系数	总系数	直接系数	总系数
农 业	0.488	0.508	0.710	0.921
采掘业	0.035	0.077	0.523	0.862
食品制造业	0.035	0.261	0.347	0.883
纺织、缝纫及皮革产品制造业	0.074	0.191	0.334	0.771
其他制造业	0.038	0.115	0.375	0.765
电力、热力及水的生产和供应业	0.022	0.071	0.402	0.855
炼焦、煤气及石油加工业	0.011	0.053	0.211	0.638
化学工业	0.040	0.107	0.331	0.740
建筑材料及非金属矿物制品业	0.053	0.111	0.311	0.832
金属产品制造业	0.038	0.087	0.330	0.774
机械设备制造业	0.036	0.081	0.278	0.654
建筑业	0.059	0.154	0.258	0.821
运输邮电业	0.037	0.079	0.521	0.840
批发零售贸易、住宿和餐饮业	0.060	0.137	0.534	0.894
房地产业、租赁和商务服务业	0.027	0.067	0.583	0.882
金融保险业	0.045	0.075	0.663	0.915
其他服务业	0.098	0.151	0.501	0.870

来源：作者估计值。

们借鉴何东和张智威（2008）的研究方法，运用非竞争性进口品的投入产出表进行分析。中国官方的投入产出表并没有区分国内生产的中间投入品与进口的中间投入品。库普曼等人（Koopman 等人，2008）运用二次动态规划法，将 1997 年和 2002 年中国投入产出表中各行业的进口中间投入品从其总进口中分离出来。假定 2005 年各行业进口中间投入品占其最终进口的比率与 2002 年的比率相同，我们重构了 2005 年投入产出表，并分离出非竞争性的进口品。[4]

我们将整个经济分为 17 个行业，并且将每个行业的最终需求独立增加 10 000 元所带动的就业人数定义为就业系数。我们首先计算了由各行业最终需求独立增加 10 000 元时所带来的工资增加额，然后利用行业年工资水平计算出由此创造的就业岗位数[5]。预测结果如表 1 所示："直接就业系数"表示某一行业的最终需求增加时，为该行业本身创造的就业岗位增加数，"总就业系数"则也包括某一行业的最终需求增加时，给其他行业带来的就业岗位数。

同样的最终需求所能创造的就业岗位在行业之间的差别很大。农业部门的就业系数最大，直接系数和总系数分别为 0.488 和 0.508。这部分要归因于农业部门具有最低的劳动生产率，并且农业部门不需要很多进口中间投入品。事实上，2009 年农民的人均收入约为 13 000 元，比各行业平均工资的一半还低。此外，农业部门进口中间品的直接投入系数也低于行业平均值。

4　感兴趣的读者可以从 He、Zhang 和 Zhang（2009）查看投入产出表分析法的细节。

5　我们用 CEIS（2008）中的数据估算出部门年工资水平，假定 2009 年名义工资增加 5%，然后据此估计 2009 部门工资水平。在过去的 15 年里，17 个部门的工资水平都显著增加，最低的年增长率约为 7%。因此，在经济放缓的年份里下，假定工资增长率为 5% 是合理的。

其他服务业的就业系数排在第二位，为0.098，这也符合服务业是劳动相对密集型行业的特点。纺织行业的就业系数为0.074，随后是批发零售贸易、住宿和餐饮业。然而，总就业系数呈现与此不同的特点。农业仍具有最高的就业系数，食品行业的直接就业系数虽然只有0.035，总就业系数却排在第二位，为0.261，其原因主要在于食品行业需要大 量的农产品投入，从而极大地带动了第一产业的就业。纺织行业在总就业系数排名中排在第三位。机械设备制造业的直接系数为0.036，总系数为0.081，大大低于其他行业，这种情况可能是因为机械制造业需要更多的进口中间投入品，其进口中间投入品的直接投入系数高达0.15，显著高于其他行业。这也反映了机械制造业中的加工贸易占有很大比重。

对表1第3列的总计数求平均，我们得到了一个粗略的平均就业系数0.137。这意味着，增加10 000元的当期需求每年可以创造0.137个就业岗位。运用2002年的投入产出表，刘遵义等人（2006）发现增加1 000美元的中国国内需求，可以创造0.44个就业岗位。芬斯特拉和洪畅 （2007）认为刘遵义等人高估了就业系数，他们利用2000年的投入产出表，以改进的方法计算出中国的就业系数大概在每1 000美元0.11~0.13之间（或者每10 000元人民币0.133~0.157之间），这一结果更接近于我们的结论。由于农业部门的劳动力统计的精确度显著不及其他部门，因此我们主要讨论非农部门的就业系数。非农部门的总就业系数估计值0.107，显著低于各部门平均预测值0.137。

与对就业的分析方法相似，“直接增加值”反映了由于某行业最终需求增加所带动的本行业产出的增加，“总增加值”则反映的是该行业最终需求增加带动的所有行业产出的增加。表1的第4列和第5列显示了“直接增加值系数”和“总增加值系数”值，分别表示所带来的直接增加值和总增加值与最终需求的比例。十分明显，不同行业的产出增加值系数差别很大。农业的直接增加值系数和总增加值系数最大，银行保险业尽管就业系数低但增加值系数排在第二位。相对而言，炼焦、煤气及石油加工业增加值系数最低，制造业的增加值系数并不高。此外，尽管建筑业的直接增加值系数最低，但总增加值系数高达0.82，这意味着建筑业与产业链上的其他行业具有不可忽视的经济关联。将第5列系数值的总和求平均，我们可以粗略地得出最终需求乘数为0.82。亦即，当最终需求被平均分配到各行业时，最终需求增加1元，产出能够增加0.82元。正如下文将要讨论的，乘数之所以小于1，是因为进口中间投入品而产生了漏出效应。这些结果表明了财政刺激方案的实际效果在很大程度上取决于财政资金在行业间的投入结构。

三、财政刺激方案对就业和产出的影响

基于上述实证分析，本部分用2005年投入产出表评估中国财政刺激方案对就业、产出和进口的影响，并考虑行业水平和总量水平。根据公开文件，财政刺激计划如表2所示，建筑和基础设施是财政刺激方案的重要着力点。

由于增加值系数和就业系数在不同行业之间表现出很大的差异，财政刺激方案的效应取决于财政资金的投入结构。因此，表2中7个项目的资金分配到投入产出表中的行业不同，产生的效果也不同。由于政府的具体分配计划还存在很大不确定性，

表 2　财政刺激计划

项目	数额（人民币，10 亿）	比例（%）
交通和城乡电网	1 800	45.0
灾后重建	1 000	25.0
农村基础设施	370	9.25
环境工程	350	8.75
保障性安居工程	280	7.0
自主创新	160	4.0
医疗与教育	40	1.0
总计	4 000	100

来源：国家发改委主任张平在 2008 年 11 月 27 日记者招待会上的发言。

表 3　财政资金分配方案的三种情景

项目	情景 A	情景 B	情景 C
交通和城乡电网	2/3 交通，1/3 电力	1/2 交通，1/2 电力	1/3 交通，1/3 建筑，1/3 电力
灾后重建	100% 建筑	100% 建筑	100% 建筑
农村基础设施	1/2 建筑，1/2 交通	100% 建筑	100% 建筑
环境工程	1/2 建筑，1/2 其他服务业	1/2 建筑，1/2 其他服务业	1/2 建筑，1/2 其他服务业
保障性安居工程	100% 房地产	100% 建筑	2/3 建筑，1/3 房地产
自主创新	100% 其他服务业	100% 其他服务业	100% 其他服务业
医疗与教育	100% 其他服务业	100% 其他服务业	100% 其他服务业

我们考虑了三种情景的财政资金分配方案（见表 3）。这三种不同方案的区别主要在于“交通和城乡电网”和“保障性安居工程”这两个项目的资金分配模式不同。在情景 A 中，我们将“交通和城乡电网”资金的三分之二分配到交通运输业上，三分之一分配到电力行业上。此外，我们将“保障性安居工程”的资金划入投入产出表中的房地产行业。在情景 B 中，我们将“交通和城乡电网”资金的一半分配至交通运输业上，另一半资金分配至电力行业上，所有“保障性安居工程”划入建筑业。在情景 C 中，我们将“交通和城乡电网”的资金平均分配至投入产出表中的建筑业、交通运输和电力行业。三分之二的“保障性安居工程”资金被划入到建筑业，另外三分之一划入房地产行业。

上述三个情景的结果如表 4 和表 A1~A2 所示。表 4 表明，总产出增加 16 830 亿元，财政支出乘数约为 0.84，略高于将财政资金平均分配到各行业时的财政支出乘数 0.82。在情景 A 中，交通运输业的资金投入比重最大，从表 4 第三列可以看出该行业的产出增加了 4 390 亿元。比较而言，建筑业的资金投入比重次之（略低于交通运输业的比重），产出增加了 1 830 亿元。之所以出

表 4　情景 A 带动的就业和增加值

行业	最终需求增加（人民币，10 亿）	增加值（人民币，10 亿）	就业增加（万人，2008 工资）	就业增加（万人，2009 工资）
农业	0.0	68.1	484	461
采掘业	0.0	120.6	84	80
食品制造业	0.0	10.0	11	10
纺织、缝纫及皮革产品制造业	0.0	9.0	21	20
其他制造业	0.0	36.4	39	37
电力、热力及水的生产和供应业	300.0	163.9	93	88
炼焦、煤气及石油加工业	0.0	38.5	21	20
化学工业	0.0	42.1	53	51
建筑材料及非金属矿物制品业	0.0	47.4	84	80
金属产品制造业	0.0	64.0	78	75
机械设备制造业	0.0	81.6	111	105
建筑业	680.0	182.7	441	420
运输邮电业	692.5	439.3	324	308
批发零售贸易、住宿和餐饮业	0.0	86.2	102	97
房地产业、租赁和商务服务业	140.0	119.7	57	54
金融保险业	0.0	47.6	34	32
其他服务业	187.5	126.1	259	247
总和	2 000	1 683.2	2 296.0	2 186.7

来源：作者估计值。

现这种差异，是因为交通运输业的增加值系数是建筑业的 2 倍。然而，建筑业和交通运输业投入所带动的总增加值相近，因为这两类行业的总增加值系数接近（0.82 与 0.84）。由于建筑业的就业系数高于交通运输业（分别为 0.15 和 0.08），所以财政资金投入建筑业所创造的就业岗位要远多于交通运输业。

总的就业岗位将增加 2 190 万[6]，这意味着就业系数为每万元人民币 0.11，略低于财政资金平均分配各个部门时的就业乘数 0.137。非农部门的就业将增加 1 730 万，即非农部门的就业系数为 0.087，低于将财政资金平均分配入各个部门时的就业系数 0.107。

6　相应的，如果工资保持 2008 年的水平不变，就业岗位将增加 2 300 万。

表 5　政府支出带动的中间投入品进口（情景 A）

行业	增加值（人民币，10 亿元）	进口投入品（人民币，10 亿元）	进口投入品与增加值的比率 (%)
农 业	68.1	8.7	12.8
采掘业	120.6	74.8	62.0
食品制造业	10.0	1.8	18.2
纺织、缝纫及皮革产品制造业	9.0	4.4	49.5
其他制造业	36.4	12.0	32.9
电力、热力及水的生产和供应业	163.9	0.2	0.1
炼焦、煤气及石油加工业	38.5	19.6	50.9
化学工业	42.1	38.8	92.1
建筑材料及非金属矿物制品业	47.4	2.0	4.3
金属产品制造业	64.0	29.2	45.7
机械设备制造业	81.6	97.7	119.8
建筑业	182.7	0.1	0.0
运输邮电业	439.3	7.6	1.7
批发零售贸易、住宿和餐饮业	86.2	5.9	6.8
房地产业、租赁和商务服务业	119.7	7.1	5.9
金融保险业	47.6	4.1	8.5
其他服务业	126.1	2.8	2.3
总和	1 683.2	316.8	18.8

来源：作者估计值。

在情景 B 中（见表 A1），总产出增加 16 670 亿元，财政支出乘数为 0.83，稍低于情景 A 的情形。非农行业的就业岗位增加 2 040 万，比情景 A 中多 300 万，就业系数为 0.102。这是由于建筑业比交通运输业和房地产业具有更高的就业系数，而且相对于情景 A 而言，前者得到的财政资金比重较大。情景 C 的结果介于情景 A 和情景 B 之间，总产出增加 16 700 亿元，非农部门就业增加 1 950 万，财政支出乘数为 0.835，就业系数为 0.098。这表明尽管财政刺激方案在增加产出方面相对有效，但在创造就业方面不及将财政资金平均分配给各行业时有效。

增加最终需求，虽然可以增加产出，但也会带动中间投入品的进口，从而产生漏出效应。在中间投入品中，国外进口部分的比例越大，增加政府支出对于提高国内产出的作用越小。通过利用 2005 年投入产出表进行的分析，我们可以发现情景 A 中的方案将会导致中间投入品进口增加 3 170 亿元，大约占总增加值的 19%，占全部财政刺激方案资金的 16%（表 5）。特别值得注意的是，机械装备业增加了 980 亿元的进口投入，大约是该部门产出增加值的 1.2 倍。这主要是因为该部门的进口投入占总投入的比重最大。采掘业增加了 750 亿元的进口投入，仅次于机械装备业。像炼焦、煤气及石油加工业一样，采掘业也需要大量的进口设备投入。比较而言，建筑业需要的进口投入很少。

总的来说，2万亿的财政刺激方案的效应可以归纳为：(a) 总产出约增加17 000亿元，短期财政支出乘数大约为0.84；(b) 非农行业的就业岗位将增加1 700万~2 000万；(c) 进口投入品有可能增加3 000亿元。当然，理解这些结论还需注意以下几点：第一，财政支出如何在行业间进行分配仍然不确定。三种情景的结果说明，改变财政资金的分配结构，将会显著地改变财政刺激方案的效应。第二，投入产出表方法并没有考虑劳动力在行业间流动的成本，如果有配套政策帮助工人获得新的技能，财政刺激的效果将更显著。第三，投入产出表分析法是静态的，并不能刻画内生的相对价格的调整，我们将在下一部分用动态结构模型弥补这个缺陷。

四、动态结构模型中的财政支出乘数

财政政策的有效性和财政支出乘数的大小不仅取决于生产和就业结构（已通过投入产出表进行了分析），还取决于经济周期背景。为了更好地理解特定经济环境中财政政策冲击在经济中的传导机制，以及财政政策与货币政策的相互影响，有必要运用一个动态结构模型以分析主要宏观经济变量间的互动关系。为了研究中国政府支出对国内经济的影响，本文使用了GIMF (Global Integrated Monetary and Fiscal) 模型，该模型是由IMF开发、经香港金融管理局校准的动态随机一般均衡模型[7]。香港金融管理局使用的GIMF模型由八个地区组成：美国、欧盟、日本、中国大陆、韩国、澳大利亚—新西兰、EMEAP其他成员国以及其他国家[8]。在这个模型中，我们假定中国大陆的货币政策有多重目标，不仅要稳定产出和通货膨胀，而且要稳定人民币对美元的汇率。GIMF模型也考虑多种财政政策工具，具体包括政府投资和消费、转移支付以及各种形式的税收。此外，在模型中，政府投资比政府消费更能刺激产出。

首先，我们模拟了出台财政刺激方案的经济周期背景，即全球金融危机导致外部需求急剧下降，国内市场信心下降。假定美国的GDP增长率下降两个百分点，负面冲击两年后消失。在GIMF模型中，美国经济冲击主要通过国际贸易途径传导到其他国家。为了刻画美国经济冲击通过金融渠道对其他经济体产生的溢出效应，我们假定其他经济体的国内需求也会由于对美国的金融暴露而下滑[9]。而在此外部冲击背景下，中国增加了政府支出。假定政府支出占GDP的比率一年内提高两个百分点[10]，并在两年后随着全球经济逐渐复苏，人民币对美元的汇率变得更加灵活，我们在图1显示了财政刺激方案对主要宏观经济变量的影响。以净额计算，个人消费需求由于就业的增加而提高2%，同时，财政刺激导致利率提高，而这会使私人投资最初下降0.5%。第三年挤出效应消失投资开始增加。进口额上升2.8%，正如投入产出表分析的那样，这反映了相当大的政府支出的漏出

7 模型的细节请参见Kumhof和Laxton (2008)。N' Diaye等人(2008) 针对亚太地区进行了模型的校准。

8 EMEAP是东亚及太平洋中央银行行长会议组织（Executives' Meeting of East Asian-Pacific Central Banks）的缩写，成立于1991年。EMEAP是东亚和太平洋地区央行和货币管理局的合作组织，由11个经济体的央行组成：澳大利亚、中国大陆、中国香港、日本、马来西亚、韩国、印度尼西亚、新西兰、菲律宾、新加坡泰国。

9 N' Diaye等人（2008）在表2中描述了其他经济体与美国以组合证券的形式表现的金融暴露。

10 这是对2009年中国中央政府财政赤字占GDP比重的一个初步的估计。我们进行模拟时假定政府支出由财政赤字支撑，税率不变。同时，我们假定95%的政府支出用于政府投资，5%的比例用于政府消费。这与表2所示的财政计划相一致。

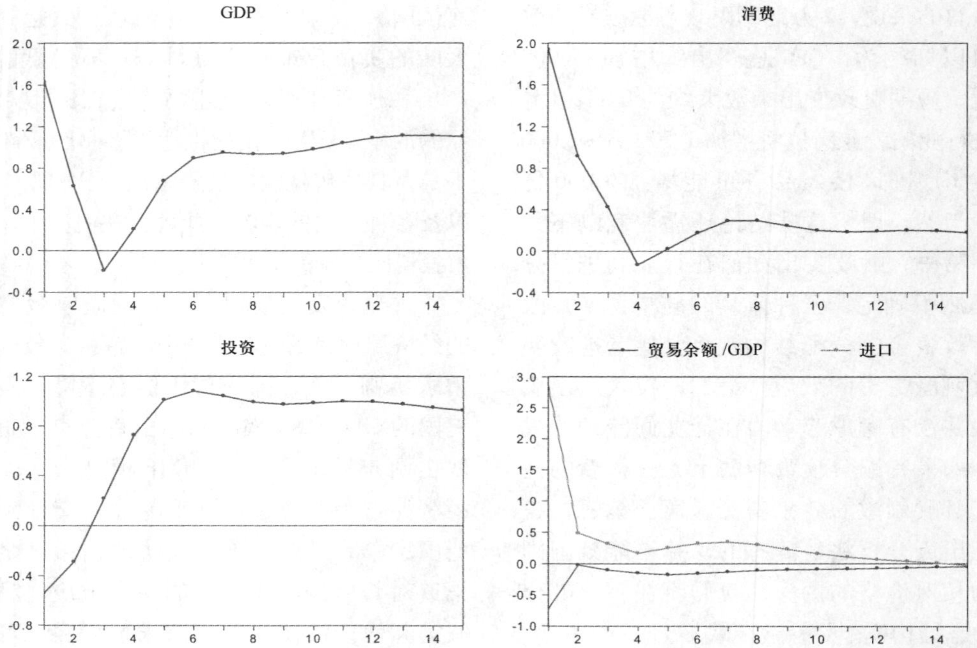

图 1　面对外部经济冲击时中国政府支出的影响（百分比）

来源：作者估计值。

效应。相应的，贸易顺差占实际 GDP 的比重在第一年下降 0.7%。

财政刺激方案将在第一年带动 GDP 增长 1.6%，这意味着财政支出乘数为 0.8，略低于用投入产出表分析得出的 0.84 的结论。这种差别主要是因为政府支出对生产的促进作用往往低于私人支出。在我们前面的投入产出表分析中，我们无法区分政府支出乘数与私人支出乘数，可能高估了财政刺激方案的影响。

如上所述，动态随机模型法相对于投入产出表分析法的主要优点就是后者实质上是一种静态分析，而前者可以刻画财政刺激的动态效应。图 1 显示财政刺激计划对 GDP 的带动作用在启动后两年内急剧下降，在第一年可以提高 GDP1.6%，在第二年仅提高 0.6%，这表明中期的财政支出乘数约为 1.1。在第三年，由于私人投资增加的幅度不足以抵消因实际有效汇率升值而导致的贸易差额的不利影响，GDP 会下降。此外，图 1 也显示 GDP 在第四年中又经历正的增长，并在以后的年份呈现稳步上升的趋势。从模拟的结果可以看出，这个反弹主要归因于外部需求的回暖，而非直接归功于财政刺激方案。事实上，中国财政刺激方案将对贸易伙伴产生不可忽视的积极影响，能够在一定程度上减缓外部经济下滑对这些经济体的冲击[11]。出口的扩张、挤出效应和漏出效应的消失，将会促进国内投资和消费，从而推动 GDP 长期增长。

在解释模拟结果时，有一点值得注意：

11　模拟显示，中国政府的财政刺激计划将在第一年分别提高 EMEAP6、韩国、澳大利亚－新西兰和日本的 GDP 增长率 0.40、0.35、0.10 和 0.09 个百分点。

财政刺激方案的有效性，在很大程度上还取决于该方案出台的经济周期背景。多数研究并未考虑此因素，我们在上述动态分析中，模拟了该方案出台的初始条件，即源于美国的全球经济下滑。为了考察初始条件的影响，我们进行了一个有悖事实的分析，即在稳态的经济中以及产出缺口为零的条件下引入政府支出。模拟结果显示财政刺激方案的效应与前文分析的结果有明显的差异。确切地说，由于资源约束，通货膨胀将上升 1.5 个百分点，利率也将上升到相似的高度以缓解通胀压力。挤出效应将使私人投资下降 2%。相应的，第一年的财政支出乘数为 0.81，第二年将为负。

五、结 论

本文利用投入产出表和随机动态一般均衡模型，研究中国财政刺激方案对产出和就业的效应。我们发现，财政刺激方案对产出和就业的总效应取决于财政资金在行业间的投入结构。财政刺激方案将会创造 1 800 万 ~2 000 万个非农行业就业岗位。这种效应看起来十分明显，但问题是新的就业岗位需要工人具有相应的新技能。能够促进劳动力在不同行业间流动的政策措施，将会促进财政刺激方案更有效地增加就业岗位。

财政刺激方案的有效性不仅取决于生产和就业结构，还取决于经济周期背景、汇率制度、开放程度以及其他因素。我们的研究显示，短期的财政支出乘数为 0.80~0.84，但在全球经济急剧下滑的背景下，中期的财政支出乘数约为 1.1。短期乘数和中期乘数的区分，对于讨论 2009 年的经济形势十分重要。然而，大多数研究中国财政刺激方案的文献忽略了对短期和中期的区分，因而他们可能高估了中国的财政支出乘数。

附录：

表 A1 情景 B 的结果

行业	最终需求增加（人民币，十亿）	增加值（人民币，十亿）	就业增加（万人，2008 工资）	就业增加（万人，2009 工资）
农 业	0	98.2	697.3	664.1
采掘业	0	149.7	103.8	98.8
食品制造业	0	11.5	12.3	11.7
纺织、缝纫及皮革产品制造业	0	9.7	22.8	21.7
其他制造业	0	42.5	45.6	43.4
电力、热力及水的生产和供应业	450	229.4	129.9	123.7
炼焦、煤气及石油加工业	0	29.5	16.3	15.5
化学工业	0	51.1	64.7	61.6
建筑材料及非金属矿物制品业	0	86.0	152.4	145.1
金属产品制造业	0	93.5	1 14.5	109.1
机械设备制造业	0	72.3	98.1	93.4
建筑业	1 362.5	354.4	855.4	814.7
运输邮电业	0	129.3	95.3	90.8
批发零售贸易、住宿和餐饮业	0	96.1	113.6	108.2
房地产业、租赁和商务服务业	0	42.2	20.1	19.2
金融保险业	0	41.5	29.6	28.2
其他服务业	187.5	129.6	266.8	254.1
总和	2 000	1 666.5	2 838.5	2 703.3

来源：作者估计值。

表 A2　情景 C 的结果

行业	最终需求增加（人民币，十亿）	增加值（人民币，十亿）	就业增加（万人，2008 工资）	就业增加（万人，2009 工资）
农 业	0	90.2	640.7	610.2
采掘业	0	129.8	90.0	85.7
食品制造业	0	11.1	11.8	11.3
纺织、缝纫及皮革产品制造业	0	9.5	22.2	21.1
其他制造业	0	41.1	44.2	42.1
电力、热力及水的生产和供应业	300	169.8	96.1	91.6
炼焦、煤气及石油加工业	0	33.0	18.2	17.4
化学工业	0	48.2	61.1	58.2
建筑材料及非金属矿物制品业	0	74.8	132.6	126.2
金属产品制造业	0	84.6	103.6	98.6
机械设备制造业	0	74.9	101.6	96.7
建筑业	1 165.8	305.3	736.8	701.7
运输邮电业	300	265.9	196.0	186.7
批发零售贸易、住宿和餐饮业	0	92.4	109.3	104.1
房地产业、租赁和商务服务业	46.7	68.6	32.8	31.2
金融保险业	0	43.3	30.9	29.4
其他服务业	187.5	127.6	262.6	250.1
总和	2 000	1 670.1	2 690.3	2 562.2

来源：作者估计值。

（南京大学商学院　李猛　译 鄂丽丽　校）

参考文献

Caijing Magazine (2009), "Survey on unemployment of migrant workers", p.53-68, No. 2, Vol. 229.

Feenstra, R.C. and C. Hong (2007), "China's exports and employment", NBER Working Paper 13552.

He, D. and W. Zhang (2008), "How dependent is China's economy on exports and in what sense is its growth export-led?", Hong Kong Monetary Authority, Working Paper 13/2008.

He, D., Z. Zhang and W. Zhang (2009), "How Large Will Be the Effect of China's Fiscal Stimulus Package on Output and Employment?", Hong Kong Monetary Authority, Working Paper 05/2009

Hemming, R., S. Mahfouz, and A. Schimmelpfennig (2002), "Fiscal Policy and Economic Activity During Recessions in Advanced Economies", IMF Working Paper 2002/87.

Koopman, R., Z. Wang and S. Wei (2008), "How much of Chinese exports is really made in China? Assessing domestic value-added when processing trade is pervasive", NBER Working Paper 14109.

Kumhof, M. and D. Laxton (2008), "The global integrated monetary and fiscal model technical appendix", International Monetary Fund, manuscript.

Lau, L. J., X. Chen, L. K. Cheng, K.C. Fung, Y.-W. Sung, C. Yang, K. Zhu, Z. Tang and J. Pei (2006), "Estimation of domestic value-added and employment induced by China's exports," manuscript.

Liu, L. and A. Tsang (2009), "China Watch January 2009", BBVA Economic Research Department.

N'Diaye, P., P. Zhang and W. Zhang (2008), "Structural reform, intra-regional trade, and medium-term growth prospects of East Asia and the Pacific---Perspectives from a new multi-region model", Hong Kong Monetary Authority Working Paper 17/2008.

Peng, W. and Y. Zheng (2008), "China: Policy stimulus to underpin growth in 2009", Barclays Capital, 14 November 2008.

Wang, Q. S. Zhang and K. Tai (2008), "A A&Q on the fiscal stimulus package", Morgan Stanley Research Asia/Pacific.

Wang, T. and H. Hu (2009), "How will China grow? Part 2", UBS Investment Research, 07 January 2009.

中国经济结构调整的路径选择

项俊波

一、引言

自2007年4月爆发以来，次贷危机已经由美国金融危机演变成全球性金融危机，由单纯的金融危机向全面经济危机演变，虽然各国政府救市力度越来越大，但次贷危机不仅没有结束，反而演变成一场全球性的经济危机。目前，这场危机对世界经济的影响仍未见底。看似简单的次贷危机为什么会引起这么大的全球经济金融动荡？目前的解释有很多，既有过度金融创新的问题，又有激励约束机制不对称导致鼓励投机的问题，也有评级机构道德风险的问题等等。客观地讲，上述解释都从特定视角阐释了危机爆发的原因，具有一定的信服力。然而，这些解释都未对次贷危机的本质根源——经济结构失衡问题给予足够的重视。根据历史经验，不论是发达国家还是发展中国家，经济危机的根源都可以追溯到经济结构失衡问题之上。事实上，次贷危机爆发、蔓延、加深的本质根源乃是美国的过度消费经济增长模式。归根结底，次贷危机仍是一场典型意义上的由结构失衡引发的金融危机。

众所周知，美国走的是一条依靠消费拉动经济增长的道路。无论是美国政府还是民众都弥漫着过度乐观的情绪，通过大规模借贷维持超前消费模式。近年来，美国储蓄率不断下降，某些年份甚至还出现了负值，到2007年美国的总储蓄已经降到GDP的14%，净储蓄降到GDP的1.7%。为了刺激政府和普通家庭举债消费，美国必须不断增加货币发行，保持相对较低的利率。在美国经济存在结构失衡问题的情况下，这不仅会引发金融体系出现流动性过剩现象，还会刺激金融过度创新，进而导致资产价格过度膨胀与市场投机行为盛行，最终造成虚拟经济和实体经济结构出现严重的失衡现象。危机爆发时，美国次级住房贷款总额约为1.7万亿美元，但在此基础上发行了超过7万亿美元的住房抵押贷款支持债券（MBS），进而衍生出数十万亿的担保债务凭证（CDO）和信贷违约掉期（CDS）。实际上，金融衍生工具的过度膨胀不仅成为美国资产价格泡沫的“助长剂”，而且演变成了令人担心的“大规模杀伤性武器”。此次危机是一场由衍生品引发的、发生在全球金融中心的批发银行危机，因此，其放大效应和杀伤力要比一般意义上的银行危机大得多。

---

* 作者曾任国家审计署副署长、中国人民银行副行长，现任中国农业银行党委书记、董事长。——编者注

不仅如此，为了维持过度消费、弥补国内储蓄不足，美国还必须源源不断地吸收国外储蓄，而吸收国外储蓄的方法不外乎贸易赤字与对外举债两种方式。一方面，美国过度消费的经济增长模式在为新兴经济体创造庞大外部需求的同时，也使得全球贸易出现了巨大的结构性失衡。2007年，美国的货物贸易逆差高达8 194亿美元。另一方面，美国还依靠美元的国际储备货币地位向全球举债，这体现为全球外汇储备主要集中在中国等新兴市场经济体，而债务则集中在美国等少数发达经济体。2007年，美国引进了约1万亿美元的外国资本来为其赤字融资，平均每个工作日引进40亿美元。事实上，出于对美元国际货币地位的信任，新兴市场经济体往往会将大量的外汇储备投资于美国的国债和其他金融资产。其结果是，美国通过贸易赤字输出的美元，又通过金融项目盈余的形式流回美国。在这一循环过程中，美国获得了巨额的铸币税收益，汲取了大量外国储蓄。但同时，也进一步加剧了美国的资产价格泡沫，强化了全球金融结构和投资消费结构失衡。由此可见，美国过度消费的经济增长模式不仅导致国内投资储蓄结构失衡，引发实体经济与虚拟经济之间的结构失衡，而且诱发了全球性的贸易金融结构失衡，加剧了世界范围内的投资消费结构失衡。换句话讲，随着美国借债消费经济的不断膨胀，全球经济也将变得愈发脆弱。一旦美国过度消费的经济增长方式超出了全球经济所能承受的最大范围，就必然会引发全球性的经济金融危机。

受全球金融危机的影响，世界各国纷纷陷入经济衰退，中国也未能独善其身，经济增长速度显著下降，经济快速发展积累的结构矛盾加剧。中国经济增长速度的快速下降，从表面上看，是由突如其来的国际金融危机这一外部冲击造成的，但究其深层次的原因，则是由长期以来中国经济发展所积累的结构性矛盾所致。近年来，中国经济快速增长的主要动力是投资与出口。经济社会资源的动员和配置也主要集中于投资和出口领域，因此形成了投资消费结构、产业结构、金融结构、区域经济结构以及国际收支结构的不平衡。显然，这种经济结构具有较强的脆弱性和较高的风险性。在国内外环境比较宽松的时候，经济可以实现“失衡并增长”的态势，但在国内外经济形势恶化的情况下，结构失衡长期积累的各种负面效应就会显现出来。尤其是在遇到较大的外部冲击时，经济就会表现为急剧下滑。笔者曾对20世纪90年代以来的中国经济结构失衡程度进行了测度，结果表明，中国经济结构总体上由中度失衡转向重度失衡，并有进一步恶化的趋势。[1]作为最大的发展中国家，中国已成为全球经济增长的重要动力，如不及时解决经济结构失衡问题，中国乃至全球经济都可能付出更大的经济和社会成本。[2]然而，中国经济结构失衡的复杂性决定了它的调整与优化是一个非常艰巨的过程，需要有符合中国实践的战略思路和举措。本文构建了一个经济结构调整的一般分析框架，在此基础上，提出了中国经济结构调整的战略举措。

二、经济结构调整的一个分析框架

在经济结构调整过程中，有多种路径

1 项俊波，《中国经济结构失衡的测度与分析》，《管理世界》，2008（9）：第1~11页。

2 项俊波，《论创建结构经济学》、《光明日报》，2008年4月7日。

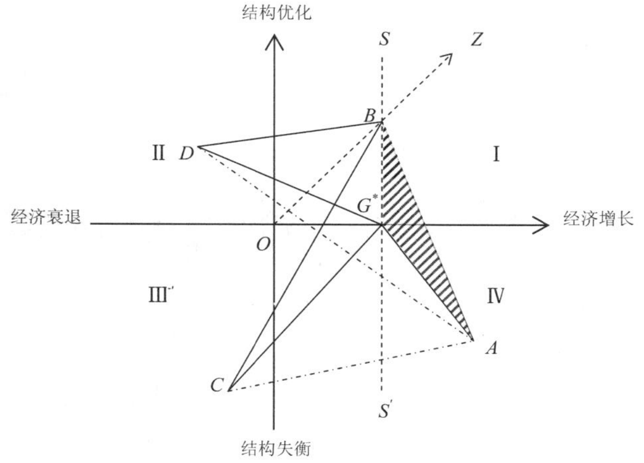

图 1　经济结构调整的路径选择图

可供选择，而每一种路径的效果不尽相同，也具有较大的不确定性。作为政府调控而言，必须有明确的目标调控区域。从理论上讲，经济增长也存在正增长与负增长两条轨迹，经济结构存在优化与失衡两个状态，而现实经济发展正是经济增长和经济结构二者之间的一个状态组合。这样，经济增长与结构调整就构成了经济发展下的一个两维坐标系，横轴表示经济增长，纵轴表示经济结构调整，如图 1 所示。

图 1 可分为四个象限，第 I 象限表示经济增长为正且结构处于优化的状态[3]，这是一种理想的状态，其中，OZ 为第 I 象限的 45 度线，表示经济增长和结构优化处于最佳均衡发展路径；第 II 象限表示经济处于衰退但结构处于优化的状态，这是一种过渡状态；第 III 象限是经济衰退与结构失衡并存的状态，这种状态对经济、社会等各方面的危害较大，极有可能出现经济社会危机；第 IV 象限是指经济处于正的增长但结构处于失衡的状态，即“失衡并增长”的状态。在此象限中，经济增长的效率比较低、质量比较差，经济隐患较大，并容易转化到第 III 象限的状态。

在上述坐标系中，假定一国的潜在经济增长率为 G*，通过点 G* 且与坐标系横轴的垂直线 SS′，与最佳均衡发展路径 OZ 相交于 B 点，B 点表示经济增长和结构优化的最佳结合点，即经济增长速度处于潜在增长状态，同时实现经济结构优化，经济增长效率和质量均比较高。假设 A 点表示经济处在“失衡并增长”的状态；C 点表示经济处在“失衡并衰退”的状态；D 点表示经济处在“经济衰退，结构相对优化”的状态。经济结构的调整优化就是要实现从 A 点到 B 点、C 点到 B 点、D 点到 B 点的调整。换句话讲，矢量线段 AB、CB、DB 就是经济结构调整的最优路径。然而，在现实中，经济结构不可能完全沿着最优路径进行调整，而只能在一个相对理想的区间内不断优化。对于 A、C 点所处的经济状况来说，理想的调整区域应该分别是在三角形 ABG* 和 CBG* 之内。对于 D 点所处的经济状况来说，由于经济结构相对优化，面临的压力主要是如何促进经济增长，理想的调整区域是三角形 DBG*。

从经济现实情况看，中国经济目前正处于“失衡并增长”的 A 点状态，未来经济发展可能出现下面三种状态：第一种状态处于三角形 ABG* 之内，表明经济结构调整实现既定的目标，即经济增长率接近目标增长率或潜在经济增长率，经济结构不断趋于优化。当然，这一个目标路径的实现需要经历较长的时间。第二种状态处于三角形 ACG* 之内，表明经济结构调整

3　结构优化是经济结构系统处于内部比例关系协调发展，并持续促进经济增长、社会公平和环境优化的一种状态。

效果较差，结构失衡问题日益严重，致使经济增长下降甚至出现衰退，使得国民经济运行向C点靠拢，这是最具危害的一种情形。第三种状态处于三角形ADG*之内，表明过分强调优化经济结构，忽视经济增长，致使经济结构快速优化，但经济增长低于目标增长率甚至出现衰退，使得国民经济运行向D点靠拢，这也是经济结构调整必须注意的。

从以上讨论可以看出，在当前国内外结构失衡的双重压力下，中国经济结构调整的最佳路径是在三角形ABD区域中实现经济增长和结构优化的双向协调。世界各国经济结构调整的成功经验表明，只有依据本国经济结构的特点及全球经济结构变动的趋势，有预见性地调整经济结构，才能为一国的经济发展创造新的机遇。作为一个最大的发展中国家和经济转型国家，中国经济结构调整与工业化、市场化和城市化改革等特殊背景联系在一起，具有前所未有的复杂性和艰巨性。事实上，经济结构的战略性调整是一个系统性的工程，而不是某个经济领域的调整问题。其核心思路是要把投资消费结构、产业结构、金融结构、区域经济结构以及国际收支结构进行统筹调整优化，做到近期调整与长期调整相结合、虚拟经济调整与实体经济调整相结合、国内经济结构调整与国外经济结构调整相结合，从而在更高层次上实现经济结构优化与经济增长的相互协调和相互促进。在当前的形势下，经济结构的战略调整既要解决突出问题和矛盾，更要着眼于长远发展，提高国民经济的整体素质。考虑到中国经济结构失衡的实际情况，经济结构调整的目标是转变经济发展方式，使经济增长由“高耗能、高排放、高污染”的粗放型发展模式转变为“低能耗、低排放、低污染”的集约型发展模式，在保持经济平稳较快增长的同时，努力消除经济社会运行过程中的潜在风险，促进经济、社会和环境的持续协调发展。

三、中国经济结构调整的战略举措

针对中国经济结构失衡的实际情况，本文提出了一个“四位一体”的经济结构调整战略框架，其根本出发点是统筹考虑经济结构系统中不同经济结构间的关系，强调经济发展的动力机制与平衡机制之间的协调，最终实现经济结构调整的目标。

（一）低碳经济型结构调整战略

低碳经济型结构调整战略是新一轮国际竞争力的内在需要，中国应该把握机遇，针对产业结构失衡的基本特征，逐渐推动实施新的发展战略，通过制定有利于低碳经济结构调整的产业、金融、财税等经济政策，将低碳经济调整战略融入经济发展规划和新一轮宏观调控政策中去。具体来看，中国可以采取以下战略举措：

一是大力发展循环经济。循环经济以减量化、再利用、资源化为原则，以提高资源利用效率为核心，以资源节约、资源综合利用、清洁生产为重点，最终实现“资源－产品－废物－再生资源”的循环利用模式。这种以低投入、低消耗、低排放以及高效率为特点的发展思路，符合以可持续发展为理念的低碳经济增长模式。在这方面，国际上已经有了比较成熟的案例。比如，日本制定了非常完善的循环经济立法，通过非营利性的金融机构提供中长期优惠利率贷款，或从国库中提供部分财政补贴，或给予税收方面的优惠政策等方式予以鼓励。借鉴国际上成功的经验，中国应注重开发减量化、再利用和资源化技术与装备，同时完善相关的法律和制度措施，为循环经济的发展创造条件。

二是提高技术改造和创新的能力。实行低碳经济的发展模式，提高技术改造和创新能力是中心环节。通过技术创新，逐步减少传统工业对石化能源的过度依赖，限制和淘汰高碳产业，发展低碳产业和产品。政府可以通过制定高碳能源、高碳工业、高碳产品与低碳工业的区别税收政策，鼓励低碳工业的发展，使低碳工业成为企业家有利可图的新兴工业领域。低碳技术的研究和开发，是产业技术创新的重要组成部分，通过设立碳基金激励低碳技术的研究和开发，帮助企业寻求低碳技术的商业机会，开拓和培育低碳技术市场，以促进长期减排，实现低碳经济发展模式。在实行碳排放交易的国家，政府给企业颁发碳排放许可证，每个许可证都有一个许可排放标准，如果企业的实际碳排放量大于标准，企业必须从那些实际排放量低于排放标准的企业购买“排放量”，这样企业就有两个选择，即加大技术改造减少排放量和购买“排放量”。由于在实际的交易中，交易价格越来越高，企业大都选择技术改造之路，这样整个排放量逐渐减少，全社会能效就会逐步提高。

三是建立节能降耗的激励机制。由于能源发展与环境保护之间有着紧密的关系，世界上多数国家都将环境保护作为能源战略的重要目标。西欧一些国家实施的碳税、二氧化硫税以及其他能源和环境税等，都是依据国家的经济体制、资源状况、法律法规和社会发展的需求来制定的，可以促使消费者节约能源，鼓励企业发展和利用可再生资源，优化能源消费结构，减少二氧化碳的排放和环境污染。根据《综合污染预防和控制计划》，英国企业可以和政府签订关于碳排放标准的自愿性协议，如果企业的排放标准达到了协议规定的标准，则企业可以减免20%的能源消费税，如果达不到协议规定标准，则需缴纳100%的能源消费税。相反，如果企业不和政府签订这一协议，则企业的排放标准即使达到了标准，也必须缴纳100%的能源消费税。中国可以借鉴上述做法，加快建立节能降耗的激励机制。此外，中国还可以通过贷款贴息、无偿资助等方式，加大对资源节约和环境保护重大投资项目的支持力度，通过大宗采购或政府采购来促进节能技术商业化和快速普及。

四是进一步优化产业结构、合理配置资源。制定科学、可持续的产业结构调整战略，引导资源合理优化配置。巩固农业基础地位，坚持走中国特色农业现代化道路，加快推进社会主义新农村建设，大力推动城乡统筹发展，为扩大内需提供持续动力。在实现第二产业技术升级的同时，大力发展第三产业，尤其是发展高附加值的服务业，不仅可以扩大就业渠道，而且有利于产业结构的优化升级，提升国家产业竞争力。

（二）消费主导型经济结构调整战略

目前，中国正处于工业化、城市化的上升时期，投资对经济增长的拉动作用仍然十分重要。特别是在当前金融危机对中国经济的影响仍在继续的情况下，适当加大政府投资力度，进而使得投资保持一定的增速是十分必要的。事实上，消费主导型经济结构调整还需要经历一个消费和投资并重的调整时期，在提高投资效率和质量的基础上，不断提升消费在经济增长中的贡献度，最终实现消费主导型经济发展模式。具体来看，中国可以采取以下战略举措：

一是实施就业促进政策。就业是促进消费增长的根本保障，中国实施积极的就业政策已经取得了积极的效果，但就业问题仍然非常严峻。中国应该切实统筹就业政策，建立全国统一的劳动力市场体系，鼓励各种灵活的就业形式，提高劳动者的就业能力和就业质量。

二是缩小全社会收入分配的差距。从理论上讲，一个国家的收入分配越不平等，消费水平就会越低。中国目前的收入分配差距已经达到国际上公认的警戒线。政府要通过税收与工资杠杆来调节收入水平，逐步建立起劳动力价格的市场形成机制和工资的稳定提高机制，加强对低收入群体的生活补贴。同时，适度提高个人所得税的起征点，降低中低收入阶层的税负。

三是完善社会保障体系。当前中国社会保障体系的覆盖面和保障程度都还比较低，应该通过加快完善公共财政政策，建立健全覆盖城乡的统一的社会保障体系，特别是积极探索农村各项社会保障制度，加快农村养老保险体系的建立，加强农村地区和偏远地区的基本医疗保障等。同时，要建立针对进城务工农民的失业保险制度、工伤保险制度、大病或疾病住院保障机制等，提高他们的实际消费能力。

四是降低政府储蓄的比重。目前，中国政府储蓄占 GDP 的比重大约在 6%左右，相对于法国的 0.3%、印度的 1.5%、美国的 − 0.9%以及日本的 − 2.2%[4]来说，这一水平是非常高的。因此，应将一部分原来用于投资的财政资金转向有利于消费的公共产品建设，为拉动消费创造必要的基础条件，增强消费者的消费信心。

（三）市场导向型金融结构调整战略

美国金融危机爆发以后，一些学者对美国市场主导型的金融发展模式产生了质疑。实际上，美国金融危机的爆发应归咎于西方监管当局过度迷信创新的推动力与市场的自我调节力，归咎于美国过度消费的经济发展模式，其本身并不能否定金融的市场化发展方向。长远地看，市场化仍然是金融资源最有效的配置方式。尽管此次金融危机对中国金融业的直接影响不大，但这并不能说明中国金融本身已经如何先进。实际上，与发达国家相比，中国金融市场化进程仍显滞后。换句话讲，当前发达国家金融改革面临的主要问题是如何控制金融市场化过度诱发的风险，而中国金融改革面临的主要问题却是如何进一步提高金融发展的市场化程度。所以，市场化仍是现阶段金融结构调整的基本取向。依照市场导向型金融结构调整战略，现阶段金融结构的调整与优化应继续坚持渐进式改革方式，在深化银行业改革的同时，加快直接融资体系建设，稳步推进利率市场化改革，不断完善人民币汇率形成机制。具体来看，中国现阶段应采取以下战略举措：

一是加快直接融资市场体系建设。随着经济市场化水平的不断提高，金融需求日益多元化客观上要求拓宽融资渠道，加快相关金融市场的制度建设，推动股票、债券等直接融资市场的发展。市场导向型金融结构调整战略并不是说中国一定要建立以金融市场为主导的金融体系结构，而是强调市场机制在金融结构调整过程中起主导作用。实际上，随着信息技术的进步、

4 《直面“流动性过剩”：困境与出路》，《金融时报》，2006 年 9 月 12 日。

金融创新的发展和金融全球化的深化，各国金融结构演变的趋势已经不是金融中介主导模式与金融市场主导模式之间的替代问题，而是如何利用市场机制促进金融与经济协调发展的问题。事实上，国际上这两种模式也在不断融合，银行业发达的德国、日本等国家，金融市场力量在显著增强。而市场发达的英美等国家，金融中介机构在变革，例如美国的银行业全能化趋势在加强，银行的重要性在上升。可见，加快直接融资市场体系建设并非是要用金融市场替代金融中介，而是要通过完善市场机制促进金融与经济的协调发展。因此，中国在不断深化金融机构市场化改革的同时，应积极推动金融创新，着力发展债券市场，不断丰富金融市场层次，从而实现金融市场与金融中介的协调发展。

二是稳步推进利率市场化。从发达国家利率市场化历程来看，美国的利率市场化花费了13年，日本的利率市场化改革则持续了近20年。可见，利率市场化改革是一个长期的渐进过程。中国的金融体制仍然比较脆弱，金融变革潜在的风险较大。因此，利率市场化改革必须坚持渐进式模式，在巩固放开贷款利率上限和存款利率下限政策的基础上，逐步确立上海银行间同业拆放利率（Shibor）的货币市场基准利率地位，建立健全由市场供求决定的、中央银行可以调控的利率形成机制。同时，不断增强金融机构的利率定价能力，逐步将利率市场化的重心由监管机构主动放开利率管制，转移到市场主体参与决定市场利率之上。

三是稳步推进汇率形成机制和外汇管理体制的市场化改革。一方面，自人民币汇率形成机制改革以来，人民币汇率波动幅度逐步加大，较好地体现了市场供求和预期。但随着国内外经济形势的变化，中国经济融入全球化程度的不断加深，人民币汇率作为调节内外平衡主要工具的作用有待进一步提高。目前，在积极发挥市场供求在人民币汇率形成中的基础作用的同时，可以适当考虑扩大人民币汇率浮动区间，并调整升值策略以稳定升值预期。另一方面，中国现行的强制结售汇制度虽然有利于国家对外汇收支进行统一管理，但同时也加大了中央银行外汇冲销干预压力和操作成本，把应由企业和银行承担的风险集中转嫁到国家身上。为此，中国应逐步推进意愿结售汇制，让企业和居民更方便地持有和使用外汇，从而理顺外汇供求关系，由“藏汇于国”向“藏汇于民”转变。

四是鼓励金融机构的金融创新行为。过度金融创新是美国金融危机罪魁祸首之一。为此，国内不少人认为应该控制金融创新，不搞资产证券化、不搞金融衍生品。但我们认为，在批评过度金融创新导致风险积聚和扩散的同时，也不能忘记创新是金融业保持活力、不断发展的重要原动力。从中国的实际情况看，制约金融发展的一个重要原因恰恰就是金融创新不足。在这种情况下，中国应在风险可控、成本可算、信息可得的前提下，积极鼓励金融机构通过创新开发出更多更好的金融产品和服务，以期有效满足实体经济发展对虚拟经济的要求。

（四）协调发展型区域经济结构调整战略

近年来，中国不断促进城乡之间和地区之间的区域协调发展，制定了许多经济政策，也取得了一定的效果。但是各地区和城乡之间的合作共赢机制还未充分建立起来，农村经济发展还很薄弱，落后地区与发达地区的经济发展差距仍然过大，在某些地区社会矛盾有所加剧。在这种背景下，实施协调发展型区域经济结构调整战略也就成为经济结构调整的必然选择。依照协调发展型区域经济结构调整战略思路，结合区域经济结构失衡的程度和趋势，现阶段中国区域经济结构的调整应该在促进基本公共服务均等化、增强落后地区经济发展能力、完善主体功能区配套补偿机制、引导生产要素合理流动等方面下功夫。具体来看，中国可以采取以下战略举措：

一是完善对欠发达地区的财政转移支付制度。从国际经验来看，各国转移支付的补助对象主要是人均GDP低于平均水平的落后地区。例如，德国在实施转移支付的过程中，先由联邦和州财政部门分别测算出“全国居民平均税收额”和“州居民平均税收额”,“州居民平均税收额”超过“全国居民平均税收额”的2.0%以上的州就属于富裕州，不足95%的州为贫困州。相应的，富裕州有义务向联邦政府上交一部分财政收入，贫困州有权取得来自富裕州的联邦拨款。1994年中国实行分税制改革后，中央财政集中的收入虽然显著增加，但实际用于调节地区间差距的财力仍然有限，造成财政转移支付制度无法有效地控制地区间财政能力差距的扩大。因此，缩小地区间的财力差异，实现各地区基本公共服务均等化，就必须科学划分各级政府的事权范围，不断完善财政税收体制，重点是提高中央财政对落后地区的转移支付比例，使得贫困地区地方政府拥有足够的财力提供与全国平均水平大致相当的公共服务。

二是完善地区间产业梯度转移和利益协调机制。虽然中国已初步形成东、中、西产业梯度发展的局面，但受基础设施配套功能不完善等因素的制约，中西部地区承接产业梯度转移的能力相对较弱。不仅如此，随着东部沿海地区土地、劳动力等要素成本不断提高、环境承载能力降低，客观上要求将部分失去比较优势的劳动和资源密集型产业向中西部地区转移。然而，由于省际间以及省内各地市的各级地方行政区都有相对独立的地方利益，产业转移过程中转出区和转入区的利益诉求往往不能达成一致，甚至出现利益冲突，从而阻断了产业的有效转移。在这种情况下，中国应建立健全区域间产业梯度转移机制以及区域间的经济利益协调机制，着力为产业区域转移搭建良好的公共服务平台。

三是完善主体功能区的配套措施。主体功能区是国家“十一五”规划纲要提出的一个新概念。按照这一概念，中国国土被划分为优化开发区域、重点开发区域、限制开发区域和禁止开发区域等四类主体功能区。主体功能区的分类方法，打破了所有区域都要加大经济开发力度的思维定式，有利于统筹协调资源环境与经济的协调发展。在合理划分主体功能区的基础上，加快相关立法工作，将主体功能区的范围、标准等以法律的形式确定下来。事实上，发达国家一般都会为国土开发制定相关法律。例如，德国的国土空间规划职责、内容和原则都由《空间规划法》和《建筑法典》确定。除此之外，发达国家还会采取相关的税收优惠、财政补贴和奖励、金融支持手段，支持落后地区的经济发展。20世纪50年代中期至70年代中期，意大利为推动南方地区经济发展和工业化进程，制定了到南方新办工厂给予10年免征所得税的优惠政策。中国可以借鉴发达国家在促进落后地区经济发展方面的经验和做法，探索建立市场化生态补偿模式和区域统筹生态补偿方式，引导社会各方参与环境保护和生态建设。

改革开放以来，中国实现了经济快速增长，综合国力显著提升，人民生活水平总体上得到极大的改善。但经济社会转型也带来了深刻的经济和社会矛盾，资源和环境瓶颈问题日趋突出，发展的不协调性日益显著。从当前国内国际经济形势来看，中国经济正面临着前所未有的机遇与挑战。一方面，经济发展的动力仍然十分强劲，正处于发展的战略机遇期。另一方面，中国正面临国内外双重压力的严峻考验，外有国际金融危机的不利冲击，内有经济结构失衡形成的经济增长的不确定性和风险隐患，以及较大的资源环境压力。在这种情况下，经济结构战略调整对未来中国经济的可持续发展就具有重大而深远的意义。

参考文献：

1. 国务院发展研究中心，《“主体功能区分类管理区域政策研究”系列分报告》，2007。
2. 《国务院政府工作报告（2000 ~ 2006)》，中央政府门户网站，http://www.gov.cn。
3. 胡锦涛，《在中国共产党第十七次全国代表大会的报告》，2007 年 10 月 24 日，http://news.xinhuanet.com/politics/2007-10 /24/content_6939223.htm。
4. 李善同等，《我国区域发展的十大趋势》，《国研报告》，2004。
5. 李新家等，《消费主导型经济的特征及其理论意义》，《学术研究》，2003（12）。
6. 刘世锦，《用新发展观统筹解决我国经济社会发展中的重要矛盾》，《国研报告》，2004。
7. 王梦奎，《中国中长期发展的重要问题 2006 ~ 2020》，北京：中国发展出版社，2005。
8. 王一鸣，《经济内外失衡和宏观经济政策——对当前经济形势的几点认识》，《宏观经济管理》，2007（6）。
9. 吴敬琏，《中国增长模式抉择》，上海：远东出版社，2006。
10. 项俊波，《政府如何支持“弱势金融”》，《中国经济周刊》，2007（2）。
11. 严于龙，《实现投资主导型向消费主导型转变的现实途径》，《经济研究参考》，2007（48）。
12. 曾军平，《政府间转移支付制度的财政平衡效应研究》，《经济研究》，2006（6）。
13. 张怡恬，《经济增长的有力保障——访著名经济学家刘国光》，《人民日报》，2001 年 12 月 11 日。
14. 《中共中央关于制定国民经济和社会发展第十一个五年规划的建议》，北京：人民出版社，2005。
15. 中国社会科学院经济学部，《全球经济失衡与中国经济发展》，经济管理出版社，2006。

地方政府负总责制度分析及其改革建议

周汉华

作为一项重要的制度，地方政府负总责制近年来被广泛运用于不同领域。但是，对这一制度的具体内容，大家认识并不统一，不同文件的表述也不太一致。本文结合近年来的实践，尝试从八个方面对该制度进行初步的归纳和评析，并提出完善该制度的几项具体政策建议。

一、地方政府负总责制度评析

1. 基本趋势

地方政府负总责作为一项管理制度，于20世纪90年代初开始在中央文件中出现，并且整个90年代出现的次数并不多，共四次。第一次是国务院于1991年颁布的《关于加强计划生育工作严格控制人口增长的决定》，另外三个文件分别是1994年的《国家八七扶贫攻坚计划》，1996年的《中共中央、国务院关于切实做好减轻农民负担工作的决定》和1998年的《中共中央、国务院关于实行党风廉政建设责任制的规定》。进入21世纪以后，大量的中央文件开始采用这一制度，每年都有这方面的规定出台。在能够收集到的30个文件中，除了上述4个文件以外，其他各个年份的基本情况如下：2000年2个，2001年2个，2002年1个，2003年2个，2004年2个，2005年3个，2006年2个，2007年4个，2008年8个。同一时期，部委规章与地方立法也都大量采用这一制度。可以看到，采用这一制度的频率越来越快，呈现逐步加速之势。

与时间维度相匹配，地方政府负总责的适用领域也有一个逐步扩大的趋势。最初采用这一制度的是属于基本国策范畴的人口控制领域，随后的第二阶段可以说基本确立了人口、资源、环境三大适用领域，到现阶段则开始广泛纳入诸如安全生产，产品质量，食品、药品安全，税费改革，退役士兵安置，西部大开发，灾后重建，公共行政管理和依法行政等领域。可以看到，尤其自党的十六届三中全会提出科学发展观以后，采用地方政府负总责的领域明显有扩大的趋势，两者之间呈同步特征。因此，可以说推行地方政府负总责是践行科学发展观的一项重要制度。从中央政府制定的规定来看，也都是要求地方政府在传统的经济发展或者GDP指标之外，更多地承担社会管理与公共服务责任，打破地方保护主义，以人为本，全面履行政府职能。

频率的加快和适用范围的扩大，本身

* 作者现为中国社会科学院法学研究所研究员。

就说明了该制度所具有的生命力和必然性，这一点毋庸置疑。但是，另一方面，随着适用领域的增加，多重责任重合或者交叉的现象就难以避免，不同责任之间甚至有可能会相互抵触或者抵消，使制度出现边际效益递减的现象。实践中，这种现象应该说已经比较明显，一些地方政府为应付上级的要求，设立的议事协调机构多达七八十个，看起来什么都重视，其实导致普遍的效率低下。[1]因此，在坚持继续推进地方政府负总责的原则下，首先应该研究如何科学地进行制度设计，尤其应该加强中央的统一部署，严格界定适用这一制度的重点领域，防止或者尽量减少政策相互抵消甚至冲突的现象发生，提高制度设计的有效性。

2. 规定的性质

迄今为止，我国法律中尚无地方政府负总责的规定。[2]根据对现有文件的统计，可以看到，绝大部分地方政府负总责的规定都属于文件性质，以国务院颁布的居多（28件），有些则由党中央、国务院联合颁布（2件）。文件颁布主体的权威性说明地方政府负总责受到了党中央、国务院的高度重视，得到了最有力的政治支持。随着时间的推移，非常可喜的是，越来越多的规定采用了规范性文件的形式。例如，《建设工程安全生产管理条例》、《关于加强食品等产品安全监督管理的特别规定》、《土地调查条例》、《乳品质量安全监督管理条例》都采用了行政法规的形式。另外，《关于实行党风廉政建设责任制的规定》也具有非常鲜明的规范性文件的特点。

一般文件形式与规范性文件形式的并存，在从计划经济向市场经济转型的改革过渡阶段，具有重要的制度意义。这种结合，既可以充分发挥文件时效性强、调控灵活的特点，又可以有效借助法律规范严格、公正性强的优势，更好地发挥政治权威与法治权威的双重调控作用。在目前阶段，这种结合形式应该说有其必然性和合理性，不应脱离实际，一味追求单纯的法律形式。当然，随着行政改革的推进和政府法治水平的提高，尤其是随着这项制度的实践经验积累到一定阶段以后，应当尽早将更多的规定逐步纳入规范性文件的范围，通过法律规范进行调整。这样，可以更好地界定地方政府的责、权、利，更加清晰地明确相关各方的权利义务关系。

3. 责任主体

从名称上就可以看出，地方政府负总责的责任主体当然应该是地方政府，因为只有地方政府才可以有效地提供制度、体制、政策、组织、资金、人员等保障，完成施政目标。如果没有完成这些目标，地方政府必须承担相应的法律后果，这样才可以使地方政府真正转变观念，形成有效的激励约束机制，更好地履行社会管理和公共服务的职能。如果只追究领导者的个人责任，不追究地方政府的组织责任，难以从

---

1 2008年10月6日《人民日报》报道，为提高效率，沈阳市决定一次清理87个议事协调机构中的62个，只保留25个。从这个案例中，我们也可以管窥各种议事协调机构的泛滥现状。

2 全国人大审议的《食品安全法》（草案）第四条曾经纳入了地方政府负总责的规定，明确要求"县级以上地方人民政府对本行政区域的食品安全监督管理负总责"，几乎成为第一部规定该项制度的法律。但是，最后通过的法律文本并没有采用草案的表述，《食品安全法》第五条规定，"县级以上地方人民政府统一负责、领导、组织、协调本行政区域的食品安全监督管理工作，建立健全食品安全全程监督管理的工作机制；统一领导、指挥食品安全突发事件应对工作；完善、落实食品安全监督管理责任制，对食品安全监督管理部门进行评议、考核"。《食品安全法》的表述较之于草案的最初表述可以说更为准确、科学，更符合法律规范所要求的明确性和确定性，这一改变也从侧面说明了地方政府负总责制度距离法律的要求还存在一定的距离。

体制上根本解决问题，甚至会出现恶性循环现象，即使不断撤换主要领导人也无法改变传统观念和做法。如果再引入党政关系视角，地方党委及其主要负责人一般不会成为被追究责任的对象，仅仅追究地方政府领导者的个人责任就会进一步制约激励约束机制的作用。近年来，许多问题长期得不到解决，与我们只追究领导者的个人责任、不重视系统的制度建设是有关系的。对于地方政府组织责任的强调，在相关的规定中应该说得到了很好的体现，例如，《关于进一步做好退耕还林还草试点工作的若干意见》规定，“实行省级政府对退耕还林还草试点工作负总责和市(地)、县(市)政府目标责任制。退耕还林还草试点工作，实行目标、任务、资金、粮食、责任五到省”;《关于进一步加强动物防疫工作的通知》规定，“地方人民政府的具体职责是:负责落实地方防治经费；负责组织制定本行政区域的重大动物疫病防治规划和应急预案，做好防疫物资储备；发生重大动物疫病时，负责发布封锁令，启动应急预案，组织、协调有关部门及时控制和扑灭疫情”。

近年来，许多问题长期得不到解决，与我们只追究领导者的个人责任、不重视系统的制度建设是有关系的。

另一方面，地方政府只是一种组织形式或者管理结构，本身没有主观意志，其运转或者活动必须借助于一个个的个体，尤其是地方政府的主要领导与分管领导。特别是在我国现阶段，由于主要领导者的个人意志对地方的发展方向有着决定性的影响，如果不能追究领导者的个人责任，任何责任制最终都会流于形式，无法落实。因此，地方政府负总责必须能够落实到领导者个人才有意义，否则就是一句空话。也就是说，地方政府负总责必须是组织责任与个人责任相结合的双重责任形式，领导人的个人责任不可或缺。在现行规定中，可以看到，既有明确规定双重责任的，也有直接规定领导者个人责任的。例如，《关于完善大中型水库移民后期扶持政策的意见》规定的是双重责任，要求“移民工作实行属地管理，省级人民政府对本地区移民工作和社会稳定负总责，地方各级人民政府主要负责同志是第一责任人，要有一位负责同志分管移民工作，实行一级抓一级，逐级落实责任，做到责任到位、工作到位”;《关于加强市县政府依法行政的决定》也要求“市县政府要在党委的领导下对本行政区域内的依法行政负总责，统一领导、协调本行政区域内依法行政工作，建立健全领导、监督和协调机制。要把加强依法行政摆上重要位置，主要负责人要切实担负起依法行政第一责任人的责任，加强领导、狠抓落实，确保把加强依法行政的各项要求落实到政府工作的各个方面、各个环节，认真扎实地加以推进”。相反，《关于加强城市供水节水和水污染防治工作的通知》直接规定的是个人责任，要求“地方各级人民政府的主要领导，特别是城市人民政府的主要领导，要对城市供水、节水和水污染防治工作负总责”。在2003年发生的非典事件中，卫生部部长被免职，北京市市长引咎辞职，开启了主要官员政治问责制的进程；在2005年11月发生的松花江污染案中，国家环保局局长引咎辞职，再次引起海内外的广泛关注；在2008年9月接连发生的山西襄汾溃坝事件和石家庄三鹿婴幼儿乳粉事件中，山西省省长引咎辞职，副省长被免职，国家质检总局局长引咎辞职，石家庄市委书记，市委副书记、市长，一名副市长被免职，几名相关局长也都受到行政处分。可以预见，由于监管不力，各种安全事故频繁发生，这些措施的力度肯定会进一步加大。

就科学性而言，同时规定地方政府的组织责任与主要领导人的个人责任这种双重责任形式显然比单独只规定一种责任形式更为合理。当然，无论目前的规定如何，实践中都应当坚持组织责任与个人责任相结合的双重责任形式，充分发挥两个积极性，分别形成有效的激励约束机制，实现政府的施政目标。对于领导者个人责任，由于党和国家已经制定了大量的政策和法律，包括《党内监督条例》、《党内纪律处分条例》、《公务员法》、《刑法》等，因此，其奖惩规定比较明确，可以直接加以援引和适用。相反，对于地方政府的组织责任，则缺少现成的规定，如何使地方政府负总责的规定落到实处还需要具体的配套制度设计和实践探索。在现有的文件中，尚未发现有对地方政府组织责任加以追究的具体规定，责任的直接承受者更多还是主要领导者的个人责任。因此，如何从制度上保障双重责任的履行，尤其是设计地方政府承担责任的合适形式，使地方政府有更多的激励约束去履行义务，值得更多的研究。在这方面，目前相对比较成功的探索是环境保护领域，自从原国家环保局强力推进区域限批政策以后，比较有力地制约了地方政府的地方保护主义倾向，促使地方政府将环境保护与经济发展统筹考虑。因此，地方政府负总责可以考虑引入多种责任形式，通过经济、行政、法律、技术等不同手段，促使地方政府积极履行法律义务。

从双重责任主体的视角观察地方政府负总责制度，必然要求超越传统的公务员管理与制裁的范畴，同时从治理结构完善的角度思考问题，尤其需要在中央与地方政府关系层面进行更多的体制、机制改革与创新。这是地方政府负总责制度继续向前发展无法回避的根本性问题。

4. 责任性质

地方政府负总责从性质上看主要是一种政治责任或者领导责任。当然，责任主体的不同，决定了责任性质的差别。

对于地方政府而言，地方政府负总责主要是一种政治责任或者内部行政责任，不受法律的约束。这是因为，作为单一制的国家，上级政府与下级政府的关系是一种内部行政关系，下级政府必须对上级政府负责，受其监督，上级政府可以改变或者撤销下级政府的决定。根据我国宪法的规定，国务院与地方政府之间的关系是领导与被领导的关系，地方政府必须执行国务院的决定和命令，没有讨价还价的余地。

上下级政府之间的这种领导与被领导关系，是我们政治制度的优势，应该坚持，也是地方政府负总责制度能够在不同领域迅速推广的深层次制度原因。但是，另一方面，随着社会经济发展与法治程度的提高，从长期来看，可以预见，即使在中央与地方政府的关系层面，已经并会继续引入更多的法治因素，会越来越多地要求依法界定中央政府与地方政府的各自责任边界，形成有效的政治治理结构。前述的环境保护区域限批做法，就是在传统的政治

因此，如何从制度上保障双重责任的履行，尤其是设计地方政府承担责任的合适形式，使地方政府有更多的激励约束去履行义务，值得更多的研究。

责任领域引入法治调控方式的一个很好案例。

对于地方政府主要领导人而言，情况要更复杂一些，需要区分其法律责任和政治责任两种不同性质的责任。首先，由于我国的公务员法并不像西方发达国家那样进行政务官与事务官的区分，地方政府主要领导人与一般公务员一样，都属于公务员，因此，他们既必须履行公务员的义务，也享受公务员的权利保障。对于责任追究，必须依法进行（主要是《公务员法》），只有法律明确规定的，才能追究责任。这样，只要相关法律有规定，就可以加以援引和适用，并据以追究领导者的个人责任。

另一方面，尽管我国公务员法不区分政务官与事务官，不过，作为地方政府的主要领导者，毕竟不同于一般的公务员，需要更多地承担政治责任和领导责任，这也符合各国政治发展的普遍规律，应该加以坚持。实际上，现有的规定尤其是实践中更多强调的其实也是主要领导人的个人政治责任而非法律责任，做得好的奖励，做得不好的不予提拔重用甚至予以处分。如《中共中央、国务院关于切实做好减轻农民负担工作的决定》明确规定，“要把减轻农民负担工作作为考核和任用各级领导干部特别是县、乡两级领导干部的一项重要指标”，“今后哪个地方和部门加重农民负担，就要追究哪里主要领导的责任。凡因加重农民负担受到处分的干部，在规定的期限内不得提拔和重用”。对于地方政府主要领导人而言，政治责任的约束力与法律责任的约束力同样有效，有些情况下甚至会更为有效。

地方政府主要领导人的法律责任与政治责任是两种不同性质的责任，其追究应该遵循不同的原则和机制，政治的归政治，法律的归法律。目前，我国法律对于公务员法律责任的规定相对比较成熟和健全，运作也比较有规律，而对于政治责任的规定和实践都非常缺乏。这种情况也直接反映在地方政府负总责的相关规定中，有关政治责任部分的规定往往都非常简略，流于原则或者口号，缺乏可操作性。因此，需要在实践中逐步探索和明确地方政府主要领导人承担政治责任的形式、范围、条件和程序等一系列重要问题，使政治责任能够落到实处，形成勇于承担政治责任的新政治文化。相反，对于一般公务员以及依法履行监管职能的监管机构而言，由于它们不负有领导责任，只是严格履行法律规定的义务，因此，其责任性质应该属于法律责任，只有法律明确规定的才能予以追究。实践中，由于没有严格区分地方政府主要领导人与一般公务员或者监管机构的界限，致使责任追究错位的现象时有发生，政治责任与法律责任混淆。这样，既不利于调动和保护一般公务员与监管机构的积极性，也使地方政府领导人可以轻易逃避责任甚至转嫁责任，使责任层级不断下移。[3]

---

3 2003年非典以后，一些地方与个别中央部门（如保监会）均制定了问责制方面的专门规定，在实践中也发挥了很好的作用。但是，其责任主体往往排除了地方政府主要领导人或者监管机构主要负责人的责任，更多是关于政府组成部门或者其他官员的责任。这样，有关问责制的规定无法追究地方政府主要负责人的责任，因而无法为地方政府负总责制度提供实施保障。例如，《天津市人民政府行政责任问责制试行办法》规定，“行政责任问责的对象为市人民政府各部门（包括市人民政府各组成部门、直属机构、部门管理机构、派出机构、直属单位）和各区县人民政府的行政主要负责人”；《大连市政府部门行政首长问责暂行办法》规定，“本办法所称政府部门行政首长问责，是指市人民政府对所属各部门行政首长（含主持工作的副职，下同）不履行或不正确履行法定职责，所领导的部门（系统）政令不畅、秩序混乱、效能低下，导致影响市人民政府总体工作部署或社会公共利益受到损害，依照本办法予以过问并追究责任的制度”；《中国保监会保险监管问责制试行办法》规定，“保险监管问责对象为中国保监会部门及其派出机构的主要负责人，包括中国保监会各部门主任、各保监局局长以及主持工作的副主任或者副局长”。

5. 责任范围

从现行规定看，地方政府负总责主要由两个方面的内容所组成。第一方面是需要积极履行相应的职责，属于事先义务的范畴。例如，《关于加强计划生育工作严格控制人口增长的决定》明确要求，“各级党委和政府务必把计划生育工作摆到与经济建设同等重要的位置上来，把人口计划纳入本地区国民经济和社会发展总体规划，列入重要议事日程”。这方面，规定最为详细的当数《关于实行党风廉政建设责任制的规定》第六条，该条具体列举了七项非常具体的义务，非常容易判断和把握义务主体是否履行了这些义务。不过，总体而言，大部分文件对于事先义务的规定比较简单、笼统，许多文件并没有详细规定具体的义务或者标准，有些甚至只有一句话，实践中因此容易存在责任不明确的情况，有时甚至会导致地方政府无所适从。从职责法定的法治原则来看，未来应该进一步细化不同主体的相应责任和评价标准，规则明确，责任到岗，责任到人。只有事先对义务予以明确的规定，才能师出有名，对于违反义务者根据其行为（或不作为）事后追究其责任。

随着我国行政管理体制改革的逐步到位和政府管理水平的提高，未来应该更加强调事先义务与事后责任的平衡和相互衔接。

除了事先义务之外，第二方面是违反这些职责所导致的法律后果，属于事后追究的范畴。可以说几乎所有的文件都有这方面的要求，比如，《中共中央、国务院关于切实做好减轻农民负担工作的决定》要求，“今后哪个地方和部门加重农民负担，就要追究哪里主要领导的责任。凡因加重农民负担受到处分的干部，在规定的期限内不得提拔和重用”；《关于加强食品等产品安全监督管理的特别规定》规定，“县级以上地方人民政府不履行产品安全监督管理的领导、协调职责，本行政区域内一年多次出现产品安全事故、造成严重社会影响的，由监察机关或者任免机关对政府的主要负责人和直接负责的主管人员给予记大过、降级或者撤职的处分”。实际上，由于事先义务往往规定比较笼统，不好把握，实践中经常可以看到的现象是根据结果追责，或者说实行的是结果责任。只要没有达到既定目标，或者出现了重大的事故，都有可能要被追究责任。

由于我国法治发展水平比较低，社会正处于转型阶段，科学的管理架构尚未形成，很多情况下很难对事先义务予以明确的规定。因此，结果追责在一定阶段有其合理性和必然性，有利于地方政府调动一切资源达成既定目标，督促官员积极履行法定职责。结果责任的弊端在于责任与行为过程容易脱节，导致忽略地方政府在管理过程中付出的努力，并且容易诱使地方政府采取一切可能的高压手段达到既定目标或者想尽办法掩盖不利的结果，无法形成可持续的治理结构。从科学管理的角度而言，风险在任何社会都是永远存在的现象，只要地方政府积极履行了法定义务，就达到了制度设计的目的，很难指望所有领域都达到零风险的结果。如果完全根据结果追责，甚至希望完全消除任何风险，其结果必然是代价巨大，得不偿失。

随着我国行政管理体制改革的逐步到位和政府管理水平的提高，未来应该更加强调事先义务与事后责任的平衡和相互衔接。除特殊领域需要继续采用结果追责原则以外（如发生特别重大安全事故），一般

为拉近文件规定与实践之间的距离，有必要重点加强对市县政府责任追究的具体规定，根据权责一致的原则，构筑其责任体系，实现管理重心的下移。

领域应根据职责法定的要求，根据地方政府的行为本身（而非结果）来界定它是否应该承担责任。为此，需要在地方政府及其官员的事先义务方面制定更为科学、明确的规则，为事后的责任追究提供依据。

6. 责任层级

我国的行政区划制度决定了地方政府负总责既可以是多级地方政府的责任，也可以是某一特定层级地方政府的责任。可以看到，绝大部分现行文件规定的都是多级责任，如《关于加强计划生育工作严格控制人口增长的决定》、《国家八七扶贫攻坚计划》、《中共中央、国务院关于切实做好减轻农民负担工作的决定》、《关于实行党风廉政建设责任制的规定》、《关于加强城市供水节水和水污染防治工作的通知》《关于进一步加强动物防疫工作的通知》、《国务院关于进一步加强食品安全工作的决定》等。但是，对于不同层级政府之间的责任如何划分，基本都没有具体的规定。这样，出现责任追究事由之后，究竟应该追究哪一级政府的责任，是追究多级政府的连带责任还是单独追究某一级政府的单独责任，都缺乏可预期性。实践中，难免出现责任层级不断下移的现象，影响政府权威和形象。[4]未来如果继续沿用多级责任追究的做法，应明确划分不同层级地方政府的事权与责任范围，使他们各司其职，各负其责。如果不同层级地方政府的事权与责任不容易划分清楚，则应该尽量避免多级责任同时加以规定的做法，针对具体领域明确具体的责任层级。

目前，具体规定某一层级地方政府责任的文件并不多，仅有的几个文件大多也规定的都是省级政府的责任，如《关于进一步推进西部大开发的若干意见》、《关于加强节能工作的决定》、《关于促进资源型城市可持续发展的若干意见》、《汶川地震灾后恢复重建总体规划》等。重点规定省级政府的责任，可能有多重原因，如省级政府在行政区划中的重要性，省级更容易进行资源整合，某些领域需要进行省级统筹，某些领域实行的是省以下垂直管理的体制，中央对省级的考核比较容易等等。但是，就近年来责任追究的实践看，更多还是针对省级以下的地方政府。因此，为拉近文件规定与实践之间的距离，有必要重点加强对市县政府责任追究的具体规定，根据权责一致的原则，构筑其责任体系，实现管理重心的下移。

7. 与垂直管理体制的关系

在政府的纵向关系上，我国分别采用垂直管理与分级管理两种体制。垂直管理又可以再分为两种情况，一是完全垂直管理（如银行、证券、保险、电力、海关、铁路、电信、国税、邮政等），二是省以下半垂直管理（如工商、国土、质检、药品等）。目前，地方政府负总责的领域既涉及垂直管理的部门，又涉及分级管理的部门。进一步观察可以发现，近年来地方政府负总责的广泛采用与垂直管理领域的逐步扩大几乎是

4 例如，对于三聚氰胺事件究竟应追究哪一级政府的责任，网络上有很多讨论。由于食品药品领域实行省以下垂直管理体制，许多人认为责任主体应首先是省级政府而非市级政府。

无论是从纵向管理体制设计的初衷还是从权责一致性的要求看，垂直管理体制与地方政府负总责制度都具有无法克服的内在张力或者矛盾。

同步发生的过程，两个制度都在快速扩张之中。地方政府负总责可以说并未对垂直管理体制造成任何冲击。

然而，无论是从纵向管理体制设计的初衷还是从权责一致性的要求看，垂直管理体制与地方政府负总责制度都具有无法克服的内在张力或者矛盾。要求地方政府对垂直管理部门不履责的行为负责，或者要求垂直管理部门对地方政府负责，既没有法律根据，也很难有实际效果，最终必然导致或者垂直管理体制受冲击或者地方政府负总责无效的两难局面，两者不可能兼得！要解决这一对矛盾，必须消除两种制度的交叉重叠。可以同时从两个方向入手，一是迅速扭转一味推进垂直管理体制的做法，使地方事务真正回归地方，实现管理重心的下移；二是准确界定地方政府负总责的领域，避免适用领域的不当扩大。转型时期，很容易出现头痛医头脚痛医脚的现象，使制度之间缺乏协调，甚至会出现制度越多，抵触越多，效果越差，再设立更多制度的恶性循环。垂直管理领域的快速增加和地方政府负总责制度的扩张，其实都反映了转型时期政府管理所面临的深层困局。要走出困局，必须回归制度本身，尊重科学，尊重规律，进行行政管理体制的系统改革与重构。

8. 配套制度

虽然地方政府负总责作为一项重要的制度在众多领域得到推广，但是，就制度的完备性而言，目前的规定大部分都非常简略，一般都只是基本原则的规定或者表述，缺乏可操作性和具体的标准。同时，地方政府或者下级部门也没有制定具体的行为规范或者配套制度，往往都只是在重复中央文件中的原则性规定或者表述。[5]因此，目前亟需总结经验，使地方政府负总责能够尽快制度化、规范化、系统化，以发挥更为有效的作用。

二、进一步改革的若干政策建议

通过上述归纳可以看到，地方政府负总责已经成为近年来加强中央政府管理的一项基本制度，在实践中也发挥了很大的作用。但是，该制度本身还存在一些缺陷，其有效性也有待进一步加强。除了在上面评析部分分别提出的建议以外，特提出如下四条政策建议；

1. 推进系统改革，建立有效的政府治理结构，实现改革政策的相互协调和统一

当前，地方政府负总责领域的快速扩张，既有其必然性和现实必要性，同时也揭示了中央政府常规管理与调控制度的失灵或者缺乏相互协调，因此必须频繁借助于对地方政府官员最具威慑力的负总责制度。从这个意义上看，地方政府负总责制度只

5 国务院制定的关于责任追究方面的专门规定只有《关于特大安全事故行政责任追究的规定》，因此，一些地方相应都制定了安全生产方面的责任追究规定。除此之外，地方制定的责任追究方面的规定主要集中在行政执法领域，以推行行政执法责任制。其他领域有关责任追究的规定比较少，主要是为实施行政许可法、政府信息公开条例而建立的责任追究制度。可以明显地看到，责任追究的规定与地方政府负总责的规定存在脱节的现象。

可能在过渡阶段治标，不可能长期治本。要持续、有效地规范地方政府的行为，使其积极履行各项政府职能，必须依靠常规管理与调控制度的重建或再造，地方政府负总责制度充其量只应该是其中的一个环节或者说是最后的威慑工具。

重建或再造中央政府的常规管理与调控制度，涉及领域广泛，实际上事关整个行政体制与政治体制的系统改革，以建立有效的政府治理结构。

重建或再造中央政府的常规管理与调控制度，涉及领域广泛，实际上事关整个行政体制与政治体制的系统改革，以建立有效的政府治理结构。其中，既涉及中央与地方财权、事权的明确划分，也涉及政府行为的规范化、法治化；既涉及令行禁止的纪律重申与严格执行，也涉及更广泛地采用基于激励约束之上的激励方式；既涉及自上而下对官员行为规范的明确要求和绩效考核制度的科学化，也涉及自下而上民主参与、民主监督制度的培育和同级人大监督作用的更好发挥；既涉及不同层级地方政府责任的明确，也涉及垂直管理体制的重新梳理；既涉及地方政府决策责任、执行责任与监督责任的划分，也涉及地方政府决策体制、执法体制、执法方式与监督方式的创新；既涉及地方政府与其组成部门之间关系的调整，也涉及地方党委与政府责任边界的明确，等等。显然，这些改革既涉及行政体制改革，也必然涉及经济、社会、政治体制的联动改革，每一项改革都可以说是牵一发而动全身，不可能毕其功于一役，更不可能奢望以某一项制度来替代其他制度。

中国改革开放三十年，由易到难，经历了各种艰难险阻，可以说已经进入到推进核心领域改革的系统攻坚阶段。就地方政府负总责制度而言，当前尤其需要两手抓，一手继续推动地方政府负总责制度的贯彻和落实，以解决政府管理工作中的各种突出问题，推进责任政府建设，取信于民；更为重要的是，要抓住当前的改革机遇，在顶层精心论证与设计的基础上，对现有改革措施进行梳理和整合，并积极、稳妥、果断地推进系统改革，实现改革政策的相互协调和统一，发挥制度的整体效应。皮之不存，毛将焉附?！没有系统的行政体制改革，不建立有效的政府治理结构，地方政府负总责制度的功效不但难以保证，甚至会导致事与愿违的结果。对此，决策者必须有非常清醒的认识。

2. 清楚界定地方政府与其组成部门的关系，实现重大决策权的统一

推行地方政府负总责制度的前提是决策权首先必须统一于地方政府，以体现权责一致性。改革开放以前，由于受长期计划经济体制的影响，我国的政府管理体制体现出非常浓厚的行业管理特征，每一个行业管理部门由上而下自成体系，实行人、财、物、产、供、销的全方位垂直管理，每个行业都成为事实上的利益共同体，决策权是分散的。改革开放以后，随着政企分开、政资分开的推行，传统行业管理的特征有所弱化，政府现代监管制度开始具备一定雏形。不过，由于历史传统影响与部门利益考虑等多方面的因素，部门各自为政的局面并没有根本改观，事前许可权、事后处罚权与规则制定权作为“新三权”成为各个部门普遍追逐的权力种类，并借此谋取和固化部门利益。特别是在政府权力过大的格局没有根本改变的情况下，一

党的十七大报告已经明确提出要建立健全决策权、执行权、监督权既相互制约又相互协调的权力结构和运行机制。

些政府组成部门甚至会借助“新三权”的行使妨碍中央统一政策的执行，导致决策权的高度分散化和部门利益的恶性膨胀。这种部门林立，纵强横弱的现象，在这些年推行电子政务的过程中体现得最为明显，一个系统内部自上而下非常通畅，不同系统之间犹如铜墙铁壁。自上而下，每一级地方政府内部，可以说存在众多的小政府，决策权分散在这些众多小政府手中。这种情况下，要推行地方政府负总责，其实是缺乏前提条件的。因此，推行地方政府负总责，必须首先改变这种局面，实现重大决策权的统一。

实现重大决策权的统一，需要的基础制度条件特别多，既包括政府与市场关系的进一步明确，使市场在资源配置中发挥更大的作用，也包括党政关系的理顺，使党委领导与政府负责有机结合，还包括人大与政府关系的摆正，使政府执行与人大决策相互协调。其中，一个必不可少的方面是清楚界定地方政府与其组成部门的关系，打破部门政治的影响，首先在政府系统内部实现重大决策权的统一。这种改革思路的核心是实现政府决策职能与执行职能的分离，决策权统一于地方政府，避免政出多门，具体执行职能配置给政府组成部门，收回政府组成部门的决策权，使其专司执行职能，保持执行本身的独立性、公正性和有效性。为此，需要对地方政府组成部门的执行职能根据宏观、微观、监管、执法、服务、监督等标准进行细分并相应对其组织形式、权力种类、运行机制等进行界定，实现执行职能的分散化与多样化，改变过去对政府组成部门一刀切式的组织、授权与管理办法。经过这种改革，决策权更为集中，执行权更为多样，可以有效改变决策与执行交织，政出多门，部门利益膨胀，执行不力，责任不清等现象，夯实地方政府负总责的制度基础。这是一项巨大的挑战，涉及到地方政府组织结构、权力配置与运行方式的全面重构，需要很大的政治勇气。可喜的是，党的十七大报告已经明确提出要建立健全决策权、执行权、监督权既相互制约又相互协调的权力结构和运行机制。一些地方政府近年来也在这些方面进行了非常有益的探索，完全可以在此基础上借鉴国际社会先进经验进一步往前推动，开创地方政府治理结构的新格局。

3. 统一以地方政府为行政诉讼的被告，实现法律责任的统一

从发达国家地方自治制度的设计来看，具有法人地位的只能是作为自治体的各级地方政府，而不是其组成部门，其政府组成部门只是分别承担执行职能，相当于我国法律当中的内设机构。因此，不论是对外行使权力还是最后承担法律责任，一般均以地方政府（或者具有独立法人地位的执行机构）为权力主体或者责任主体。这样的安排，既符合地方自治制度的宗旨和法人制度的设计原理，又可以有效地控制政府组成部门的行为，协调不同政策，最大限度地减少政府组成部门之间的内部冲突与矛盾。

我国1986年制定的《民法通则》规定的法人共有四类，分别是企业法人、事业法

人、机关法人与社团法人。但是，由于缺乏公法人制度与地方自治的传统，《民法通则》并没有明确规定哪些机关可以成为机关法人。1989年制定的《行政诉讼法》明确规定，“作出具体行政行为的行政机关是被告”，由此正式确立了我国地方政府组成部门机关法人的地位和行政诉讼的被告资格。《行政诉讼法》改变了中国二千多年民不可以告官的历史传统，对中国政治现代化进程产生了意义深远的影响。从行政管理实践来看，行政机关最怕当被告，最怕输官司，就已经充分说明了行政诉讼制度的现实意义。然而，《行政诉讼法》普遍赋予地方政府组成部门机关法人的法律地位，不但与法人制度的原理有冲突，导致地方政府与地方政府组成部门双重法人人格同时并存的局面，也会使法人人格独立要求与政府内部上下级管理要求产生内在冲突。从实际结果来看，这种制度安排更进一步固化了传统的部门政治格局，使政府组成部门法律上不必向地方政府负责，最终导致责任追究体系的分散化。

地方政府组成部门独立作为权力主体与责任主体的弊端近年来实际上已经引起了相关领导与决策部门的高度重视。自1996年以来，中央政府相继推出了相对集中处罚权、相对集中许可权以及综合执法制度，近期正在酝酿相对集中复议权制度，以期逐步改变政府组成部门权力过大的问题，最终向一级政府一个法人的现代政府架构转变。从地方政府负总责制度的要求来看，结论其实也是一样的，只有让地方政府统一作为责任主体，才有可能使负总责制度落到实处，避免出现责任主体不明或者错位的现象。如果还是延续目前这种责任追究体系分散化的格局，既不可能也不应该要求地方政府负总责。

只有让地方政府统一作为责任主体，才有可能使负总责制度落到实处，避免出现责任主体不明或者错位的现象。如果还是延续目前这种责任追究体系分散化的格局，既不可能也不应该要求地方政府负总责。

鉴于《行政诉讼法》的修改已经纳入本届人大五年立法规划，有必要改变规则，确定由地方政府统一作为行政诉讼的被告（具有独立公法人地位的行政主体除外），从被告资格上确立地方政府负总责的制度基础和责任形式。从行政诉讼这些年的实践来看，如果能够确立这种诉讼结构，必然会迅速产生倒逼效应，从末端开始反推其他各项制度的改革，包括决策权的统一和部门之间的政策协调，使地方政府负总责制度找到着力点和生长点，也使我国的地方政府组织架构与治理结构逐步向国际惯例靠拢。

4. 科学区分地方政府负总责制度的不同使用语境，实现概念和制度的统一

可以看到，迄今为止，尽管地方政府负总责制度已经被适用于众多不同的领域，一些行政法规或者其他规范性文件也有规定，但这个概念或制度的含义是非常模糊的，从来就没有得到准确的界定。这样，必然导致人们的理解千差万别，制度设计无从下手，制度的适用也面临巨大的不确定性。

根据本文前面的分析，笔者认为，尽管很难也没有必要对该概念下一个统一的定义，但是，完全可以根据责任主体和责任性质这两个主要标准，准确区分该概念

使用的四种不同语境；在每一种不同的语境下，该概念的含义必须是特定的，相应的制度建设也应该据此展开和适用，以症下药，并保持制度的一致性。

四种不同的语境分别是：(1) 地方政府的法律责任；(2) 地方政府的政治责任；(3) 地方政府主要领导人的法律责任；(4) 地方政府主要领导人的政治责任。法律责任和政治责任的最大区别在于，法律责任属于有限责任、过错责任，其基础在于法律的预先规定。政治责任属于无限责任、结果责任，其基础在于国家政治大局的考虑和官员的政治道德。具体而言，对于第（1）种情况，目前面临的主要问题是需要通过立法和修法来使责任落到实处，其责任追究应严格依法进行，形成对地方政府的有效激励约束；对于第（2）种情况，立法并不是当务之急，而是需要首先提高政治觉悟，严肃政治纪律，并建立有效的中央与地方关系，待经验积累成熟以后可以将政治责任逐步向法律责任转化；对于第（3）种情况，目前面临的主要问题是需要严格执法，使《公务员法》、《刑法》等的相关规定能够有效适用，解决官员中普遍存在的懒政、不作为、失职、渎职等行为；对于第（4）种情况，目前面临的主要问题是尽快严格界定追究责任的大致范围，在此基础上形成勇于承担政治责任的官场文化，从根本上改变官场的各种传统习惯和做法。

经过这种区分和界定，以后再提地方政府负总责，不应该笼而统之，而应该首先明确制度适用的具体语境，并在此基础上构造制度，实现概念和制度的统一。

附表：地方政府负总责规定汇集

发布主体及发布时间	规定名称规定名称
国务院 1991 年	关于加强计划生育工作严格控制人口增长的决定
国务院 1994 年	国家八七扶贫攻坚计划
中共中央、国务院 1996 年	中共中央、国务院关于切实做好减轻农民负担工作的决定
中共中央、国务院 1998 年	关于实行党风廉政建设责任制的规定
国务院 2000 年	关于加强城市供水节水和水污染防治工作的通知
国务院 2000 年	关于进一步做好退耕还林还草试点工作的若干意见
国务院 2001 年	关于进一步加强动物防疫工作的通知
国务院 2001 年	关于进一步做好农村税费改革试点工作的通知
国务院 2002 年	关于加强草原保护与建设的若干意见
国务院 2003 年	关于印发中国 21 世纪初可持续发展行动纲要的通知
国务院 2003 年	建设工程安全生产管理条例
国务院 2004 年	国务院关于进一步加强食品安全工作的决定
国务院 2004 年	关于进一步推进西部大开发的若干意见
国务院 2005 年	关于 2005 年深化农村税费改革试点工作的通知
国务院 2005 年	关于进一步加强防沙治沙工作的决定
国务院 2005 年	关于进一步做好城镇退役士兵安置工作的通知
国务院 2006 年	关于加强节能工作的决定
国务院 2006 年	关于完善大中型水库移民后期扶持政策的意见
国务院 2007 年	关于促进资源型城市可持续发展的若干意见
国务院 2007 年	关于加强产品质量和食品安全工作的通知
国务院 2007 年	关于加强食品等产品安全监督管理的特别规定
国务院 2007 年	关于完善退耕还林政策的通知
国务院 2008 年	关于加强市县政府依法行政的决定
国务院 2008 年	关于进一步加强节油节电工作的通知
国务院 2008 年	关于做好汶川地震灾后恢复重建工作的指导意见
国务院 2008 年	土地调查条例
国务院 2008 年	乳品质量安全监督管理条例
国务院 2008 年	国务院关于实施成品油价格和税费改革的通知
国务院 2008 年	汶川地震灾后恢复重建总体规划
国务院 2008 年	全国土地利用总体规划纲要 (2006~2020 年)

政府失灵与市场失灵监管的原则

Government Failure vs Market Failure: Principles of Regulation

约瑟夫·斯蒂格利茨

一、引言

监管历来都是最受争议的话题之一。批评者认为，监管干扰市场效率；支持者则相信，设计良好的监管架构不仅能够使市场更有效，还能够提高市场结果的公平性。当前，经济面临不断下滑甚至陷入衰退的风险，如果政府不进行干预，那么预计将有200多万美国人无家可归。越来越多的人已达成共识：加强政府监管是必要的。针对这一呼吁，美联储亡羊补牢，强化了一些监管措施。假如良好的监管确能抑制或缓解经济下滑的不利影响，那么美国乃至全世界都将为监管失败付出沉重的代价。监管失败的社会成本也是巨大的，成千上万的美国人不但会失去房子，还会耗尽毕生积蓄。长期以来，人们认为拥有住房是社会稳定的重要因素，住房拥有率的下降将削弱社会的稳定性。丧失房产赎回权会加剧房价下跌，侵蚀财产税税基。这些都是监管不善的恶果。

厄普顿·辛克莱曾在其小说《丛林》中描绘了美国储料场恶劣的卫生环境，之后美国人不再吃肉，于是肉类包装业要求政府加强食品安全监管以恢复公众信心。安然公司和环球电讯公司的丑闻降低了人们对金融市场和会计师事务所的信任度，加强监管以重振信心的呼声再起。姑且不论《萨班斯—奥克斯利法》是太过苛刻还是不够严厉，很多美国人将加强监管视为恢复市场信心的必要手段则是无可争议的，因为每家会计师事务所、多数大投资银行和许多著名公司都已丑闻缠身。

由于对环境的监管，美国现在的空气和水更加清洁，美国人的寿命也得以延长。如今，一个没有食品、安全和环境监管的世界是不可想象的。人们只是争论监管是否过度，以及能否用较小的成本达到预期目标。

本文概述现代监管理论的基本原则。第一部分提出监管的理由，即为何需要监管；第二部分探讨监管可以或应该采取的形式；第三部分将上述原则用于分析目前倍受关注的三个问题，即主权财富基金、

* Joseph E. Stiglitz，2001年诺贝尔经济学奖得主，美国哥伦比亚大学教授，哥伦比亚大学全球思考委员会主席，曼彻斯特大学布鲁克斯世界贫困研究所主席，政策对话项目主席（http://www.policydialogue.org）。作者感谢联合国开发计划署，福特、麦克阿瑟和洛克菲勒兄弟基金会的资金支持。本文是为2008年2月1～3日在佛罗里达州Yulee召开的托宾项目会议“政府与市场：建立新监管理论”而准备的，并非最终稿。——编者注

金融市场监管和针对温室气体排放的环境监管。

二、监管通论

监管的一般理论始于一个简单的问题：为什么要监管。这又可以分为二个小问题：为何仅依靠市场本身的力量是不够的；如果政府出面干预，怎样选择监管形式。

（一）政府干预的必要性

1．传统的市场失灵

亚当·斯密认为市场本身是有效的[1]（人们普遍赞同这个观点）；阿罗和德布鲁对市场有效说的含义进行了阐释（帕累托效率，即在不损害一部分人的效用的情况下，不可能增加另外一部分人的效用）并提出了市场有效说成立的前提条件（完全竞争、无外部性、无公共品）[2]。后来，格林沃尔德和斯蒂格利茨指出，信息不对称和不完全竞争永远存在，由此推断市场并非处于帕累托最优[3]。可见，市场有效说在今天缺乏足够依据，没有人相信它的前提条件能够得到满足。

一些自由市场的支持者信奉市场失灵仅限于很小范围（但无人指出如何证明这一点）；更多自由市场的支持者相信，政府对市场失灵的纠正通常只会使事情变得更糟。政府监管糟糕透顶的案例确实存在，但不受约束的市场带来的灾难至少也证明，某些方面的监管是合理的。[4, 5]

有些自由市场的支持者求助于科斯猜想（有时也称科斯定理），即外部性即使存在，只要产权界定明晰，人们就能够通过交易达到最优结果。但如果信息是不完全的（如个体对外部成本的评估）或者存在交易成本，这种说法就缺乏支撑，而现实中正是如此。事实上，监管的基本论据之一是它降低了交易成本。

科斯定理的另外一种说法是，伤者应该（有权）起诉那些致人伤者。如果有关侵权的法律体系（包括集体诉讼）较完善，人们就会有动机去起诉。有趣的是，保守派（如布什政府中人）既鼓吹放松监管，又呼吁降低人们的索赔能力。他们对现有法律体系的批评有时颇有道理：许多领域存在超额赔付，因而索赔动机较强，而在某些领域，索赔动机不足（若没有集体诉讼，交易成本之大将使索赔不可能发生）。

更一般的，补偿个体损伤所需的数额可能无法提供适当的激励。将二者结合起来看，激励通常并非是最优化的。此外，在很多情况下，货币激励不能解决全部问题。例如，孩子因铅中毒而死，无论再多的钱也无法弥补其父母的痛苦。事后补偿是不够的，必须在事前尽可能阻止有害行为的发生。

1　事实上，他的分析比现代自由市场经济学家所认为的要精细得多。

2　J. Arrow "An Extension of the Basic Theorems of Classical Welfare Economics," Proceedings of the Second Berkeley Symposium on Mathematical Statistics and Probability, J. Neyman, ed., Berkeley: University of California Press, 1951, pp. 507-532, and Gerard Debreu, The Theory of Value, New Haven:Yale University Press, 1959.

3　Bruce Greenwald and J. E. Stiglitz, "Externalities in Economies with Imperfect Information and Incomplete Markets," Quarterly Journal of Economics, 1986, Vol. 101, No. 2 (May), pp. 229-264.

Reprinted in Economic Theory and the Welfare State, Nicholas Barr (ed.), Cheltenham, UK: Edward Elgar,2000.

4　很多经济学家披上了政治科学家的外衣，争辩说政治过程天然是无效的。但不存在一般性理论能够证明"政府失灵"必然比市场失灵更严重；也没有令人信服的"反事实"的对比分析，说明没有监管的世界将会怎样。

5　此外，金融市场中，受监管行业（如银行业）经常出问题，有人认为政府监管是问题之源。事实上，金融行业受监管部分与不受监管部分相互交织，为监管套利开了方便之门，给监管者带来了特殊的挑战。

现在，人们也意识到，市场机制的其他形式也不能保证最优结果的实现。如声誉机制会有帮助，但也不能确保效率。

因此，监管在应对市场失灵时可发挥重要作用。

我想特别提醒人们注意几类特定的市场失灵。有的监管旨在减轻外部性的程度，如分区管制（zoning restrictions）和环境监管；有的监管旨在维护竞争（限制反竞争行为），确保自然垄断者不滥用其垄断地位（公共事业监管）；还有大量的监管是为了保护消费者（如要求开办存款业务的银行经营稳健，确保食品及其他产品安全，以及消费者不会被无良商家、广告商或贷款人所利用）。在上述情形中，信息披露是重要的，但监管远不局限于此，下文将分析其原因。

现在，人们也意识到，市场机制的其他形式也不能保证最优结果的实现。如声誉机制会有帮助，但也不能确保效率。因此，监管在应对市场失灵时可发挥重要作用。

我还想评论两类与信息问题相关的市场失灵。第一类市场失灵与保险有关。私营部门的合约安排经常出现貌似“监管”的结构。例如，火险公司要求受保人安装喷水系统，有时保险公司以价格机制为手段，如向安装该系统的受保人提供价格优惠。有时若受保人未安装，保险公司根本不会开保单。很多政府监管措施也是类似的：若政府承担风险，就会做出某种限制以降低风险。例如，政府或明或暗地提供洪水和地震保险（地震发生时，政府明白它不会坐视不救），并要求房屋要建得足够牢固以减少损失风险。但由于道德风险以及风险大小不能准确评估[6]，个人往往不太在乎。

第二类市场失灵与认证有关。肉类包装商需要某种认证，即它们的产品是以安全、人性化的方式生产出来的。它们也知道，只有政府才能提供可信的认证。如果肉类包装商直接向认证机构付费，就会出现利益冲突。

最近，会计师事务所和评级机构惹的麻烦暴露出私营认证的问题。安然公司的丑闻表明，会计师事务所的激励机制被扭曲了。尽管《萨班斯—奥克斯利法》能起到一定作用，但并未完全解决问题。[7]类似的，如果金融企业付费，请评级机构为它创造的复杂金融产品评级，评级机构给高风险产品评AAA级可能也就不足为奇了。

信息是公共品[8]。所有储户都希望他们到银行提款时，银行仍安然无恙。在一定程度上，政府对银行的监管是一种认证：政府设定银行必须达到的标准，并检查银行是否做到。当然政府也可以无所作为，允许个人将钱存入未经“认证”的银行（某种意义上说，政府确实如此，许多未经认证的金融机构仍大行其道）。但政府没有这样做，而是要求银行必须满足某些条件，否则不得经营。部分原因在于，政府明白银行一旦倒闭，它不可能坐视不救。正如一位有洞见的观察家所言，世上有两类政府，一类提供了存款保险并心知肚明，一类也

6　详见下文的讨论。

7　J. E. Stiglitz, Roaring Nineties, New York: WW Norton, 2003.

8　我还会谈到这个问题。我们已经讨论过卖家支付认证费引发的激励问题。在大多数情况下，很难设计由买家支付认证费的制度。因为其他人观察到信息购买者的行为后，就可以搭便车了。

提供存款保险但一无所知[9]。这反过来说明，为了减轻道德风险问题，必须对银行加以限制。

2. 非理性

然而，论证监管的必要性至少包括三个层次的分析。从帕累托效率（第一基本定律）的基本假设分析而引出的市场失灵论不过是其中之一。第二层次的分析主要关注市场非理性。标准的竞争均衡模型假设所有个体都是理性的，它解释了在竞争性市场上，理性的个人（家庭）与追求利润（价值）最大化的企业之间的相互作用，不一定导致帕累托有效率的资源配置。但个体不见得是理性的，甚至从根本上偏离理性状态。迷途之人需要拯救，社会更是如此。例如，市场会陷入非理性繁荣或非理性悲观，人们不一定会储蓄足够的退休金，等等。

新的行为经济学对这些问题有了新视角：在某种意义上，如果迫使个人有所为有所不为，他们就会过得更好。

在行为经济学的最新研究出现之前，经济学家通常对有关政府干预的家长式做法抱有偏见。他们会问，为什么假设政府比个人更理性、掌握的信息更多？为什么我们能把自己关于理性的看法加诸他人？经典的市场失灵理论可以部分地回答这些问题。有人说只要个体行为仅伤及自身，政府就没有必要干预。但个体行为也可能对他人造成不利影响（实际上存在外部性），而监管能够减少这种可能性，并降低危害性。

民主社会存在一类特殊的外部性。即使某人咎由自取（如储蓄不足），忍饥挨饿，社会也不会袖手旁观，而会治病救人（或规模太大不可倒闭的银行）。此时，个人就有动机几乎不储蓄，银行也会冒很大风险。对此，政府应加强监管，确保个人有足够的储蓄，银行没有过度冒险。

但新的行为经济学对这些问题有了新视角：在某种意义上，如果迫使个人有所为有所不为，他们就会过得更好。一个容易酗酒或吸毒的人可能意识到自己会沉迷于此而不能自拔。在上瘾之前，他清楚自己将为此悔恨，但恶习难改。因此，他希望政府（或其他人）使他无法染上恶习，至少不会那么轻易地染上（烟草公司等企业会因许多瘾君子的存在而大发横财，这增加了问题的复杂性。企业会增强产品的诱惑力，通过降低产品的需求弹性而获利）。

类似的，个人可能知道，如果仅根据雇主通常设定的收入比率存钱，他们就容易出现储蓄过少或过多的问题。此时，他们可能希望政府能够迫使企业在深入研究之后，设定合理的储蓄比率，使之退休后能过得舒服，同时不过分牺牲当期消费。

在传统的福利经济学范式内，对这种监管进行正式的福利分析当然存在困难：在评估政策干预效果时，是用个体事前的预期效用（例如有关其行为后果的不当预期），还是用事后实现的（平均）效用？

3. 分配公平

政府干预的第三类理由是：尽管市场经济的最妙之处在于它能产生有效的结果，但是不一定能够实现社会公平。尤其当政

9　有些人认为，存款保险制度会产生道德风险问题：储户不会那么费心去检查存款银行的信用度。但由于信息是公共品，每个人都搜集和处理信息是低效率的，他们也几乎不可能这样做。如果人们这样做了，他们就不会有时间赚钱。他们可以雇信用评级机构来评估存款银行的状况，但众所周知，这些市场存在失灵。

过去 25 年的研究表明，价格干预有很大的局限性。信息不完善、不对称等导致市场自身无法实现帕累托最优的问题，也正说明仅靠价格干预是远远不够的。

府面临严格的预算约束（或其他行政约束）时，监管可作为实现分配目标的重要工具。例如，当政府别无他途时，《社区再投资法案》中的贷款要求或强制性健康保险，可能是帮助穷人的有效手段。[10]

（二）监管与其他形式的政府干预

监管的批评者认为，采取税收、补贴等市场化干预措施，能够以较小成本更好地实现监管目标。若吸烟有外部性，就对吸烟征税；若温室气体造成全球变暖，就对温室气体排放征税。价格干预确有许多值得骄傲之处：一视同仁，简单易行，交易成本往往较低。但过去 25 年的研究表明，价格干预有很大的局限性。信息不完善、不对称等导致市场自身无法实现帕累托最优的问题，也正说明仅靠价格干预是远远不够的。[11]

1. 不完美信息与不完备合约

最重要的是，由于存在不完全信息和不完备合约，最优激励机制往往是高度非线性的（它们不采用价格干预形式），有时甚至需要采取某种限制（如配给和解除合约）。[12]

在一定意义上，大多数监管可被视为各种（通常简单）形式的非线性价格安排。但无论在私人部门还是公共部门，现实中几乎没有什么价格安排具备最优激励计划所具有的复杂性。特定的监管架构与简单的非线性价格安排孰优孰劣难以定论，但经过深入分析后我们发现，两者的差异不过是文字表述之别而已。

当然，许多文献都对纯粹价格体系和纯粹数量（监管）体系这两种极端形式进行过比较研究。但很少有必要涉及极端，而且在许多情况下，标准表述也并没有什么实际意义。

2. 价格与数量

尽管如此，许多文献正是围绕极端情况展开的。[13] 例如，有学者认为，根据需求和供给曲线所受冲击的性质，数量干预（监管）可能比价格干预的预期效用高。[14]

例如，有人认为温室气体问题是数量管制更优的典型案例。在价格干预下，温室气体排放量不确定，需求或供给曲线的

10　通常，经济学家认为帕累托改善是可以实现的，如通过征税或补贴为穷人提供健康保险。但提高税收会导致较大的效率损失，而补贴的目标群体难以准确界定。此处主要探讨政府干预的原因，下文将更详细讨论不同形式干预的相对优点。

11　关于这一观点的广泛讨论，尤其自然垄断监管框架下的研究，参见 D. Sappington 和 J. E. Stiglitz, "Information and Regulation," 载于 E.Bailey 主编, Public Regulation, London: MIT Press, 1987, 第 3 ～ 43 页。

12　下文许多关于监管的讨论都基于委托 - 代理理论。根本问题在于监管者不掌握监管对象企业的充分信息，如企业的成本甚至行为方式等。监管者可通过直接控制来影响企业行为（及结果）；或通过激励机制来影响可观察的行为，如生产过程（生产的产品和生产流程）等；禁止或强制一些行为，对可见的投入和产出进行补贴等。改变可获信息当然影响委托—代理问题的性质，其中包括最优激励机制。此处考虑的许多问题都可被视为分层委托—代理问题。监管者最终关心的是消费者的福利，但同时试图直接影响企业行为，并通过影响社会上消费者、投资者等其他群体的行为，间接地对企业起作用。

13　当然，有些行为方式并不那么容易地服从于简单的价格干预。有碍竞争的行为就是这样的例子，当然罚款和其他惩处也可作为重要的激励手段，引导企业不采取有碍竞争的行为。

14　M. Weitzman, "Prices vs. Quantities," The Review of Economic Studies, 41(4),October 1974, 第 477~491 页。

变化都可能导致排放量偏离合理水平。

不过，这种说法很难令人信服。全球变暖与大气中的温室气体集中度有关，某一年温室气体的排放并非关键。实际上，我们对温室气体的排放与温室气体集中度变化之间的关系、温室气体的集中度与精确的气候变化之间的关系甚至都不十分确定。随着时间的推移，温室气体可排放量应有所调整。即便使用价格手段（如征收排放税），这种调整也再所难免，只不过增加了税收与排放量的关系这一不确定因素。假定调整能够较及时进行，我们关心的温室气体集中度、气候变化等变量就不会有存在其他风险。

市场力量不一定保证全面、有效的信息披露，因此很有必要提出信息披露的监管要求。

但也有管制可能优于价格干预的情况。如果一国进口供给函数很容易变化，而国内供给和需求较稳定，那么设定关税会导致价格、国内产出和生产剧烈波动。此时，配额政策会消除“输入”的高风险。因此，从配额转向关税可能不会增进福利。[15]

（三）监管工具

监管有多种形式，包括信息要求，限制（企业不准做某些事）或强制（企业必须做某些事）。

1. 信息披露

近期的讨论多偏好信息披露要求。谁能反对更透明、更好的信息呢（实际上，对冲基金及它在财政部的代言人就反对。他们争辩说，信息投资应获得回报，如果信息披露了，就会失去这块资产。他们当中一些人却要求主权财富基金增加透明度，无视这些基金已投入巨额的研究资金）？

市场力量不一定保证全面、有效的信息披露，因此很有必要提出信息披露的监管要求。在信息扭曲、不完善的环境里，市场的功能不能得到有效发挥，因此信息更完善（总体上）有利于优化资源配置。

然而，信息披露要求经常引发预想不到的复杂问题。披露产品中的化学物质可能被当作这种物质具有危险性的初步证据，但实际上这种认识缺乏科学根据。即使风险确实存在，有些信息披露方式实际上也无法警示消费者，这就是香烟警告方式要受到严格监管的原因。所有的投资说明书都列明投资者可能面临的大量风险，信息确实完全披露了，但无助于投资者区分风险程度。

股票期权会稀释股东价值，但至今相关披露未能有效地告知大部分股东这一信息。公司及其效力者拼命进行游说，到目前为止成功地抵制了信息披露的要求。在计算稀释的价值时存在技术细节问题，但很显然，不能把稀释价值定为零。

有关潜在利益冲突、所有权和薪酬等信息的披露有助于市场参与者“理解”他人行为。例如，知道销售员因出售某种商品而获得较高佣金，就能明白为何他对该商品赞许有加；了解分析师的收入不是取决于他对股票表现预测的准确度，而是给公司带来多少投资生意，就会对他的判断持保留态度；清楚首席执行官的报酬是依报表上的利润而定，人们就会质疑报表的准确性；知晓对冲基金经理的薪酬架构后，就能预想到对冲基金倾向于冒过大风险。

与下文要描述的限制和强制等监管措

15 P. Dasgupta 和 J.E. Stiglitz，“Tariffs Versus Quotas As Revenue Raising Devices Under Uncertainty，” *American Economic Review,* 67(5)，1977 年 12 月，第 975~981 页。

施相比，信息披露的冲击力似乎不那么强。但需要明确的是，在很多领域，信息披露本身不能完全解决市场失灵问题，部分原因是市场参与者不知如何有效处理披露的信息。另外，即使市场参与者知道企业正在做什么，企业也可能有不良行为。例如，市民对公之于众的环境污染企业施加压力，也许对某些企业有效，但还会有一些企业继续肆无忌惮地制造污染。有些信息本来是可以知晓的，但人们还可能被蒙在鼓里，一些企业乐得利用这一点，继续生产不安全产品。这就是为什么要实行限制和强制措施的原因。

2. 限制

最直接的限制就是禁止某些行为，如公司不得共谋定价或进行其他有碍竞争的活动，银行不得发放内部人贷款等。

有关银行贷款的限制揭示了一个一般性原则：最好能告知银行仅发放"好贷款"，而不是给其朋友提供优待。但监管者不能区分贷款好坏，只能判别激励机制何时可能出现扭曲。因此，监管常常关注影响行为的因素而非行为本身。监管试图禁止利益冲突，如最近对会计师事务所的限制；或确保企业有足够财富，不致鲁莽行事[16]（如对银行和航空公司提出资本金要求）。对主权财富基金的监管提议就属于这一类（详见下文）。

监管的特定性是一个关键问题。经济形势日新月异，金融行业更是如此。金融创新者总能找到途径规避监管，通过所谓的监管套利大发横财。有些州意识到那些有悖社会利益的行为手段会不断翻新，因此通过了目标较宽泛的法律和监管规定（如《马丁法》）。由于缺乏对特定行为的描述，惩治措施就更含糊，更多是通过罚款剥夺不当收入，而不是判刑。20世纪90年代末和20世纪初，在处理涉及分析师、股票期权、投资银行和首席执行官等一系列有关金融机构的丑闻时，这些法律发挥的作用最大。

反托拉斯领域也存在类似问题。企业一直千方百计寻找绝顶聪明的办法以减少竞争。如果监管者对特定行为施以限制，垄断企业会创新出貌似合规（但显然与法律精神相悖）的手段来抑制竞争。唯一能够减少有碍竞争行为的办法是影响激励机制，即采取拆分垄断企业、限制知识产权保护范围等结构性措施。[17]

3. 强制

由于无需花钱就能实现公共目标，强制措施越来越受欢迎。但批评者指出，强制措施实际上是一种隐性税收，尽管其影响经常难以评估。同时，隐性税收或支出项目往往低效、不公平。几位总统候选人正考虑推行健康计划，要求所有公司都为其雇员提供健康保险。

然而，一些强制措施能有效解决涉及外部性的复杂社会问题。据说，《社区再投资法》（CRA）减少了对少数地区的融资限制；许多银行也宣称，在支付最初市场进入成本之后，少数地区的投资收益与其他地区一样高。银行营业执照是一种具有市场价值的权利。政府通常不会通过拍卖将营业执照颁给最高出价者（这也许不是争

16 实际上，破产说明即使是厌恶风险的所有者或经理人也可能以高风险方式行事。

17 Jason Furman 和 J. E. Stiglitz, "U.S. versus Microsoft, Declaration as Part of The Tunney Act Proceeding," with Jason Furman, commissioned by the Computer & Communications Industry Association, Jan. 28, 2002。

取最好银行家的最佳方式[18]）。这样社会上存在一种交换，即权利（如使用美联储贴现窗口）和责任（如向享受较少服务的社区放贷）的交换。作为土地使用限制的分区政策的一部分，这种交换已变得特别普遍。虽然透明度的缺乏令人焦虑，但交换常常很有效，这部分抵消了透明度问题的负面影响，尤其在有预算约束的情况下。

4. 所有权限制

前已述及，监管包括迫使企业披露信息（否则企业不会这样做），采取限制、强制等做法。但我们不仅限于对行为进行约束，部分原因是行为不易观测，且观察结果存在时滞。由于我们相信让垄断者停止有碍竞争的行为几乎是不可能的，因此不仅要限制这类行为，还要对垄断者进行拆分。在美国电报电话公司（AT&T）被拆分之前，政府也曾试图限制该公司有碍竞争的行为，但都失败了，最终只得拆分。微软没有被拆分，尽管它同意不再从事有碍竞争活动，但仍禁不住利用其垄断权力。这是没有改变激励机制（如通过分拆微软公司）的后果，既在预料之中，也不幸被言中。

之所以不允许银行股东给自己贷款，是因为其动机不纯。股东盈利了，但作为存款担保人的政府要承担很大风险。即使不考虑动机问题，他们也可能作出扭曲的判断，低估自己的实际风险。

18 这是典型的逆向选择问题，参见 J.E. Stiglitz 和 A. Weiss, "Credit Rationing in Markets with Imperfect Information," American Economic Review, 71(3), 1981 年 6 月，第 393 ~ 410 页。

同样，1933 年的《格拉斯—斯蒂尔法》之所以禁止商业银行与投资银行相互持股，部分原因在于潜在利益冲突问题。20 世纪 90 年代讨论是否废止该法案时，废止派声称不必担心，银行自己会设置防火墙。但问题在于防火墙真的建起来后，如何实现取消限制想达到的范围经济？最终，由于银行的游说（无疑还因为银行与财政部、金融市场的关系），法案被废止了，而有关利益冲突的担忧在后来安然和环球电讯的丑闻中得到了证实。

如果知道一家公司出售血液不是为了营利，我们会比较放心。追求利润最大化的公司要实现成本最小化，可能从绝望的、染上未查出疾病的不健康人群那里购买血液。[19] 在许多国家，政府规定航空公司等关键资产仅限本国公民持有。其他国家意识到，与亚当·斯密的说法不同，在某些领域，私人所有者的利益与公共利益的冲突在所难免。在使用公有土地上的自然资源时，私营企业希望支出最小化，政府则要求收入最大化，两者利益明显对立。如果资源市场竞争充分，信息完善，资源以合理的方式被出售，那么利益冲突尚可协调。但采矿和石油行业的利益集团会竭尽全力，避免出现上述情形。此时，公有制可能就是合理的。通过监管措施要求私人所有者顾及公众利益往往难

与亚当·斯密的说法不同，在某些领域，私人所有者的利益与公共利益的冲突在所难免。

19 Richard Morris Titmuss, The Gift Relationship: From Human Blood to Social Policy, New Press: New York, 1997 (reissue of 1970 book); Joel Schwartz, "Blood and altruism-Richard M. Titmuss' Criticism on the Commercialization of Blood," Public Interest, Summer 1999.

以奏效。实际上，在更大层面上，只有满足非常严格的条件，才能通过私有化完成社会目标，这些条件与保证竞争市场有效性的前提假设十分相似。[20]

总统经济顾问委员会曾反对将政府控制的美国浓缩铀集团公司（USEC）私有化（低浓缩铀用于核动力工厂，高浓缩铀则是核弹的关键部分）。当时我们认为，私人部门出售浓缩铀的动机可能与防止核扩散的国家利益不符，我们无法完全将私营企业行为置于监控之下。私有化的支持者却认为，这是可以做到的（具有讽刺意味的是，其中至少一位支持者现在表示担心主权财富基金的风险）。事实证明，我们的焦虑完全是有根据的。

但在大多数情况下，我们不采取所有权限制的做法，部分原因是通常我们不掌握所有权的信息，有人还担心搜集这类信息会侵犯个人隐私。我们不知道对冲基金和私募股权公司的所有者，由于许多公司的所有者在海外注册，判断谁是最终受益者并非易事。此外，尽管所有权信息可以提醒我们，某种与社会利益相悖的行为发生的概率加大，但其实只要这种行为可能发生，就必须加以限制，无论它出于何种动机。

（四）管制性征用（regulatory takings）

我们已指出，无论是限制性还是强制性监管措施，有时可将它们视为隐性税收或支出项目。《濒危物种法》就是要求私有财产所有者提供保护濒危物种这一公共品。当时法案的通过，意味着产权发生变化。如今，撤销该法律，或给那些财产使用受阻的人以补偿，也意味着授予额外产权[21]。

各种监管都会影响财产的价值（修路等政府其他行为亦如此）。政府要求企业去做它们不会主动做的事，通常会导致企业利润下降[22]。当财产增值时，无人会将增值部分返还政府，获得资本利得的人还经常为少交税而拼命游说。但是当财产贬值时，很多人要求赔偿。如果财政捉襟见肘，再对管制性征用进行补偿，就会极大地制约监管的力度。实际上，这正是许多管制性征用的反对者所希望的。这不仅是公平（如对价值损失进行合理补偿）或效率（如保证只实行收益超过成本的监管措施）的问题。法院一直不同意对管制性征用进行补偿的观点，立法机构也几乎无一例外地采取同样立场。可能一个重要的例外是北美自由贸易协定（NAFTA）的第11章，是否它真的允许对管制性征用进行补偿尚存争议。由于担心这种情况发生，后面的投资协议的措词出现了些许变化[23]。

有关管制性征用的争论凸显出监管控制的复杂性。这就像在任一公共政策领域，

20 David Sappington 和 J. E. Stiglitz, “Privatization, Information and Incentives,” *Journal of Policy Analysis and Management,* 6(4), 1987, 第567~582页，载于 E. Baily 和 J. Hower 主编的 The Political Economy of Privatization and Deregulation, Edward Elgar, 1993。

21 有关这一事件的讨论，参见 J.E. Stiglitz, Globalization and its Discontents, New York：W.W.Norton，2002。

22 有一些重要的例外：有些监管措施旨在防止公司经理人牺牲股东利益谋求一己私利。

23 有关一些法律和经济问题更广泛的讨论，参见 J. E. Stiglitz，“egulating Multinational Corporations：Towards Principles of Cross-border Legal Frameworks in a Globalized World Balancing Rights with Responsibilities，” Grotius Lecture presented at the 101st Annual Meeting of the American Society for International Law， Washington，D.C.，2007年3月28日。

虽然监管通常针对环境、安全、银行和公共事业等领域，但许多影响经济活动的法律也可从监管视角来看。

都存在效率与分配结果的问题。经济学家有时将《濒危物种法》与分区限制加以区分，前者要求私人提供公共品，后者旨在防止工厂对临近住户产生负外部性。分配结果（以及谁来承担）的性质也取决于人们对监管的预期[24]。

（五）法律与监管

虽然监管通常针对环境、安全、银行和公共事业等领域，但许多影响经济活动的法律也可从监管视角来看。破产法限制了各主体之间可签订的合约，当债务人无力履约时，无论合约如何规定，如果与破产法相悖，都以破产法为准。类似的，公司治理法对公司自我治理的方式作出了限制。

监管程序

监管与实施监管的程序有很大不同。通常就监管而言，存在一定的授权：立法部门授权给监管机构，这些机构被认为在处理复杂的技术问题方面有更高的专业技能。由于有授权，人们担心民主公信力问题，尤其在监管机构经常被特殊利益集团"俘获"的情况下更是如此。[25]立法评估程序并不能完全消除人们的疑虑。虽然为了提高民主公信力（包括透明度），对监管机构如何制定监管措施（例如监管程序）有一套规定，但有人对此仍有质疑。

中央银行也存在相关问题。独立中央银行的绩效较好，人们认为这是合理的，但有关论据并不那么令人信服。事实证明，专注于通货膨胀的独立中央银行确能将通货膨胀保持在较低水平，如果不是如此反倒令人惊讶。但在经济增长、失业率、实际工资等其他更相关的方面，央行对经济的作用并不很显著，甚至在统计意义上也是如此。央行更多地通过干预而非价格监管，有效地控制了利率这一关键的市场价格。许多经济体的央行甚至还控制另一关键价格——汇率。关于政府是否应该控制汇率，有许多教条式的争辩。但有讽刺意味的是，几乎没有人讨论是否应该控制利率（对如何控制利率有许多争议）。

对于央行独立性的争论是有关民主公信力这一更大辩题的一部分[26]。独立的央行可以有更广泛的代表性，例如有些国家坚持央行中应有劳动者代表，这些代表可能更关心失业而非通胀；有些国家则限制金融行业的代表性。在英国，政府制定通胀目标，英格兰银行独立决定如何实施。独立性不一定意味着央行可以一成不变地进行暗箱操作。例如，英格兰银行在提高透明度方面一直领先。

---

24 这一争论的基础是有关隐性和显性产权性质的讨论。

25 G. Stigler，"The Theory of Economic Regulation," *Bell Journal of Economics*，2(1)，1971年着重号，第3~21页；J.J. Laffont 和 J. Tirole，"The Politics of Government Decision Making: a Theory of Regulatory Capture," *Quarterly Journal of Economics*，106(4) 1991年11月，第1089~1127页；M.E. Levine 和 J.L. Forrence，"Regulatory Capture，Public Interest，and the Public Agenda: Toward a Synthesis," *Journal of Law, Economics, and Organization*，1990年4月第6期，第167~198页。

26 J. E. Stiglitz，"Central Banking in a Democratic Society," De Economist (Netherlands)，146(2)，1998，第199~226页 (Originally presented as 1997 Tinbergen Lecture，Amsterdam，October)。

（六）政府失灵

由于市场经常失灵，监管有了强有力的理由。原则上，政府干预可能会增进福利。我们也指出，仅靠价格干预是不够的，监管非常必要。对此持反对意见的学者认为，政府失灵的程度被低估了。有关政府原则上可以改善福利的说法很动听，但实际情况如何呢？

看看过去7年美国政府的表现，我们能够清楚地意识到，政府失灵不仅是一种可能，更是无可置疑的现实。有时是因为政府无能，有时是因为腐败，有时很难区分哪个因素起的作用更大。总之，政府也会出错。

设计监管体系的艺术，一定程度上体现在洞察哪些监管不易被滥用，哪些监管者玩忽职守。

需要分析的是，第一，这些问题是否不可避免？第二，当问题发生时，有纠错机制吗？第三，是否存在不太可能被破坏的监管措施和规程？最近许多经济学家研究如何减少市场失灵的恶果，我们也可以探讨如何降低政府失灵的可能性及其危害性。

政府失灵，至少是近年来我们所看到的某种程度的政府失灵，并非不可避免。确实，“重塑政府计划”表明，通过协调一致的努力，可以提高政府效率和反应能力。此外，在私人部门能够发挥作用的改革措施同样适用于公共领域，如提高竞争力和透明度、改善激励机制等。此时，产出能够得到合理、准确地界定，个人的贡献也十分明晰。

只要存在足够的透明度和竞争，纠错机制就能起作用。失灵的政府会失去公信力和合法性，将会被取代。无可置疑，正如市场上所发生的那样，政客们也试图抑制竞争（如改划选区以谋取私利）和（通过降低透明度）掩盖失败。

最后，某些监管措施比其他做法更易出现“公共失灵”问题。设计监管体系的艺术，一定程度上体现在洞察哪些监管不易被滥用，哪些监管者玩忽职守。支持信息披露要求的理由之一是这些措施不易被滥用，而反对易货贸易的一个理由是，这种安排不可能做到完全透明，因此容易被滥用。

实行多重监管（如对银行和证券市场的监管）的原因之一，是可以减少监管俘获的可能性。即使监管体系出现部分失灵，其他部分也可以正常工作。本世纪初的几年，美国证券交易委员会对很多案件都未能采取适当行动，所幸纽约州利用《马丁法》赋予的灵活性及时采取了措施。在某些方面，我们反托拉斯的法律和政策框架是应对政府失灵的范例（设计时就意识到有政治压力希望政府无作为）：民事和刑事措施并存；在联邦和州一级，都不止一个联邦机构进行监督。政府失灵的可能性越大，所产生的后果越严重，多重监管就越有价值[27]。

三、监管原则的应用

在本部分，我们用一般性监管原则来分析最近引起广泛讨论的三个监管问题。

27　一般性理论见于以下一系列论文：R. Sah：“Human Fallibility and Economic Organization,” *American Economic Review*, 75(2), 1985年5月，第292~296页；“The Architecture of Economic Systems：Hierarchies and Polyarchies,” *American Economic Review*, 76(4), 1986年9月，第716~727页；“Committees, Hierarchies and Polyarchies,” *The Economic Journal*, 98(391), 1988年6月，第451~470页；以及“Qualitative Properties of Profit-Maximizing K-out-of-N Systems Subject to Two Kinds of Failure,” *IEEE Transactions on Reliability*, 37(5), 1988年12月，第515~520页。

（一）主权财富基金：所有权重要吗？

主权财富基金是政府用于海外投资的基金。石油出口国累积了数千亿美元的财富，它们听从建议没有将这些财富全部花掉，而是综合考虑国际价格波动和减轻荷兰病等因素来管理这些财富。当石油价格飙升至每桶100美元时，这些基金的规模也迅速膨胀。

大多数争论因恐惧而起。我们之所以认为有必要采取防范措施，不是因为主权基金做了令人讨厌的事，做了不符合其利润最大化的事，而是因为担心它们可能那样做。

另外一个拥有大量主权基金的群体是储蓄率高且为避免本币升值而购买美元的发展中国家。中国国民储蓄率高达42%，外汇储备超过1.3万亿美元；有些亚洲国家的储备也超过万亿美元。新加坡中央公积金42%的资产来自本国工人的缴费。这些国家迟早会发现，持有美国国库券是糟糕的储值手段，尤其在美元贬值之时。

这些基金救助花旗银行和美林公司，引起了公众的注意。它们拥有成百上千亿美元的流动资产，能够迅速行动。据华尔街的传言，若非这些基金施以援手，华尔街的金融机构将破产或不得不向政府求救。不过主权基金救助之后，相关金融机构的原有股东将丧失一大块所有权，主权基金拥有的股权总和将使它们掌握绝对的控制力。有人开始焦虑了，政府应该监管这些基金吗？

八国集团和国际货币基金组织呼吁主权基金增加透明度，它们想确信这些基金严格按商业目的运作。挪威主权基金高度透明，显然无可非议。即使作为股东，挪威也经常表达它对公司治理、人权和环境等问题的看法，这些显然超过了商业考虑。

有关国际组织的立场既幼稚又伪善。对冲基金无透明度可言，没人知道谁拥有这些基金，其所有者甚至可能是开曼群岛上某个由主权基金控制的秘密公司。难道国际货币基金组织和八国集团要求主权基金间接通过对冲基金，进行更隐秘的操作？由于对冲基金与西方金融市场的某些人士联系紧密，人们可能不难理解向对冲基金收取高额的费用，但以此为由制定公共政策很难说得通[28]。对冲基金的辩护者会说，我们知道对冲基金是商业运作，但不知道主权基金的动机，它们也许怀有与美国最高利益相悖的政治企图。但如果人们有此担心，那么同样也应该担心对冲基金，因为这些基金的所有者及其动机都是未知数。

大多数争论因恐惧而起。我们之所以认为有必要采取防范措施，不是因为主权基金做了令人讨厌的事，做了不符合其利润最大化的事，而是因为担心它们可能那样做。当然，没人希望阻挡这些基金。若它们不救助花旗和美林，美国的经济问题恐怕更严重。现在流行的词汇是“透明度”，人们需要的是更大的透明度。

什么样的透明度会使事情有所改观？如果有关机构和企业声称自己只追求商业目的，我们就该放心吗？如何保证它们言行一致？资产负债表会提供怎样的信息？

28　美国一位前财政部部长是最积极鼓吹提高主权基金透明度的人士之一，但他对有关提高对冲基金透明度的呼吁置之不理。在发表意见时，他通常不说自己一直在为一家对冲基金工作。

以往不需要披露，为什么现在需要？[29]

此外，追求商业目的从来都不是对所有权的要求。例如，对报纸和电视的多宗收购并非出于商业目的，而是有政治考虑。

显而易见，在主权基金问题上大肆喧嚣既是一种赤裸裸的美国保护主义，也是转移视线、掩盖美国失败问题的手段：如果美国人能多储蓄，金融机构能更好地运作，根本无须将矛头指向主权基金。

不过，有关争论也有好处，提出了所有权到底是否重要的问题。多年来，国际货币基金组织和美国财政部一直劝说发展中国家推行资产私有化，取消对外国所有权的限制。当发展中国家为国有资产的出售忧心忡忡时，他们被告知：不要担心，资产所有者的国籍并不重要。在有的国家，企业被外国政府控制的公司收购，国内竟然全无反对意见。前文指出，这样做会出现利益冲突。但无论所有者是本国人还是外国人，都会有类似问题。例如，经营国家自然资源的私营公司希望给政府的付费越少越好，但获得最大化收入是国家的利益所在。

有人反对主权基金是基于一个简单的谬误，其基础假设有两点：一是理性的所有者希望企业价值最大化；二是企业价值最大化会带来社会福利最大化。这两点假设都得到了广泛的研究，但只有在某些限制条件下才成立（如存在完善的风险市场，无信息不对称，市场完全竞争）。[30] 有人说，竞争性市场迫使公司追求价值最大化，否则它将被收购，但总体而言这种观点已被证明是错误的。[31] 有趣的是，许多收购并未使公司增值，其真正动机是狂妄的首席执行官愿意牺牲公司价值以获得个人的满足。[32]

某些情况下，企业行为（无论是否追求价值最大化）与社会福利之间存在系统性冲突，因此需要采取监管措施，约束企业污染等行为。

前已述及，所有权是重要的，因为它影响人们的动机，使其做出不符合社会利益的事情，并且我们无法完全控制这些行为。无论所有者是美国人还是外国政府，这一点都成立。美国的个人出于利润动机，外国政府可能有政治意图，导致社会利益受损。总之，人们的行为可能损害公共利益，即使动机良好的人也可能会作出错误的行为。例如，对参与次贷活动的机构来说，它们的动机是利润最大化，有些机构并未堂而皇之地进行掠夺性贷款，它们只是因为没能理解风险的性质而犯了错误。无论如何，它们的活动可能给经济带来严重后果，因此应该被禁止。

前已述及，所有权是重要的，因为它影响人们的动机，使其做出不符合社会利益的事情，并且我们无法完全控制这些行为。

29　市场支持者还会说，资产组合信息的披露会使公众分享其研究成果，破坏信息搜集的动机，降低市场的信息效率（这些观点为对冲基金的私密性作了辩护）。

30　Sanford Grossman 和 J. E. Stiglitz，"On Value Maximization and Alternative Objectives of the Firm," *Journal of Finance*, 32(2)，1977 年 5 月，第 389~402 页；"Stockholder Unanimity in the Making of Production and Financial Decisions," *Quarterly Journal of Economics*, 94(3)，1980 年 5 月，第 543~566 页。

31　Sanford Grossman 和 Oliver Hart，and O. Hart，"Takeover Bids，the Free-rider Problem and the Theory of the Corporation," *Bell Journal of Economics*，1980 年，11(1)，第 42~64 页；以及"The Allocational Role of Takeover Bids in Situations of Asymmetric Information," *Journal of Finance*，36(2)，1981 年，第 253~270 页。

32　这强化了有关非经济动因经常在市场经济中发挥重要作用的结论。

简言之，有关主权财富基金的争论凸显出监管体系的局限。如果主权财富基金出于政治目的购买一家铅笔公司，并分发铅笔以示友谊，没有人会关心。如果该公司因管理不善而破产，也不会引起太多关注。反托拉斯法会保证公司的规模较小，如果经济运行良好，失业者会很快找到工作。如果一家主权基金购买一家银行，并决定不向某个特定国家贷款（不管是由于风险高还是因为那个国家是流氓国家），只要存在竞争性银行体系，其经济后果就微乎其微（但在社会意义上不赞同这种歧视，可能通过反歧视法）。即便一家主权基金关闭它投资的外国工厂，将它转移出去，为本国创造就业机会，也不会引起什么关注，因为在投资对象国，新的工作会被迅速创造出来。但如果我们的竞争法律或其他监管体系不能较好地发挥作用，无论是主权基金还是私营企业所拥有的企业，都可能做出有损公共利益的事。所有权可以传递信息，告诉我们上述行为发生的可能性有多大。在有些情况下，它还能为监管审查提供更多依据。但只有在有限情况下，由于监管漏洞百出而无法及时采取适当行动，或不良行为的后果太严重而无法轻易弥补，政府才有充分理由进行所有权限制。此时不应有歧视，如果限制主权财富基金，也应限制对冲基金，除非它们的真正所有者完全公开透明。

（二）金融部门监管

克林顿政府期间，我曾主持有关联邦政府金融监管政策的评估，这是副总统戈尔负责的“重塑政府”项目的一部分。我们的目的是明确监管目标，评估现有监管措施是否最有效地达到目标。据此，我们废止了一些监管措施，如安装每一部ATM机都要广而告之的要求，但支持继续施行其他监管措施。

我们提出政府干预的五个相互关联的原因：确保竞争；保护消费者；保证金融机构和金融体系的安全、稳健；保证市场准入；以及促进宏观经济稳定和增长。这些原因既考虑了效率（市场失灵），也顾及了公平（没有政府监管，有些群体将无法获得融资，还会被剥削）。

竞争问题。维护竞争主要是司法部的责任，但这一问题有其独特之处，需要特别关注和更专业的知识。[33] 市场是复杂的，尽管银行很多，但提供特定金融服务（如在华盛顿州向小企业发放贷款）的银行可能很有限。还有其他复杂问题（如安全和稳健性）需要平衡，从而牺牲了竞争。[34]

消费者保护。对次贷危机的一个关注点是，如果通过立法或监管措施来限制掠夺式贷款，危机就不会这样严重。早先有人认为，放松贷款标准会使更多人拥有自己的房屋。但应该清楚，向缺乏偿还能力的人提供贷款并不是在帮他。其实，最大受益者是贷款人，甚至曾有人反对有关贷款人需表明其再融资符合借款人利益的要求。但有关限制的争论都凸显出监管的复杂性：在预期房价持续上升的情况下，不让穷人参与“经济派送”是不公平的。当庞氏骗局还在进行时，确有一些人受益。与任何金字塔式的计划类似，提早进出的人就能成功。但是，政府有责任看清狂热背后的实质，当大多数美国人的收入在下降时，房价不可能一直上涨，除非资本成本持续下跌。

消费者保护始于信息披露要求，如个

33　这是多重监管具有特殊价值的情形之一。

34　更激烈的竞争会减少银行的盈利，使银行变得更脆弱。

人应知道自己的借款利率。但很明显，强大的市场力量推动事情向相反方向发展。消费者保护的范畴，包括保证金融体系安全、稳健，使个人储户知道把钱存入银行之后还能取出来，以及保护竞争等。即使存在监管，由于银行可能破产，因此需要存款保险制度。前文已指出，所谓存款保险会引发道德风险的观点在很大程度上（但并非完全）具有误导作用。个人没有能力审查其存款银行的账簿，每个人都这样做也是低效的。但是有了存款保险，确实需要对银行进行更严格的监管。美国储贷危机的爆发，部分原因是银行的利率过高。储户也许知道他们获得的高利率源自银行的高风险贷款，但既然有存款保险，他们就高枕无忧。

自由化的支持者反对限制高利率。他们指出，这种市场干预行为使高风险贷款人无法获得贷款。但高利率也可能会剥削借款人，尤其是非竞争市场上信息闭塞的穷借款人。如果存在或明或暗的存款保险制度，与高利率相伴的高风险就会给公众带来不利影响（高利率刺激冒险，具有逆向选择效应）。权衡利弊，我认为总体而言，对利率进行限制是合理的。

安全与稳健。旨在保证银行体系安全、稳健的监管涉及前文已探讨的许多工具，如所有权限制等。工业企业一般不能拥有银行（但在其他许多国家是可以的），声誉不佳的个人也不可以。资本充足率要求实际上保证银行有足够的风险资本，不会过度冒险，银行破产的概率足够低。但是当经济下行、损失增加、银行需要注资时，政府往往忘记了这些目标。银行无计可施时，政府就向它们提供所需的资本金。除非政府接管银行，否则不会有什么激励效果，甚至还会起反作用。初始所有者只关心自己的那部分资本而非全部银行资本的损失。政府正在做的，无非是提前支付银行在危机中所需的资金。

经合理的风险调整，资本充足率标准有助于消除政府存款保险制度中的扭曲，激励银行少冒风险，降低了银行破产的可能性。过去的问题是风险调整实际上扭曲了银行行为，甚至加剧了信贷收缩。

经合理的风险调整，资本充足率标准有助于消除政府存款保险制度中的扭曲，激励银行少冒风险，降低了银行破产的可能性。过去的问题是风险调整实际上扭曲了银行行为，甚至加剧了信贷收缩。例如，20 世纪 80 年代美联储的一个主要错误，是认为长期政府债券绝对安全。政府债券也许没有信用风险，但仍存在市场风险。美联储的政策鼓励银行购买长期政府债券，同时减少贷款发放。会计制度的缺陷也起了一定的作用，银行没有被迫计提准备金以反映债券价格下跌的风险。银行可将长期利率与短期借款利率之差计为利润，即使利差是由于市场预期长期债券价格会下跌而形成。

在许多国家，限制银行资产组合的做法起了重要作用。投机性房地产贷款一直是经济下行的基本原因，因此监管机构要求加以限制，并坚持提高贷款担保标准（在泰国，有关部门兼顾发展与稳定。它们希望通过限制投机性房地产贷款，将更多的资金用于生产性投资，创造更多就业机会）。具有讽刺意味的是，受美国支持的国际货币基金组织强烈指责这种监管措施。它认为，如果市场需要建设空置的办公大楼而不是投资于创造就业的生产性工厂，就不

很多发展中国家都面临一个普遍问题：银行宁可贷款给政府或将资金留存国外（进行资本利得投机），也不愿向国内企业特别是中小企业贷款。

应干预市场。压力之下，泰国取消了一些审慎性监管措施，这也是几年之后该国陷入危机的原因之一。

过去标准的银行监管措施（巴塞尔协议Ⅰ）存在诸多问题，其中包括只关注单项资产的风险，没有考虑各种风险的相关性。这就是为什么人们寄望于建立在银行自身风险管理系统和信用评级机构基础上的巴塞尔协议Ⅱ能有较大改善的原因。这次危机之后，巴塞尔协议Ⅱ显然已经寿终正寝。银行的风险管理系统存在严重缺陷，它们没有理解相关联的风险，更不用说风险较大的厚尾分布。评级机构更加糟糕（这不是第一次了），但这次有证据显示，评级机构非但无能，而且存在严重的激励问题。

任何监管体系都包括重要的信息披露和会计准则。有关银行资产按市值计价的监管要求是非常重要的，能更好地为储户（或其他与银行交易的人）提供银行财务信息。这样做也可避免不按市值计价的负面影响，即银行可能冒太大的风险。如银行可能购买一组风险资产，出售其中好的部分，所获利润体现在会计账户上；同时，也一直持有亏损资产。但按市值计价的做法也会产生切实的不利影响。如果经济下行、市场处于非理性悲观状态，按市值计价将迫使银行寻求新股本注入，或不得不收缩现有贷款。设计不当的监管可能强化顺周期效应，加剧经济波动。前文指出，格林斯潘时期的美联储将长期政府债券视为安全资产，不要求银行为此计提损失准备，是导致1991年经济衰退的重要原因之一。

有人认为，信息披露就足够了。政府提供存款保险会引发道德风险，储户因此不会太在意把钱存在何处。但实际上，所有国家都有存款保险，当危机来袭时，储户会得到救助。此外，信息是公共品。每个人都亲自评估每家银行的可信度是没有意义的，即使他能够这样做。前文也解释过，市场认证存在实际问题。

保证市场准入。这包括反歧视监管和《社区再投资法》，即要求银行的资产组合中必须有一块对未享受充分服务的社区提供的贷款。[35] 先前限制州际银行业务的法律也有类似动机。例如，监管者担心纽约的银行在吸收某地存款之后，将资金都调回东海岸货币中心（目前在许多发展中国家，人们也有类似担心：外资银行更倾向于贷款给跨国公司或大型境内企业，较少为国内中小企业服务。现代银行理论将银行视为处理信息、评估信誉和进行监督的机构，对这些贷款模式进行了解释）。在扩大信贷覆盖面方面，《社会再投资法》的贷款要求成功地发挥了作用。

很多发展中国家都面临一个普遍问题：银行宁可贷款给政府或将资金留存国外（进行资本利得投机），也不愿向国内企业特别是中小企业贷款。简言之，银行没能发挥应有的作用。有若干解决问题的政策设想：一是改变激励机制，如对外汇投机的资本利得实行高税率。政府一般都有大量存款，可将存款银行的选择与银行的绩效挂钩，那些以低利率向中小企业提供贷款的银行可获得更多的政府存款。二是采取监管措施，

35 采取这些做法和其他限制措施有一个简单原因：贷款的私人收益和社会收益是有不一致的。

如不允许银行持有政府债券。银行愿意给政府提供资金也是可以的，但它们在提供存款服务时只能得到微不足道的服务费（政府也可以为私人部门提供直接竞争）。一般性的《社区再投资法》的要求，即银行对中小企业或农村地区的贷款要达到某一最低比例，也是有帮助的。

实行上述贷款要求的理由是：相对于开发银行或政府机构，私营部门更能判断风险，较少受政治联系的影响。在农村地区，银行能找到好的借款人。这些要求和限制也许会降低银行的短期利润（其长期利润未必减少，因为银行学会了如何在各个市场放贷）。显然，如果所受限制过多，银行利润下降到一定程度，就会退出市场。但似乎在大多数情况下，银行特许权（包括有权获得央行资金）的价值足够大，上述情形不会发生。

宏观稳定。至今讨论的许多监管措施对宏观经济都有影响。安全、稳健的监管更多关注单家银行兑付存款的能力，但如果风险相互关联，多家银行面临同一问题，经济就会面临衰退风险。如果企业难以获得信贷，经济就难以运行。

当整个银行系统出问题时，针对单个问题银行的监管政策不一定起作用。一家银行陷入困境，监管者可能狠心不救助；但如果许多银行都面临困难，这种做法可能迫使整个经济急剧下滑。

当整个银行系统出问题时，针对单个问题银行的监管政策不一定起作用。一家银行陷入困境，监管者可能狠心不救助；但如果许多银行都面临困难，这种做法可能迫使整个经济急剧下滑。

类似的，监管法规应该考虑对经济周期的影响。例如，人们怀疑严格实施高额资本充足率要求（非周期性调整）将产生自动非稳定器的后果。

（三）温室气体排放

监管的第三个例子是引起全球气候变暖的温室气体排放问题。政策争论的焦点是增收排放税还是实行排放限额和交易制度。当排放上限（目标）能被拍卖时，这两种做法等效。一种做法是政府设定排放量，让价格调整；另一种做法是政府设定价格，让排放量调整。如果政府较了解需求曲线，两者完全等同。实际上，价格与排放量都应随时调整，这些调整取决于在多大程度上实现了控制大气中温室气体集中度（更直接的是气温变化）这一符合最终利益的目标。目前，一种将价格干预与排放量干预相结合的安全阀值方案广受争论：如果价格不超过某一水平，就用数量约束；如果价格太高，就变成价格干预。这一方案有限制风险的短期好处：企业知道它们需为排放支付的最高价格，同时也为达成基于不同观点的政治协议奠定了基础——许多环保主义者一方面声称减少排放的成本不高，一方面希望对排放进行严格限制。如果他们是对的，安全阀就永远不会被启用。

不同制度会产生不同的分配结果。当国际社会给予某国一定的排放限额时，就如同派发了现金等价物一样（假设排放权可交易），这也是国际争论如此激烈的原因之一。京都计划（Kyoto system）给予排放量高的国家更多排放权，亦即过去造成污染多的国家竟获得更多的“现金”。我们至少可以说，这是一个奇怪的政策。发展中国家指出，过去制造污染多的国家今后应得到较少的排放权，因为它们已用尽自己在全球排放量中的份额。

如果实行相同的排放税率，税收留在每个国家，这对国际分配的影响可能就较小。这大体只是两个哈伯格三角（Harberger Triangle）的区别（分别与排放税及被它所取代的税收有关）。当然，不同部门的分配结果大不相同。通过向过去的污染者提供排放权，排放限额和交易制度将分配结果的差异抵消了。但前面提到的公平问题又出现了。此外，这种做法可能导致腐败盛行。尽管在有些国家比较透明，但在发达工业化经济体中，情况就比较微妙了，竞选献金会影响目标制定规则，从而有利于某些群体，而牺牲了其他群体的利益。[36]

今天的问题并不是要不要监管或者监管是否过度，而是监管体系的设计如何尽可能的有效、公平。

在不考虑分配后果的情况下，人们已达成共识：只要普遍实施排放限额和交换制度以及排放税制度，就能取得有效的结果。但是越来越多的人认为，应该采取更多的监管措施。欧盟实施了可再生能源要求，美国则制定了企业平均燃油经济性标准（CAFE），普天下的人都在讨论实行其他控制措施，如对燃煤发电厂加以限制。有人会问，既然有现成有效的减排机制，为何还要求助于这些“扭曲的”监管手段？部分原因是人们担心大量减排会导致分配问题。为了引导人们改变行为，显性或隐性的排放税将非常高，这可能超出政治上可接受的水平。因为市场参与者往往是短视的，他们对眼前的成本锱铢必较，而不太考虑将来的代价。他们的隐性贴现率似乎超乎理性地高。例如，按合理的贴现率计算，更节能的汽车并不那么昂贵，但人们不买，是因为它的一次性购置成本太高。又如，很多企业往往跟风当前的消费模式。20世纪90年代，美国汽车制造商将过多精力集中在时尚的运动型多功能车（SUV），未能多元化经营。如果在某些关键领域，监管能迫使人们的行为发生大的改变，那么就不必依赖税收手段改变人们的行为了，减少气候变暖危害的表面成本[37]也许还有实际成本都可能减少。一个基本观点是：最优税收制度（无论是为了提高固定收益还是减少排放量）通常都是可导的和非线性的。

四、结论

阿罗—德布鲁模型提出了使亚当·斯密的“看不见的手”发挥完美作用的一系列条件，在此基础上，政府无需干预。然而，这些条件不仅包括无外部性、无公共品、市场完全竞争等条件，还包括信息完备、存在包括风险市场在内的一系列市场、不存在（内生的）创新等要素，这意味着该模型反而更能证明政府干预是必要的。许多经济学家仍然对价格体系情有独钟，往往轻率地得出结论：政府通过简单、线性的税收和补贴进行干预，就能万事大吉。可惜的是，虽然许多市场失灵基于同样的原因，但过于简单的价格干预通常并非最优。总体而言，更复杂的监管干预是必要的。本文简要介绍了监管制度设计中的关键问题。今天的问题并不是要不要监管或者监管是否过度（次贷危机已经表明存在监管不足的问题），而是监管体系的设计如何尽可能的有效、公平。

（王信　王亮　译）

36　这是政府干预形式可能会影响政府失灵发生概率的例子。

立足于整个金融体系的金融监管

Financial Regulation in a System Context

斯蒂芬·莫里斯　申铉松

2008年的全球金融危机对金融监管的理论基础提出了一些根本性的挑战。在一连串重大事件中，不能不提美国独立投资银行的崩溃。2008年初，美国的券商（broker-dealer）部门由五家投资银行主导，它们是贝尔斯登、高盛、雷曼、美林和摩根士丹利。到9月末，其中的三家（贝尔斯登、雷曼和美林）或倒闭或因陷入不同程度的困境而被竞争对手商业银行接管。幸存的两家（高盛和摩根士丹利）经美联储批准转变成银行控股公司，并接受美联储的银行监管。在短短几个月的时间里，独立的华尔街投资银行就覆灭了，它们所代表的市场主导型金融体系也受到了严厉的拷问，以便找到引发危机的线索。

传统的监管理念认为资本要求是银行监管的根基。人们采用资本要求的根本原因是维护被监管机构的偿付能力，保护债权人（特别是小额存款人）的利益[1]。只要债权人有能力监管公司，他们就可以通过执行合同、检查公司经理人的行为，保护自己的利益。然而，对于以存款为资金来源的传统银行而言，其债权人是那些小额存款人，而这些存款人在监管和检查银行经理人的行为方面存在着协调问题。人们认为，银行监管的目的就是限制在正常的债权人—债务人关系中产生的经理人行为，从而保护存款人的利益，而对经理人行为的限制主要通过资本要求来实现。

从资本要求的传统依据——确保银行的偿付能力以保护存款人中，我们可以很自然地得出一个结论：资产的风险决定了起缓冲作用的资本要求的规模。这是因为偿付能力的保障程度取决于银行资产的变现价值低于债权人要求获得的名义价值的可能性。1988年的巴塞尔资本协议（巴塞尔协议Ⅰ，第一份国际公认的关于银行监管原则的文件）引入了相当粗陋的银行资产风险分类法。2008年开始执行的巴塞尔协议Ⅱ进一步深化了这一方法，完善了银行资产的风险等级，并根据银行所持资产的风险程度调整了缓冲资本的规模。

然而，由这次金融危机引发的金融体系动荡对传统的监管理念提出了挑战。目前绝大多数发达国家正在采纳巴塞尔协议Ⅱ提出的监管措施，但这些监管措施基本

---

*　作者Stephen Morris，普林斯顿大学经济学教授，经济理论研究中心主任。Hyun Song Shin，普林斯顿大学经济学教授，他的主要研究领域为金融经济学，尤其是金融机构、信息披露、风险和金融稳定等问题。原文发表于*Brookings Papers on Economic Activity* 2009年第1期，中文版获得了布鲁金斯学会的授权。——编者注

1　Dewatripont和Tirole（1994）探讨了银行审慎监管体系的根本原则——合同理论。

如果金融监管的目的是为了确保金融体系的整体稳定，那么以风险资本要求为基础的传统金融监管体制就不足以实现这个目标。

上无力应对这场肇始于美国次贷危机且仍在不断蔓延的信贷危机。

最近发生的事件表明，以金融机构的偿付能力为基础，将偿付能力等同于资本的传统金融监管，无法胜任人们赋予的重任，即确保金融体系的稳定。这一点充分体现在美国证监会（SEC）主席克里斯托弗·考克斯最近发表的一封公开信中，他在信中解释了2008年3月贝尔斯登遭到挤兑的背景。[2]

贝尔斯登的命运是缺乏信心的结果，而非缺少资金。从上个星期公司状况变得混乱开始一直到周末它同意被摩根大通收购，贝尔斯登的缓冲资本始终远远高于根据巴塞尔协议Ⅱ计算出来的监管标准。

即使在周日被卖出时，贝尔斯登及其经纪业务的资本仍然超过了监管标准。

由于交易对手纷纷提款，而且无法获得贷款，贝尔斯登的流动性严重不足（而不是资金不足），这才是贝尔斯登倒闭的根本原因。

因此，尽管贝尔斯登完全符合监管资本要求，但是由于它的贷款人不再向它提供贷款，所以它才陷入困境。换句话说，问题出在资产负债表的债务项上，而非资产项上。

忠实于巴塞尔协议的传统主义者或许会反对考克斯在公开信中明确区分偿付能力与流动性的做法。他们认为引发挤兑事件的原因是人们担心贝尔斯登资产的质量，而贝尔斯登迅速出售资产以应对挤兑的做法也表明它无法偿付债务。布莱恩特、戴蒙德和迪布维格在20世纪80年代描述的协调失灵提出了一种可能性，即运转正常的银行会因为自我实现（self-fulfilling run）的挤兑而倒闭[3]。事实上，挤兑通常都发生在经营不善的银行身上。根据正常的逻辑推论，挤兑可能发生，但是实力雄厚的银行通常不会遭遇这种命运。

挤兑事件通常和走弱的基本面息息相关。我们将在后文详细阐述这个观点。然而为了提出合理的政策建议，我们需要将均衡结果与效率结果区分开来。虽然在实际操作中，我们很难清楚地区分有偿付能力的银行与缺乏流动性的银行，但是从政策探讨的角度来说，这种区分仍然是非常有用的，因为我们能够据此讨论可供选择的政策是否能够满足我们的要求，并在此基础上调整政策的方向。

因此，我们仍然有必要探讨美国证监会主席的观点。尽管贝尔斯登满足了监管资本要求，但是仍然遭受了挤兑的冲击。我们必须了解造成这起事件的原因，以便探讨政府可以出台哪些更有效的规则。

本文认为，如果金融监管的目的是为了确保金融体系的整体稳定，那么以风险资本要求为基础的传统金融监管体制就不足以实现这个目标。从系统的角度来看，金融机构所采取的行动会产生溢出效应，影响其他金融机构的利益。在这种情况下，

2 这是考克斯于2008年3月20日写给巴塞尔银行监管委员会主席的公开信，可在美国证监会的网站上查到：http://www.sec.gov/news/press/2008/2008-48.htm。

3 Bryant（1980）、Diamond和Dybvig（1983）。

金融体系的稳定性便具有了公共产品的特性。和其他公共产品一样，市场失灵时往往会导致公共产品的供给缺乏效率。此时，即使每个市场参与者的行为都正常合理，也可能导致整体上无效率的结果。也就是说，市场是失灵的。因此从系统的角度来看，金融监管的目标是征收合理的庇古税，从而尽可能地削弱外部性的影响，以推动整个金融体系向效率结果靠拢。

资产的风险与资产的系统重要性完全不同。我们可以很快看到，有时即使根据巴塞尔协议的标准来看非常安全的资产也可能产生至关重要的系统性影响，这种影响反映了金融中介之间相互交织的债权以及这些中介对局势发展作出的反应。

我们最好从整个金融体系而不是单个金融机构的角度来看待金融稳定。

系统性金融监管意味着人们需要全面改革当前的资本制度以引进两个新的金融监管工具。

● 首先，监管工具中应该包括流动性监管，以限制资产负债表的构成，而不仅仅是限制净资产相对于总资产的规模。

● 其次，即使从传统观点来看非常安全的资产也不一定满足监管资本的要求。事实上，简单的杠杆约束虽然没有将资产风险考虑在内，但是与基于风险的传统资本要求相比，它或许能够更加有效地保障金融体系的稳定。

新引进的这两个监管工具与其他人最近提出的金融监管改革方案有不少共同点[4]。尽管我们的动机有某些重要的重合，但是原理和关注的重点迥然不同。人们对经纪商监管的讨论激发我们写作了本文，因此本文的重点是探讨从根本上削弱了贝尔斯登实力的流动性危机，而不是在经济下行周期普遍存在的资金短缺。不过，人们显然已经将这两个问题列上了监管改革的大日程。本文首先概要地讨论金融监管系统观的重要性。

金融监管的系统观

我们最好从整个金融体系而不是单个金融机构的角度来看待金融稳定。安德鲁·克罗克特主张将金融稳定划分为微观审慎（micro-prudential）稳定和宏观审慎（macro-prudential）稳定。[5]微观审慎稳定指单个金融机构的稳健，而宏观审慎稳定指整个金融体系的稳定。美联储主席伯南克在杰克逊霍尔会议（Jackson Hole conference）的开幕致辞上支持了宏观审慎稳定的重要性。[6]

不言而喻，单个金融机构的健康稳定可以保证整个金融体系正常运行。克罗克特却认为这个观点根本不实用，因为它没有说明怎样使所有金融机构都健康发展。[7]能够使某个机构健康发展的措施不一定适用于其他机构。除非有很好的理由来证明推动某个金融机构健康发展的政策也能够推动整个金融体系的稳定，否则这个观点就空洞无物，没有任何实际意义。

根据弗兰克林·艾伦和道格拉斯·盖尔的思想[8]，我们用图1给出了一个简单的例子。银行1从银行2那里申请到了贷款。除了借给银行1的贷款以外，银行2还有其他资产。假设银行2的其他贷款遭遇了信贷损失，而银行1的信誉毫发无损。银

4 Kashyap、Rajan 和 Stein（2008）。中文版参见《比较》第40辑。

5 Crockett（2000）。

6 Bernanke（2008）。

7 Crockett（2000）。

8 Allen 和 Gale（2000）。

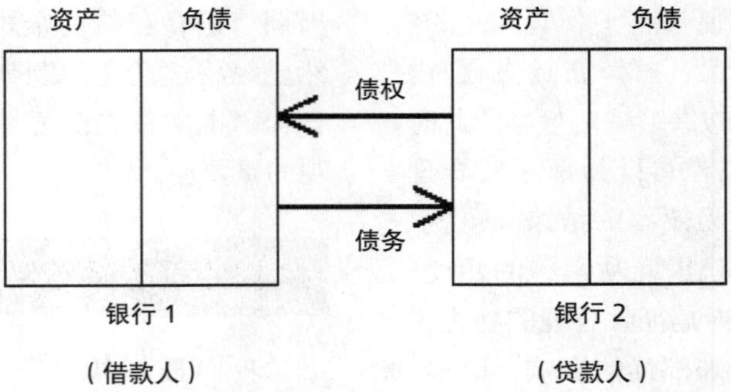

图 1　有银行间借款的银行资产负债表

行 2 耗尽了自己的权益资本来弥补信贷损失，那么面对这种打击，银行 2 应该采取的谨慎措施就是降低自己的所有风险敞口，从而将自己的账面资产削减到一个与股权资本相对应的规模。

微观审慎稳定的目标要求银行 2 降低自己的放款额，其中自然也包括对银行 1 的放款。银行 2 可以通过这种方式实现自己的微观审慎稳定目标，即降低自己的风险敞口。然而，从银行 1 的角度来看，银行 2 减少放款则相当于抽走了它的资金。除非银行 1 可以找到其他资金来源，否则它必须相应地降低自己的资产持有量，为此它要么缩减自己的放款额，要么出售可变卖的资产。

如果银行 1 找不到其他资金来源；如果银行 1 的资产缺乏流动性，被迫以超低价出售自己的资产，此时银行 2 抽走自己对银行 1 的贷款在银行 1 看来无异于挤兑。换句话说，银行 2 的审慎之举无意中挤兑了银行 1。我们可以看到，这正是发生在英国北岩银行身上的挤兑类型。这家银行最终于 2007 年倒闭。如果我们从同样的角度来思考贝尔斯登挤兑案，也会有很多启发。在上文提到的美国证监会主席克里斯托弗·考克斯的公开信中，他还写了下面一段话：

然而值得一提的是，人们设计净资本规则的初衷是为了在市场出问题的时候保护投资者的资金和证券，而且在贝尔斯登挤兑事件中，这些规则也的确发挥了这些作用。目前的净资本制度充分实现了保护投资者的目标。此外，美国证监会要求它所监管的券商应将客户的资金及已全额付款的证券（fully-paid securities）与公司的资金和证券严格分隔开来，这些措施与证券投资者保护公司（SIPC）、净资本规则共同保护了在挤兑中贝尔斯登的客户利益。

挤兑贝尔斯登的确有助于保护其投资者的资金，但是这种保护方法损害了贝尔斯登的根基，使它处于极为不利的地位。虽然挤兑符合贝尔斯登债权人的微观审慎目标，但是从金融体系的角度来看，这并不是一个令人满意的结果。

我们从这起事件中得到的教训是个体的微观审慎目标要求机构的偿付能力得到保障，但这不一定能够实现金融体系的稳定目标。保证机构偿付能力就能保证整个金融体系偿付能力的论调对于政策处方来说没有任何用处，因为提高某个机构偿付能力的目标与维持金融体系稳定的目标之间根本不相容。因此，在实际操作中，我们必须一开始就从整个金融体系的角度出发，来制定监管政策。因此，本文将从以

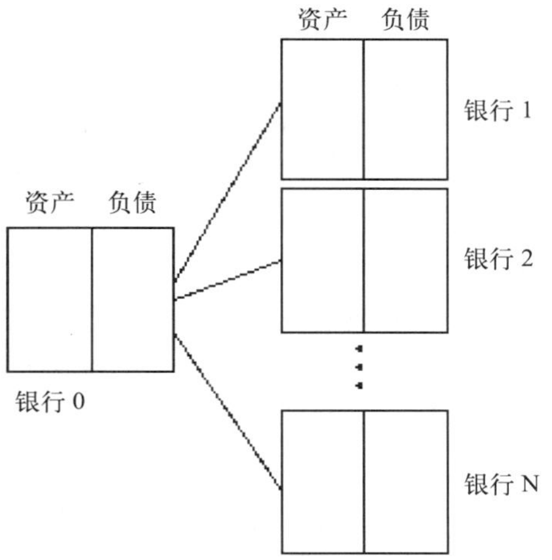

图 2　从多家银行借贷的银行资产负债表

下论点入手开始讨论这个问题。

论点 1　提高金融机构偿付能力的措施有可能损害整个金融体系的稳定。

系统性金融监管的优点是，它可以监督被挤兑银行的债权人的挤兑动机以及被挤兑银行自身的基本面。我们以图 2 描述的情况为例。银行 0 有 N 个债权人，其中可能有银行、将存款存在银行 0 的对冲基金，或者货币市场共同基金。为了方便起见，我们将所有债权人都标为“银行”。

挤兑通常与一个不断自我证实的信念息息相关。这个信念就是，某家债权银行相信，当银行 0 的偿付能力有问题时，其他债权银行出于谨慎起见也会减少给银行 0 提供的资金。这种信念是债权银行减少资金供应的主要原因。然而在实践中，引发挤兑的原因往往是债务银行的基本面较弱和债权人的紧张过度。如果债务银行的基本面较强或者债权人并不那么紧张（或者两者兼而有之），那么挤兑也许就可以避免。

在这里，重要的不是用什么样的方法论来找到均衡解。相反，问题的关键在于，假如政策制定者能够通过适当的监管手段来改变初始条件，那么他们就有希望强化银行的基本面，缓和债权人的紧张情绪，因势利导，形成一个无挤兑的稳定均衡，以避免挤兑的恶果。

2000 年劳伦斯·萨默斯在美国经济学会的艾利演讲（Ely Lecture）中所举的例子为我们思考这个问题提供了一个行之有效的框架。萨默斯在演讲中提出了以下思想实验。

我们来假设一种情况：所有对我投资了 10 美元的人都希望获得 1 美元的回报，他们相信我始终有偿付能力。假设我破产了，所有坚持把钱放在我这里的投资者都损失了投入的全部资金 10 美元，而有一个投资者今天把钱取了回来，既没赚也没赔。你会怎么做……

首先假设我的外汇储备、动用资源的能力和经济实力都非常有限，任何投资者抽回资金都会使我面临破产。对于所有仍然坚持投资的人来说，撤资将是一个纳什均衡（这的确是一个帕累托占优均衡），而我认为这不可能变成现实。有人推断出其他人有可能为了谨慎起见将资金撤走。或者至少有些人会推断出其他人根据自己的判断认为有人会出于谨慎起见将资金撤走，等等……

现在假设我的基本面是只要撤资的人不超过三分之一，我就可以满足所有人的取款要求。这时你会怎么做？这时会再次出现多重均衡：如果其他投资者都按兵不动，那么所有人都应该静观其变；如果有人撤资，那么所有人都会尽快撤资。但是，那些对我来说比较有利的均衡看起来更有可能出现。

我认为这种思想实验抓住了某些现实。一方面，银行挤兑或者国际性挤兑事件的确会发生。另一方面，推动这一切变成现实的并非太阳黑子：挤兑发生的可能性取决于基本面的疲软程度。[9]

萨默斯的思想实验包含了两个维度：基本面的强劲程度和债权人的紧张程度。但是，在萨默斯的解释中，基本面的强劲程度与为了获得好结果而需要进行协调的债权人的临界比例有关。基本面越弱，借款人的资产负债表就越难承受债权人抽回资金带来的冲击。萨默斯的观点与我们的直觉判断不谋而合，即协调的临界值越接近1，协调工作就越难开展。然而临界值越低，协调工作就越容易完成。

第二个维度指协调失灵的潜在成本。在萨默斯所举的例子中，协调失灵的潜在成本是投资者投入的全部资金10美元，而协调成功的收益为11美元。协调失灵的成本越高，债权人就越容易紧张。根据我们的直觉判断，协调失灵的成本越高，协调工作也就越难完成。

我们可以用全局博弈（global game）方法来解决萨默斯提出的问题，并检验这个问题的两个维度是否决定了唯一的均衡结果[10]。这一解决方法可以用图3的单位正方形来阐述。图中的横轴代表债权人协调的临界值k，这个临界值表示为获得收益而需要继续投资的债权人的比例。纵轴衡量协调失灵的成本c，我们用协调成功时的收益比例来表示。

全局博弈分析证实了萨默斯的直觉判断，即在单位正方形的左下角（即协调临界值和协调失灵的成本都很低），我们可以成功地完成协调工作。在与它相对的右上角上，协调临界值和协调失灵的成本都很高，投资者就无法获得投资收益。这两个区域之间的分界线取决于全局博弈分析的其他参数，但是正如图3所示，它们的标准分界线是这个正方形的对角线。

全局博弈分析还可以进一步用来检验我们的直觉判断。正如图3所示，萨默斯为自己的思想实验赋予了参数值（2/3，10/11），这是因为至少三分之二的投资者必须坚持投资，而且协调失灵的成本是10美元，而协调成功时投资者的资产会变成11美元。这个点落在协调失灵的区域里。全局博弈分析表明，对预先采取措施防止挤兑的可能性，萨默斯或许过于乐观。不过，撇开特殊情况不谈，我们从中得到的一个普遍结论是，人们可以通过改变环境，提高银行对投资者撤资的承受能力，同时降低协调失灵的机会成本，进而矫正协调失灵。[11]

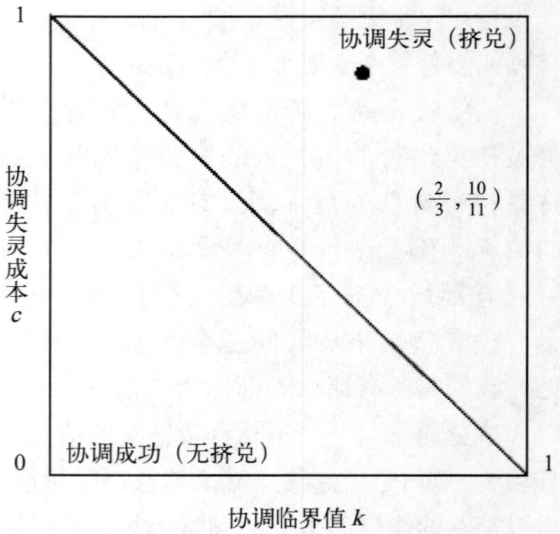

图3 银行为避免挤兑而进行协调的全局博弈分析

资料来源：作者在文中论述的模型。

9 Summers（2000），第7页。

10 参见 Morris 和 Shin（2002）。

11 我们早些时候曾经写过一篇关于货币投机攻击的文章，文中曾讨论了这个观点（Morris 和 Shin，1998）。

就银行业而言，如果债务银行持有大量现金，而不是非流动性资产，那么它就可以更加轻松地应对投资者的撤资行为，从而降低债权银行之间的协调临界值。此外，如果债权银行持有大量现金，他们自身抵御挤兑的能力也会大大提高，协调失灵时债权银行的协调成本 c 也会随之降低。流动性强的债权银行不会太过紧张。我们或许可以用全局博弈的框架来表述这个观点，即债权人手里持有的现金越多，协调失灵时的成本 c 就会越低[12]。

因此，我们可以得出的一个结论是：对银行施加的流动性要求可以通过两个途径降低挤兑的可能性：首先，它提高了债务银行承受挤兑的能力；其次，它使债权银行不会过于紧张。我们只有从整个金融体系的角度来看，才能发现第二个途径。

对银行施加的流动性要求可以通过两个途径降低挤兑的可能性：首先，它提高了债务银行承受挤兑的能力；其次，它使债权银行不会过于紧张。我们只有从整个金融体系的角度来看，才能发现第二个途径。

同样的，如果债权人总是以削减贷款来应对各种事件，那么任何造成这种结果的制度特征都会损害金融体系的稳定。在贝尔斯登倒闭案中，最典型的例子是贝尔斯登和货币市场共同基金签署的三方回购协议所发挥的作用。在这些协议中，贝尔斯登承诺以非流动性证券为担保来换取货币市场共同基金提供的短期资金。这些交易受到持有担保品并管理还款事宜的核心交易对手（central counterparty）的监督。

这一制度安排的问题在于，根据货币市场共同基金的章程，绝大多数货币市场共同基金不能持有贝尔斯登承诺提供的这种非流动性证券。如果贝尔斯登严重缺乏流动性，那么作为担保的资产就会返还给债权人，即货币市场共同基金，而债权人会被迫出售这些资产，甚至可能因此招致巨额亏损，基金净值将因此跌破净值，即资产的价值可能下跌至低于票净价值。在 2008 年 9 月雷曼破产前，尚没有出现货币市场共同基金跌破净值的现象。但美联储仍然担心，货币市场共同基金出现的损失有可能改变投资者对资金安全的看法，引发散户投资者挤兑货币市场共同基金。

在有些评论员看来，货币市场共同基金极其厌恶风险，但是这些基金厌恶风险的动机可以更准确地用协调失灵的成本来说明。事实上，货币市场共同基金的协调失灵成本 c 非常高。因此，他们不得不谨慎行事，抽回自己对贝尔斯登的投资，随之贝尔斯登的其他债权人，如对冲基金，也不再愿意把资金放在贝尔斯登那里。

货币市场共同基金参与三方回购协议的例子就可以证明各种制度约束条件很可能会引发挤兑的恶果。这意味着人们可以通过制度安排方面的改革来改变协调博弈的潜在回报，从而强化整个金融体系。我们从中总结出了以下结论。

论点 2　如果协调的门槛或协调失灵的成本过高，债权人很可能会遭到挤兑，因此旨在降低协调门槛和协调失灵成本的政策有望提高整个金融体系的稳定。

金融监管的系统观主张区分资产的基本风险和它对金融体系的重要性。即使信

12　Morris 和 Shin（2008）将一家金融机构的信贷风险分解成与债权人挤兑无关的破产风险和与债权人挤兑有关的破产风险。我们研究了信贷风险的这两个组成部分如何取决于资产负债表的构成，同时我们证实了持有的现金越多越可以降低信贷风险，其下降幅度要超过因资产风险下降带来的信贷风险下降幅度。

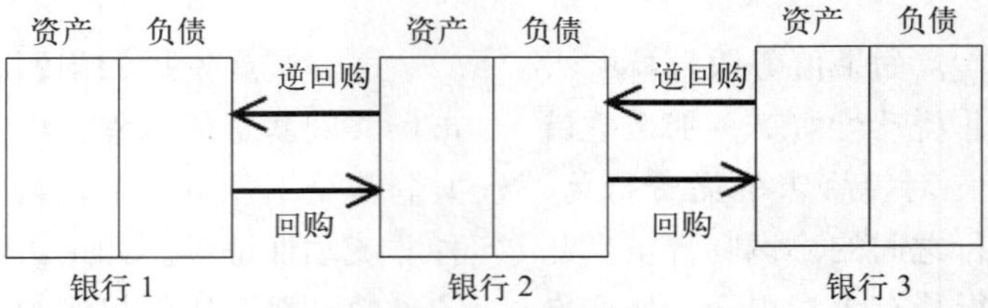

图 4　再出售回购证券的银行资产负债表

贷风险非常低的资产也可能对整个金融体系造成巨大影响。

我们以图 4 描述的情景为例来解释这个问题。银行 1 的资产里有按揭证券（MBS），并且在隔夜回购协议中承诺将这些证券作为担保品。具体说来，银行 1 将证券出售给银行 2，而且它知道自己第二天就会按照预先约定的价格买回这些证券。这样的交易每天结束时都会重复一遍。回购的证券在银行 1 的资产负债表上被记入负债项，而逆回购的证券在银行 2 的资产负债表上被记入资产项。

对银行 2 来说，它会将这些证券转手给银行 3 以获得它给银行 1 提供的贷款。因此银行 2 的短期资产负债表相当安全，表中的资产项是为银行 1 提供的隔夜逆回购，而负债项则是它向银行 3 提供的隔夜回购。

从银行 2 的角度来看，它的资产得到了两个因素的保障，因此非常安全。首先，这些资产是短期的，所以它们的变现价值的变化范围非常小。其次，这些贷款有充分的担保，所以即使银行 1 无法还款，银行 2 的这些债权也受到保护。此外，在银行 2 的资产负债表上，其资产项和负债项的到期时间完全吻合。两者都是隔夜交易。因此，银行 2 可以灵活地降低其资产负债表的规模，从容应对金融环境发生的任何变化。它可以减少为银行 1 提供的逆回购，降低资产风险（assest exposure）。同样，银行 2 完全可以应对债务项的任何挤兑压力。假如银行 3 出于某些原因拒绝对隔夜回购展期，那么银行 2 可以马上对此作出反应，即拒绝对银行 1 的逆回购展期。从这一意义上说，银行 2 非常安全。根据巴塞尔资本协议的标准，银行 2 需要的资本非常少，因此，从它可以使用的杠杆率极高。如果将银行 2 从金融体系中剥离出来单独观察的话，它的资产非常安全，因此从巴塞尔资本协议的角度看，它完全可以使用高杠杆率。

然而，从整个金融体系的角度来看，银行 2 的资产对金融体系的稳定至关重要，因为它的资产是银行 1 的负债的镜像。假如银行 1 的资产失去了流动性，那么这些资产只能以低价出售，而这对银行 1 应对债务挤兑时的偿付能力会产生非常糟糕的影响。如果银行 2 拒绝对它提供给银行 1 的隔夜逆回购进行展期，那么，除非银行 1 能够找到其他资金来源（如央行），否则就只能出售其按揭证券。因此虽然从信贷风险的角度来看，银行 2 的资产非常安全，但是这些资产对整个金融体系有重大的系统性影响。由此我们得出了第三个论点。

论点 3　高风险资产和具有系统重要性的资产不尽相同。即使安全的资产，也有可能对整个金融体系至关重要。

在一个通过回购协议发放担保贷款的市场主导型金融体系里，区分高风险资产和具有系统重要性的资产有着格外重要的意义。回购协议的一个特点是，借款人会

我们应该从资产负债表增长的角度来理解流动性，流动性是一个流量而非存量。

以低于当前市价的水平出售证券，因为未来他会按照预先约定的价格回购这些证券。证券的当前市价和回购协议中约定的出售价格之间的差价被称为“估值折扣”。

当估值折扣随着市场条件发生波动时，担保贷款对金融体系的影响尤为强大。这是因为估值折扣为回购交易的参与者限定了最高杠杆率。如图4所示，假设银行1的回购协议的估值折扣为2%，那么它就可以用价值100美元的证券借到98美元。随后，为了拥有价值100美元的证券，银行1必须拿出2美元的权益资本。这样，假如它的回购协议的估值折扣为2%，那么，它可以使用的最高杠杆率（即资产对权益比）为50倍。

假设银行1使用的杠杆率达到允许使用的上限。这种行为完全符合金融机构最大化股本回报率的目标，因为杠杆能够放大股本回报率。银行1就此拥有了高杠杆资产负债表，而且杠杆率达到50。假如此时金融体系受到冲击，导致估值折扣上升，那么银行1就会陷入困境。如果估值折扣上升到4%，那么银行1可以使用的杠杆率就会减少一半，从50倍下降到25倍。此时银行1必须作出艰难的抉择：它要么募集股本，使其股本翻番；要么出售一半资产；要么双管齐下，将前面两种方法结合起来。

金融动荡往往与急剧上升的估值折扣密不可分。估值折扣上升意味着杠杆率大幅下降，使得处理现有资产或者募集新股本成为不可避免的选择。在不景气的市场条件下，募集新股本无疑困难重重，出售资产也不是理想的解决方法。事实证明许多银行往往会选择后者，以保护权益不受影响[13]，因此杠杆率的波动会导致其他金融机构的放款意愿发生强烈波动。

整个金融体系总会出现用短期债务来为长期非流动资产融资的情况，因此回购协议的估值折扣大幅上涨总会在金融体系的某些部分引发紧张局势。即使某些机构可以灵活地调低其资产负债表的规模以应对更加紧张的局面，但这种行为本身会暴露出其他金融机构的困境。

在金融机构广泛采用担保贷款的情况下，杠杆率的波动揭露了金融体系中的“流动性抱团”（lump of liquidity）神话。这里使用的“流动性”一词很容易让人们误以为是指金融体系中的可用资金存量，这些资金可以被再分配给那些最需要资金的人。例如，在图1和图2所举的例子中，人们会认为，如果债权人无法再提供资金，借款人可以选择其他资金来源。实际上，一旦流动性出现短缺，它就会全部消失，而不是再分配到其他地方。当回购估值折扣上升时，所有资产负债表都会同时缩水，放款意愿也会随之普遍下降。因此，我们应该从资产负债表增长的角度来理解流动性，流动性是一个流量而非存量。[14]

“担保贷款”这个术语的确意味着资产没有信贷风险，因为这种贷款由抵押品作担保。然而，当回购的估值折扣上下波动时，整体的融资条件会随之发生巨大的变化。图4表明，虽然银行2的资产本身没有信贷风险，但这些资产的波动会影响整个金融体系。因此，资产的风险和它对金融体系的影响很可能并不一致，而巴塞尔协议只关注资产的信贷风险，而忽略了

---

13 Adrian和Shin（2008，即将出版）。

14 Adrian和Shin（2008，即将出版）；Fisher（2008）。

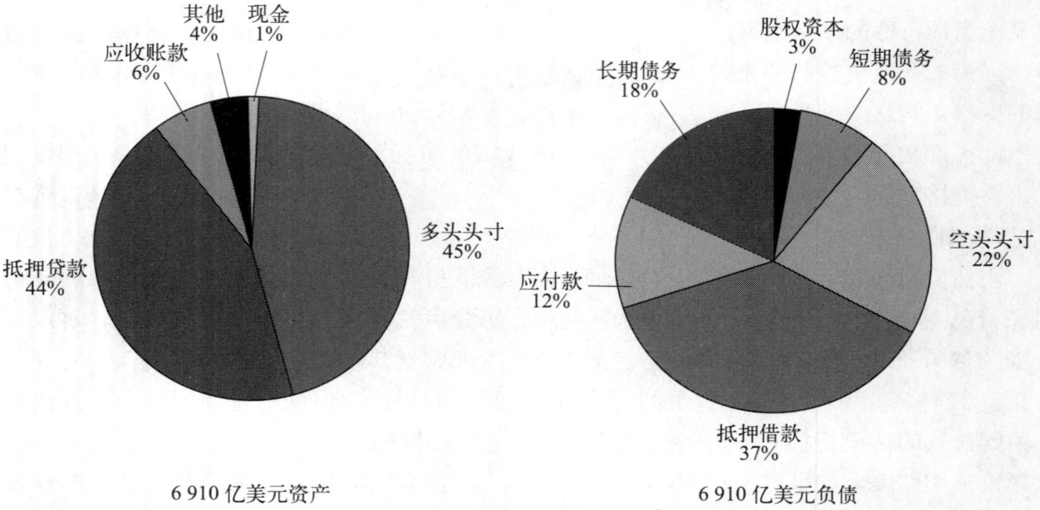

图 5　截至 2007 年 11 月 30 日，雷曼的资产负债表构成

资料来源：雷曼 2007 年年报。

这两者的重要区别。

事实证明这种区分对券商来说至关重要，因为在投资银行的资产负债表上，许多账项都是有担保的资产或者短期资产。因此，在开始我们的主要讨论之前，首先需要研究券商的资产负债表有哪些特点。

券商的资产负债表

券商是一种金融机构，它包括主要的投资银行。券商的资产负债表构成截然不同于典型的存款银行的资产负债表构成。我们在下文研究了雷曼在 2007 财政年度结束时(即 2007 年 11 月 30 日)的资产负债表，并总结出了它的特点。

在雷曼的资产负债表上，最大的两类资产是（1）营业资产和其他金融存货的多头；(2）抵押贷款。抵押贷款不仅反映出雷曼兄弟是对冲基金和其他借款人的机构经纪商（prime broker），还包括了逆回购。多数抵押贷款都是短期的，因此从信贷风险的角度来看非常安全。它们正是那种信贷风险较小，但是可能对系统产生重要影响的资产。

资产负债表的资产项还有另一个特点，即公司持有的现金非常少。它的资产负债表总规模为 6 910 亿美元，但是现金持有量只有 72.9 亿美元。不过，如果雷曼持有的证券里有流动性证券，可以将它售出在短期内筹得资金，那么上述数据就低估了雷曼的现金持有量。

同时，雷曼兄弟的债务多为短期债务。其中占比最大的是包括回购在内的抵押借款，其次是空头头寸（即已经出售但还没有买入的金融工具和其他存货头寸）。长期债务仅占总债务的 18%。

另外一个值得注意的账项是在资产负债表里占到 12%的“到期应付款项”，其中包括客户（特别是对冲基金客户）的现金存款。因此，在资产负债表的资产项里，“到期应付款项”远远高于“应收款项”，后者仅占资产负债表的 6%。对冲基金客户的存

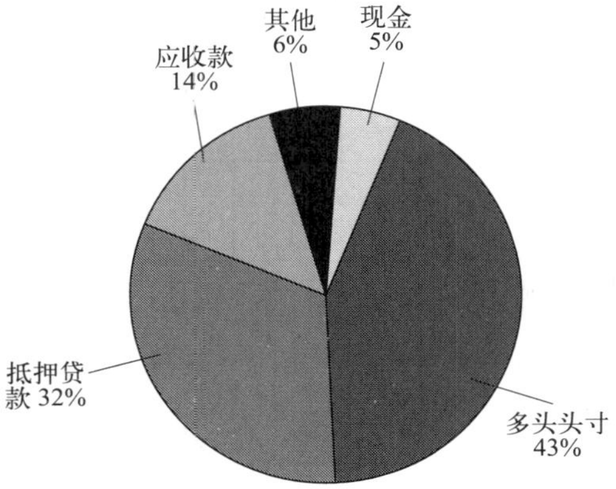

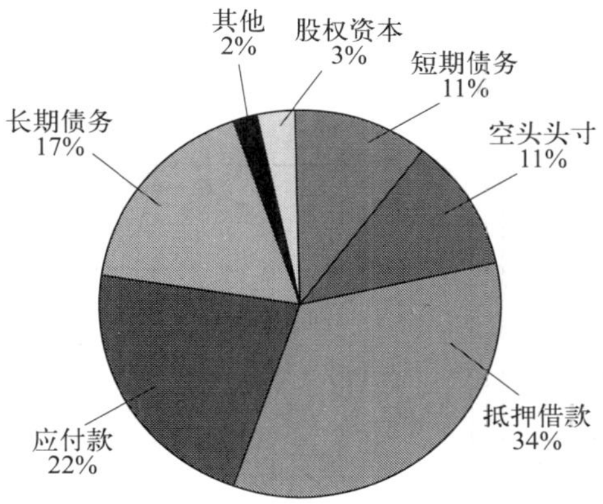

图 6　截至 2007 年 11 月 30 日，贝尔斯登的资产负债表构成

资料来源：贝尔斯登 2007 财政年度的 10-K 表。

款属于可以随时提取的活期存款，因此可能成为融资不稳定的主要来源。在后文分析贝尔斯登的资产负债表时，我们会重新讨论这个问题，以及雷曼对客户应付款的严重依赖。

最后，我们注意到雷曼兄弟的股本为 225 亿美元，仅占总资产的 3%，这意味着它的可用杠杆率为 30.7 倍，远远高于商业银行。商业银行的杠杆率通常保持在 10~12 倍的水平。投行的高杠杆率反映出它们持有资产的信贷风险相对较低，而且多数资产和债务具有短期性。雷曼兄弟 2007 年的资产负债表从整体上看完全由低信贷风险、高系统性影响的资产和负债构成。

贝尔斯登同期的资产负债表与雷曼兄弟的资产负债表有许多共性，但也存在许多显著差异。

和雷曼一样，贝尔斯登的资产构成主要是证券多头头寸和抵押贷款。这些多头头寸还包括根据标准的会计规则进行合并的特殊目的实体资产[15]。和资产项一样，特殊目的实体的债务也要纳入合并会计报表的范围。由于特殊目的实体主要通过短期借款（如发行商业票据）进行融资，所以在贝尔斯登的债务项中，“短期债务”也包括特殊目的实体的债务。

贝尔斯登的资产负债表反映出一个显著的特点，即它的融资多半来自于应付款项，应付款项在整个资产负债表中占足足 22%。和雷曼一样，贝尔斯登的应付款项大多是对冲基金客户的存款，而且反映出机构经纪业务是贝尔斯登最主要的业务。还是和雷曼一样，由于高比例的应付款项，一旦遇到因对冲基金客户协调失灵引发的典型挤兑，贝尔斯登就会不堪一击。这样的协调失灵必定会强化市场中已经盛行的回购估值折扣上升趋势。

实际上，在 2008 年 3 月的贝尔斯登挤兑案中，对冲基金客户背弃贝尔斯登导致

15　这些会计规则明确规定，当设立特殊目的实体的发起人是该实体的主要受益者，且对它享有实质上的控制权时，特殊目的实体的资产负债表应该与发起人的资产负债表合并。

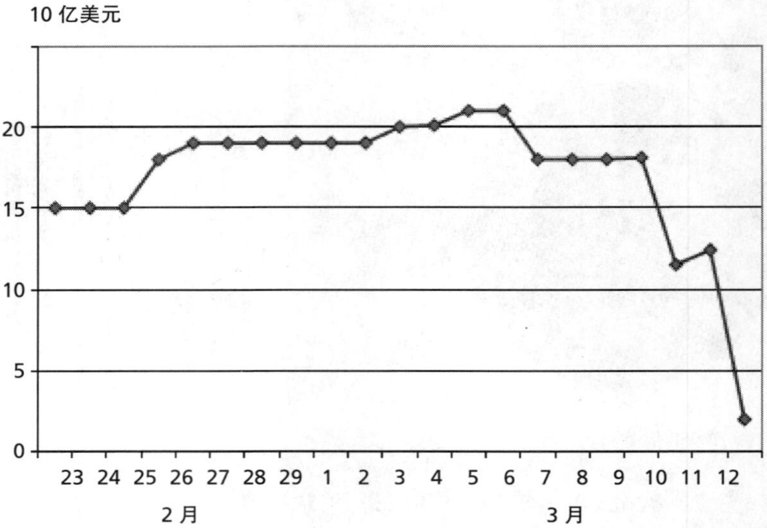

图 7　2008 年 2 月 22 日到 3 月 13 日贝尔斯登的现金持有量

资料来源：美国证监会主席考克斯 2008 年 3 月 20 日致巴塞尔银行监管委员会的公开信。

贝尔斯登陷入资金短缺的困境，最终不得不向美联储求助。《华尔街日报》[16] 对贝尔斯登的特别报道提到三月份贝尔斯登的危机达到白热化程度时，它的数家对冲基金客户和其他客户纷纷撤资。

图 7 给出了贝尔斯登倒闭前的现金持有情况，从图中可以看到，在 3 月 10 日至 3 月 13 日的三天里，贝尔斯登的现金持有量从 181 亿美元骤减至 20 亿美元。贝尔斯登持有的现金迅速被耗光，这充分反映了债务不稳定在机构倒闭中发挥的作用。因此，过去人们往往重点关注资产负债表上资产项的信贷风险，而贝尔斯登事件则充分说明挤兑事件也可能出现在债务项上。对于那些资产负债表上堆满了流动性及短期资产和债务的券商来说，他们的确应该从贝尔斯登挤兑案中学到很多极具价值的教训。

16　请参见《华尔街日报》的报道《恐惧与谣言迸发——贝尔斯登遭受致命挤兑》(2008 年 5 月 28 日，第 1 页)。

对金融监管的启示：流动性监管

现在我们来探讨本研究的政策含义。我们的讨论围绕着上文的例子和论点展开。现在，回顾一下图 2 中讨论的例子。

假设银行 0 是 2007 年倒闭的英国北岩银行或者贝尔斯登，它们依靠资本市场上的短期批发融资来为长期持有的非流动性资产融资。虽然贷款人的真实身份因情况的不同而不同，但是问题的核心在于资产到期期限的错配。

在这种情况下，对所有银行（债务人和债权人）提出流动性要求可以通过两个途径降低挤兑的潜在风险。首先，流动性要求使债务银行能够更加从容地应对提款要求。其次，流动性要求缓解了债权银行过分紧张的情绪。图 8 利用上文曾经运用的萨默斯博弈，清晰地展现了这一论点。

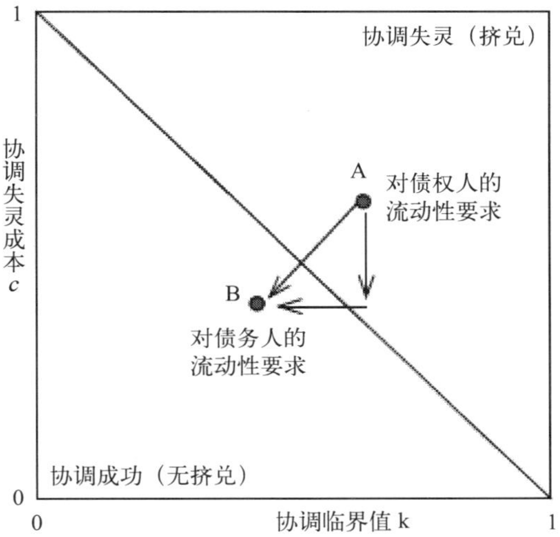

图 8　在有流动性要求的情况下，对银行协调的全局博弈分析

资料来源：作者在本文中论述的模型。

参数空间里的点 A 与挤兑息息相关，它描述了一种协调临界值 k 很高，而协调失灵成本 c 也很高的非常脆弱的安排。对债务银行（即银行 0）施加流动性要求提高了债务银行抵御大规模提款的能力，从而降低了关键的协调临界值 k，因为债务银行持有的流动资产完全有能力应付适度规模的提款。除此以外，对债权银行（即从银行 1 到银行 N 的所有银行）施加流动性要求提高了它们应对融资条件恶化的能力，从而降低了协调失灵成本 c。

图 8 表明，流动性要求不一定非得十分高才能有效发挥作用。就像原来那种脆弱的安排会引发一个推理的恶性循环，从而导致挤兑一样，通过提高流动性增强债务银行的稳健性也可以启动一个推理的良性循环，最终实现金融体系的稳定。稳健的债务银行可以稳定债权银行对它的信心，使债权银行能够从容面对融资条件的恶化。

人们需要多么高的流动性要求才能实现稳定金融体系的目标？这个问题的答案

图 9　1983 年第 2 季度到 2008 年第 2 季度美国券商的现金持有量

注：a 截至季度末。
资料来源：美联储的美国现金流量核算。

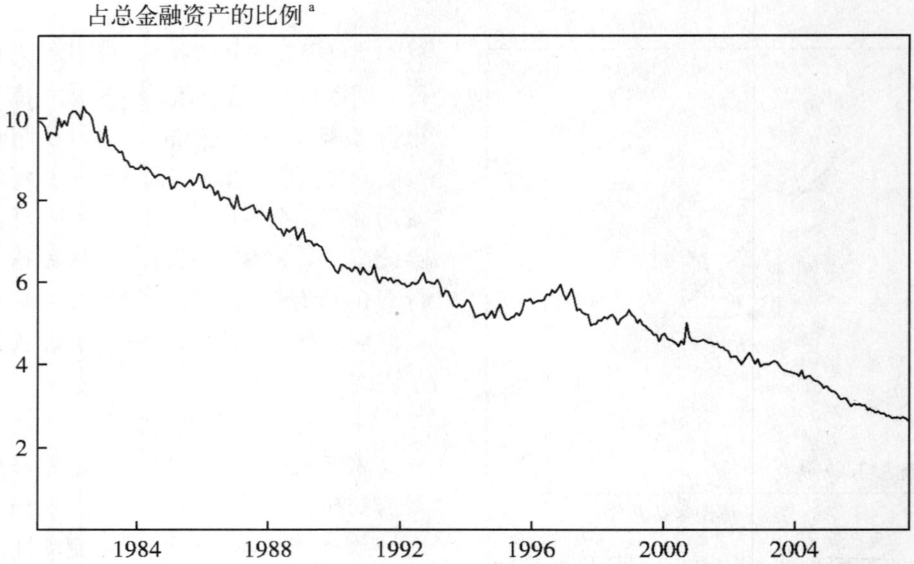

图 10　1981 年 12 月到 2008 年 6 月美国商业银行的现金持有量

注：a 截至月底。

资料来源：美联储，“H8 Assests and Liabilities of Commercial Banks in the United States: Historical Data”。

完全取决于具体的金融环境。我们有必要通过理论模拟和数值模拟来进行更加系统的研究。然而，要让流动性要求发挥作用，一个重要原则就是首先精准地控制那些可能诱发挤兑的外部性。萨默斯的博弈模型所作的比较分析是高度简化的，这并不妨碍人们以市场为背景进行类似的分析，例如我们在这方面所作的研究[17]。在我们的研究中，萨默斯模型被放在一个更加复杂的环境里，并且将更多因素考虑在内，如考虑到协议销售（concerted selling）的残差需求曲线（residual demand curve）的弹性。然而，无论新模型多么复杂，它的基本原理与萨默斯博弈模型完全相同，每一种参数结构都可以得到一个唯一的结果。

此外，此类模型分析还有一个基本原则，即区分资产的信贷风险与它的系统影响性，因为起缓冲作用的现金资产会对相互关联的参与者的行动产生微妙影响。正如图 8 所示，一旦某些可能改变金融体系抗挤兑能力的基本参数发生微调，(唯一的)均衡结果就有可能被完全改变。

只要我们认识到各银行的行动会互相强化，而且流动性要求被广泛采用，中等强度的流动性要求就足以防止挤兑。我们需要更系统地研究究竟需要多么复杂的流动性要求才能使金融体系有能力抵御巨大的冲击。在作这样的研究时，冲击的规模和应对这些冲击所需的流动性要求之间必定存在着不可避免的替代关系。我们可以使用数值模拟来说明这种替代关系。

在过去 25 年里，美国券商的现金持有量相对比较稳定。近年来，它的波动范围一直保持在 2%至 4%之间。图 9 根据美联储的资金流量核算，描绘了 1983 年以来券商行业的现金与总资产比率。受 1987 年股灾的影响，现金与总资产比率在 1987 年和

17　Morris 和 Shin（2004）。

任何旨在改革监管框架的计划都应该同时涵盖流动性要求和资本这两个因素。

1988 年急剧攀升到了最高点。在 2000 年至 2002 年，推高这个比率的原因是网络经济泡沫的破灭。在过去几个季度里，信贷危机使现金对总资产比再次出现上升势头。

有意思的是，虽然券商的现金持有量相对稳定，但美国商业银行的情况恰恰相反。如图 10 所示，美国商业银行的现金资产（备用现金、待收现金项目、存放在存款机构的到期余额以及存在美联储的储备账户余额）与总金融资产的比率在近几十年里稳步下降。正如英国财政部顾问蒂姆·康登指出的，英国银行的现金持有量甚至下降得更剧烈[18]。在 20 世纪 50 年代，英国银行持有的流动性资产占比通常高达 30%。然而康登发现近年来它们的流动性资产与总资产比率已经下跌到 1.0%。英格兰银行在 2008 年 4 月发布的《金融稳定报告》根据不同定义绘制了银行流动性比率图，并证实了英国银行的流动性资产持有量在近几十年里大幅下降[19]。

尽管流动性要求可以提高金融体系的抗挤兑能力，但我们还是应该将特定市场参与者受到的制度约束考虑在内。如上文所述，货币市场共同基金参与的三方回购协议导致金融体系面对挤兑时显得更加脆弱，因为一旦金融条件开始恶化，三方回购协议的参与者就会被迫削减它们的放款额。

我们在上文中还提到货币市场共同基金通常被视为债权人，它们的协调失灵成本（即参数 c）非常高。鉴于这些实体的协调失灵成本取决于其业务的性质和章程的内容（它们的行动受到章程的约束），所以流动性要求不可能产生任何效果。这表明，有充足的理由对它们在三方回购市场上扮演的角色进行监管。

流动性要求可以补充旨在减少金融机构周期性的冒险行为，缓解经济低迷时期资金短缺的其他资本监管改革。尽管本文着重讨论了债务项的挤兑问题，但是在信贷周期的背景下研究这种流动性危机也有非常重要的意义。

卡什亚普、拉詹和斯坦最近提出了一个监管方案，该方案主张银行购买一份资本保险，即银行拿出钱建立一个基金，用它购买安全的证券，然后把它们锁进“保险箱”，一旦某些能够反映银行财务困境的指标达到了规定的总临界值，就可以打开这个保险箱。[20] 确认某个指标达到临界值需要时间，这不仅使资本保险计划更适合于解决金融周期进入下行阶段时的资本短缺问题，而且表明这样一种触发机制可以被看作是着眼于解决长期问题，而非在流动性危机中观察到的短期流动性紧缺。但是，任何旨在改革监管框架的计划都应该同时涵盖流动性要求和资本这两个因素。

对金融监管的启示：杠杆率限制

现在我们来探讨另外一个可以采用的监管工具——限制银行和券商的总体杠杆率。我们将围绕图 4 中描述的情况展开讨

18 Kashyap、Rajan 和 Stein（2008）。中文版参见《比较》第 40 辑

19 Tim Congdon, “Pursuit of Profit Has Led to a Risky Lack of Liquidity”, Financial Times, 网络版, 2007 年 9 月 10 日。www.ft.com/cms/s/0/04ead7fc-5f36-11dc-837c-0000779fd2ac.html。

20 Kashyap、Rajan 和 Stein（2008）。中文版参见《比较》第 40 辑。

论。我们设想的情景是资本市场的估值折扣普遍上升。具体说来，我们假定，银行1和银行2的回购交易的估值折扣上升，导致银行1出现了融资困难。由于之前回购协议的估值折扣非常低，所以估值折扣上升必然会损害金融体系，而且鼓励金融体系中的所有银行都加大杠杆力度。

任何政策讨论都必须基于一组明确的政策目标。在本文的讨论中，我们假定金融监管的目标是缓解从金融繁荣到不景气的波动性，特别是降低这个周期中产生的外部性。

目前有一个政策建议引起了人们的广泛关注，即限制银行使用杠杆率的上限。在这个政策中，杠杆率计算中算入的资产都是没有风险加权的资产。美国率先提出了这个主张[21]。尽管有人批评这种限制方法太过简单，但是我们可以用金融监管的系统观来解释它的合理性。杠杆限制可以防止杠杆率不断提高，以防止金融体系无法抵御突然出现的不利情况。这一政策建议主张，在融资条件非常宽松，银行可以轻松地提高杠杆率的金融周期上行阶段，最高杠杆率限制可以对杠杆率施加有效的约束。过高的杠杆率必然会导致金融体系无法应对估值折扣上升的局面。

这一政策建议主张，在融资条件非常宽松，银行可以轻松地提高杠杆率的金融周期上行阶段，最高杠杆率限制可以对杠杆率施加有效的约束。

需要指出的是，如果估值折扣是从非常低的水平开始上升，那么它对金融体系的破坏作用最为严重。譬如，估值折扣从1%提高到2%就意味着杠杆率从100下降到50，而它从20%提高到21%时，它对杠杆率（5%）的影响就微乎其微。从这个角度来说，在金融周期达到顶峰时过分追求收益尤其不安全，因为此时放大杠杆率对金融体系的冲击最大。

杠杆率限制可以在金融繁荣时期防止杠杆率持续攀升，因此它在金融体系中扮演阻尼器的角色。与必须遵守其他限制一样，银行会抱怨杠杆率限制妨碍了它们赚取更多的收益。杠杆率限制本来就是要发挥这样的作用，因为任何庇古税毕竟都是一种税收。

杠杆率限制对债务人和债权人都适用。从图4来看，杠杆率限制可以防止银行1形成过高的杠杆率，从而使它更不容易受回购协议的估值折扣上扬的影响。同样的，杠杆率限制也可以在金融繁荣时期约束银行2（即债权银行），当形势逆转时，银行2的资产负债表仍然有较好的承受能力，这样，回购协议的估值折扣上升时，它向银行1提供的贷款受到的冲击会相应减少。因此，无论对借款方还是贷款方而言，如果在金融繁荣期限制它们的杠杆率，那么在金融衰退期降低杠杆率的要求就不会那么强。实际上，我们完全可以避免金融衰退。

还值得强调的是，回购协议的估值折扣在危机时期上升的现象具有内生性。危机的严重性不仅取决于之前的繁荣程度，而且取决于市场参与者的行为[22]。杠杆率一旦被放大，金融繁荣期持续的时间越长，要求放大杠杆率的力量就越强大，而且杠杆率过高的趋势也持续得越久。杠杆率限制的一个理想效果就是缓和估值折扣的波动性。

事实上，人们可以将杠杆率限制看作

21　请参见美国联邦储蓄保险公司（FDIC）的主席希拉·拜尔（Sheila Bair）在2006年的演讲。

22　Brunnermeier（2009）以及Brunnermeier和Pedersen（即将出版）描述了融资和市场流动性共同作用，导致金融困境加剧时的机制。

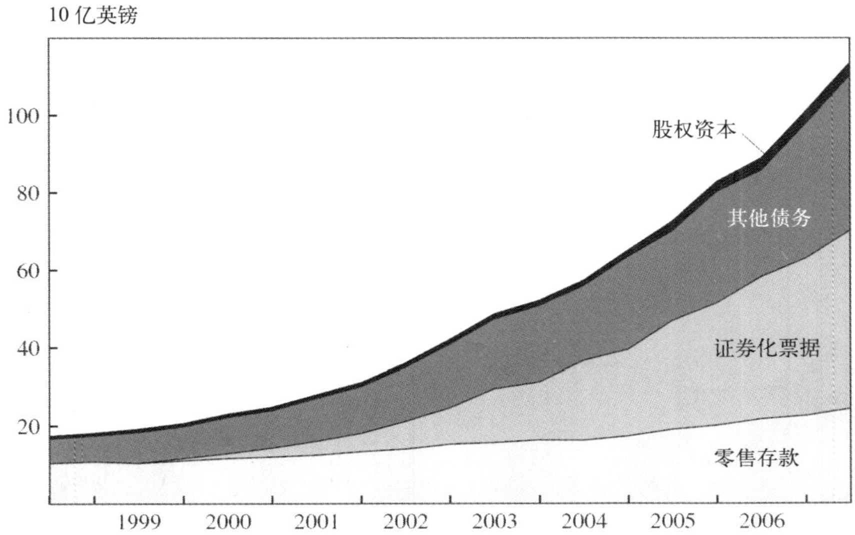

图 11　1998 年 6 月 ~ 2007 年 6 月北岩银行的债务构成

资料来源：Shin（即将出版）。

是一种对风险不敏感的资本要求。无论安全资产还是风险资产都有相同的监管资本要求。值得强调的是，本文所讨论的杠杆率限制和基于风险的传统资本要求有着不同的依据。我们曾在上文讨论过，逆回购的信贷风险并不高，因此根据巴塞尔式的资本要求，逆回购所需的资本相当少。然而，在以抵押贷款为基础的市场导向型金融体系中，杠杆率限制可以削弱融资条件变化所产生的外部性。它关注的不是资产负债表中的资产项，而是债务项以及金融机构互相撤资时可能产生的溢出效应。因此，重要的是原始资产，而不是风险加权资产。

美国政府一直要求受监管的银行遵守杠杆率限制的规定，这与巴塞尔资本协议Ⅱ第一支柱中提出的最低资本金要求出入很大。然而，最近瑞士政府宣布它有意将美国式的杠杆率限制引入瑞士的监管体系，但是引发了一场激烈的论战。

反对原始杠杆率限制的人最常提出的反对意见是它没有考虑到资产的风险。巴塞尔资本协议Ⅱ根据资产组合的风险变化细致入微地划分出各级资本要求。在反对原始杠杆率限制的人看来，关注一个简单的杠杆率意味着抛弃了对资产风险的精准测量。《金融时报》曾经引述了瑞士信贷的首席风险官对瑞士国家银行副行长菲利普·希尔德布兰德的声明所做的评论："我们根据巴塞尔协议Ⅱ而不是希尔德布兰德协议经营银行"。[23] 然而，如果从系统性稳定的角度来看，那么单凭基于风险的资本充足率无法发挥杠杆率限制所具有的优势。

杠杆率限制对瑞士来说尤为适用。即使从美国投资银行的标准来看，瑞士的两大银行——瑞银和瑞士信贷的杠杆率都非常高。我们在上文曾提到，美国投资银行的杠杆率通常在 30 倍左右。在 2007 年底，

23 《金融时报》Lex 专栏（2008 年 7 月 1 日）。

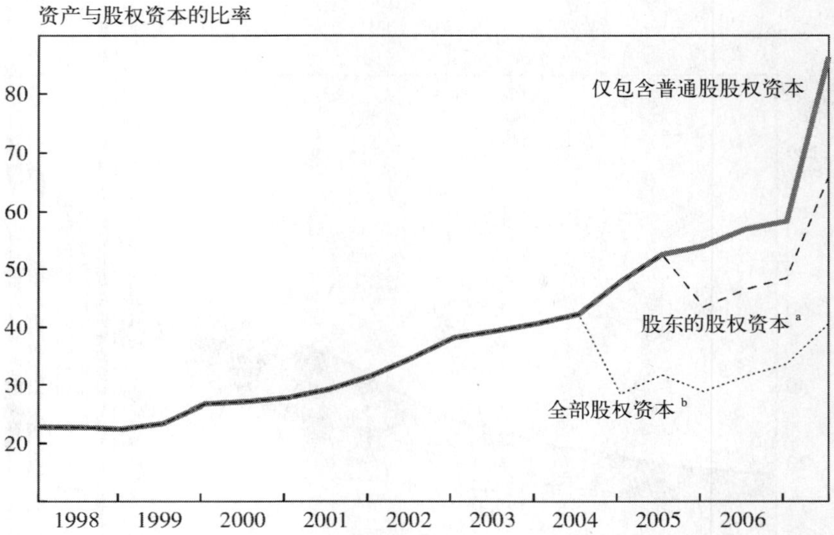

图 12 1998 ~ 2007 年根据不同定义衡量的北岩银行的杠杆率

注：a. 包括优先股但不包括次级债；b. 包括优先股和次级债。
资料来源：Shin（即将出版）。

瑞银的总资产为 2.27 万亿瑞士法郎，而它的净资产只有 425 亿瑞士法郎，它的杠杆率达到 53 倍。尽管在瑞银的资产负债表上，绝大多数资产都属于资本要求并不高的“安全”资产，但我们已经看到，信贷风险权重并不一定能反映出金融体系的外部性究竟有多强。

然而，我们在推行杠杆率限制时需要先解决两个概念性问题，如何测量杠杆率定义中涉及的两个量。总资产是杠杆率计算公式中的分子，我们需要解决的问题是如何衡量总资产。根据国际会计标准委员会（IASB）的《国际财务报告准则》（IFRS），银行以证券形式持有的资产被纳入合并资产负债表。对于欧洲银行来说，把证券化载体纳入原始的资产负债表必然会扩大后者的规模（美国银行不遵循这一准则）。例如，图 11 显示了自 1997 年公司化改造（demutualization）到 2007 年倒闭的 10 年期间，英国北岩银行资产负债表的债务状况。在北岩银行快速增长的债务中，证券化资产的占比很高[24]。因此，北岩银行的资产大幅攀升反映出它在公司化后积极地参与了证券化交易。

另外一个与测算资产有关的会计问题是如何衡量衍生品合同的公允价值。根据《国际财务报告准则》，合并资产负债表中应该包含按市值计价的收入和损失，这使资产负债表进一步扩张，因此，在某种程度上，瑞银的高杠杆率只是这种会计现象的表现[25]。

除此以外，在计算杠杆率时我们还要解决如何衡量分母的问题，即如何测算银行的股权资本。图 12 根据三种不同的股权资本定义，给出了 1998 年 6 月到 2007 年 12 月间北岩银行的杠杆率，杠杆率的大小

24 请参见北岩银行遭遇危机时，Yorulmazer（2008）对英国银行业进行的实证分析。

25 请参见 2008 年 7 月 29 日《金融时报》Lex 专栏的文章《GAAP 下的银行》（“Banks According to GAAP”）。

取决于股权资本是否包含优先股和次级债。根据巴塞尔协议的计算方法，次级债和优先股都算作银行资本，因为它们可以起到缓冲作用，帮助银行避免损失。然而，回购协议的估值折扣为股权资本提供了另外一种解释，根据这种解释，股权资本是控股股东为了确保从那些担心道德风险的债权人那里借到贷款而必须持有的股份。申铉松等人利用霍姆斯特朗和梯若尔的研究，[26]对这种杠杆率计算方法提供了理论支持。

根据这种观点，次级债持有人和优先股持有人只是银行的另一类债权人。他们并不像普通股股东那样可以控制银行的经营活动。为了在道德风险的背景下计算银行可以使用的杠杆率（即股东必须拥有足够的股本以避免道德风险），重要的因素是普通股股权资本，而不是吸纳了次级债或优先股后膨胀了的股权资本。

图 12 显示，如果我们严格地将杠杆率解释为总资产与普通股股权资本的比率，北岩银行上市后的杠杆率在不断攀升，从 1998 年 6 月的 22.8 倍（当时它刚刚上市）飙升到 2007 年 6 月的 58.2 倍（之后不久就爆发了流动性危机）。美国投资银行持有的资产往往是流动性非常强的短期资产，而即使从它们的标准来看，北岩银行的杠杆率也过高了。2007 年下半年北岩银行的损失耗尽了其普通股股权资本，随之而来的就是挤兑。到了 2007 年底，北岩银行普通股股权资本的杠杆率高达 86.3 倍。

对金融监管的启示：系统加权的资本要求

如果我们真的认为计算杠杆率的过程相当于计算旨在限制外部性的庇古税，那么人们会很自然地提出一个问题：我们如何评估一家银行的负外部性对整个金融体系造成的影响。教科书中经常会举这样一个例子：洗衣店旁边有一家浓烟滚滚的工厂，这里的外部性就是指工厂排出的污染物，向工厂征收合理的庇古税就应该包括边际成本的计算。

金融体系的负外部性主要表现为某个金融机构的融资条件变化对其他机构造成的影响。在图 4 给出的例子中，如果银行 2 决定削减抵押贷款的额度，就必然会给银行 1 带来负外部性。然而，如果银行 3 也作出类似的决定，它带来的影响会更糟糕，因为银行 3 减少放款额不仅会导致银行 2 的放款额随之减少，而且会相应地降低银行 1 的放款额。假如银行 1 的资产缺乏流动性，那么从它那里抽走资金无异于雪上加霜。

假如我们将这种观点推而广之，就可以根据金融体系中每家银行可能对其他银行造成的溢出效应强度，为它们分配一个"系统性影响因子"。这些系统性影响因子的具体计算过程取决于网络结构和各银行所持资产的性质。不过，计算系统性影响因子需要遵循的原则是，那些给其他具有高系统性影响的银行提供大笔贷款的银行，也应该有一个很高的系统性影响因子。

我们可以通过定点计算来执行这个原则，人们经常用这种计算方法来统计期刊的引用率。Google 也用它来计算网站的影响权重，并在此基础上对网站进行排序。对期刊使用"影响权重法"时，人们相信影响力大的期刊经常被其他影响力大的期刊引用。同样，Google 对网站排序时，也认为排序靠前的网站经常和其他排序靠前的网站链接在一起。我们使用"影响因子"这个术语就是为了表示我们的计算方法与

26 Holmstrom 和 Tirole（1997）。

期刊计算引用率和Google对网站进行排序时使用的计算方法有相通之处。

然而，“影响因子”的计算方法非常复杂，在金融监管领域很难应用。一个难以逾越的障碍是，资产负债表中关于交叉风险（cross exposures）的详细信息几乎不可得。即便如此，为那些可能对其他机构的行动造成影响的机构赋予较高的系统权重值，看起来仍然比较合理。

不管怎么说，类型相似的金融机构的影响因子可能会自然地聚集在一起。因此，券商的影响因子会高于主要提供小额储蓄和居民贷款服务的小型地方储蓄机构。因此，美国分散化的金融监管体系或许有其更深刻的客观经济原因。不过，无论使用哪种方法计算系统性影响因子，我们都可以使用庇古税的原则来指导我们的思考过程，即应该对负外部性合理地征税。

在实际操作中，如果我们可以找到可靠的综合测量法，就可以将系统加权的资本要求和溢出效应的总和测量结合在一起。阿德里安和布伦纳梅尔提供了一种很有希望的研究思路。他们提出了一个叫“CoVar”的概念，用它来表示一个金融机构的资产组合的风险价值，这个价值取决于某些衡量财务困境的总指标（aggregate measure of distress）[27]。尽管这项研究还需要解决与资产组合的总量及内生性有关的概念问题，但是这种研究方法看起来非常可行。

结语

传统的金融监管方法是以风险导向的资本要求为基础的，它无法保障整个金融体系的稳定。确保单个机构的偿付能力就能实现整个金融体系稳定的说法看似是不言而喻的真理，实际上没有任何实用价值，因为它没有解决溢出效应的问题。

系统性金融监管区分了风险资产和系统重要性资产，并认为这一区分至关重要。即使安全的资产也可能对整个金融体系造成重大影响。这一区分从理论上支持了目前引起广泛关注的两个政策建议：实施原始杠杆率限制，用流动性要求来限制资产组合的构成，而不是仅仅约束其规模大小。我们还需要进行更加系统的研究来说明到底需要多么繁重的庇古税才能维护金融体系稳定。目前严重的金融危机告诉我们最理想的庇古税率绝不是零。

（中国发展研究基金会　刁琳琳译）

27　Adrian 和 Brunnermeier（2008）。

参考文献

Adrian, Tobias, and Markus Brunnermeier. 2008. "CoVaR." Federal Reserve Bank of New York Staff Report 348. New York.

Adrian, Tobias, and Hyun Song Shin. Forthcoming. "Liquidity and Leverage."Journal of Financial Intermediation.

———. 2008. "Financial Intermediary Leverage and Value at Risk." Federal Reserve Bank of New York Staff Report 338. New York.

Allen, Franklin, and Douglas Gale. 2000. "Financial Contagion." Journal of Political Economy 108, no. 1: 1–33.

Bair, Sheila. 2006. Remarks at the Conference on International Financial Instability: Cross-Border Banking and National Regulation, sponsored by the Federal Reserve Bank of Chicago and the International Association of Deposit Insurers, October 5. www.fdic.gov/news/news/speeches/archives/2006/chairman/spoct0606.html.

Bank of England. 2008. Financial Stability Report no. 23. London (April).www.bankofengland.co.uk/publications/fsr/2008/fsrfull0804.pdf.

Bernanke, Ben. 2008. "Reducing Systemic Risk." Speech at the Federal Reserve ank of Kansas City Symposium at Jackson Hole, Wyo., August 22. www.federalreserve.gov/newsevents/speech/bernanke20080822a.htm.

Brunnermeier, Markus. 2009. "Deciphering the 2007–08 Liquidity and Credit Crunch." Journal of Economic Perspectives 23, no. 1. Forthcoming.

Brunnermeier, Markus, and Lasse Pedersen. Forthcoming. "Market Liquidity and Funding Liquidity." Review of Financial Studies.

Bryant, John. 1980. "A Model of Reserves, Bank Runs and Deposit Insurance."Journal of Banking and Finance 4, no. 4: 335–44.

Crockett, Andrew. 2000. "Marrying the Micro- and Macro-Prudential Dimensions of Financial Stability." Bank for International Settlements, Basel. www.bis.org/review/rr000921b.pdf.

Dewatripont, Mathias, and Jean Tirole. 1994. The Prudential Regulation of Banks.Cambridge, Mass.: MIT Press.

Diamond, Douglas, and Philip Dybvig. 1983. "Bank Runs, Deposit Insurance, and Liquidity." Journal of Political Economy 91, no. 3: 401–19.

Fisher, Peter. 2008. "Role of Liquidity in Financial Crises." Commentary at the Federal Reserve Bank of Kansas City Symposium at Jackson Hole, Wyo.,August 23. www.kc.frb.org/publicat/sympos/2008/fisher.09.01.08.pdf.

Holmstrom, Bengt, and Jean Tirole. 1997. "Financial Intermediation, Loanable Funds, and the Real Sector." Quarterly Journal of Economics 112, no. 3: 663–91.

Kashyap, Anil, Raghuram Rajan, and Jeremy Stein. 2008. "Rethinking Capital Regulation." Paper presented at the Federal Reserve Bank of Kansas City Symposium at Jackson Hole, Wyo., August 23. www.kc.frb.org/publicat/sympos/2008/KashyapRajanStein.09.15.08.pdf.

Krishnamurthy, Arvind. Forthcoming. "Amplification Mechanisms in Liquidity Crises." American Economic Journal: Macroeconomics.260 Brookings Papers on Economic Activity, Fall 2008

Morris, Stephen, and Hyun Song Shin. 1998. "Unique Equilibrium in a Model of Self-Fulfilling Currency Attacks." American Economic Review 88, no. 3:587–97.

———. 2002 "Measuring Strategic Uncertainty." Princeton University. www.princeton.edu/□hsshin/www/barcelona.pdf.

———. 2004. "Liquidity Black Holes." Review of Finance 8, no. 1: 1–18.

———. 2008. "Identifying the Illiquidity Component of Credit Risk." Working paper. Princeton University.

Shin, Hyun Song. Forthcoming. "Reflections on Northern Rock: The Bank Run that Heralded the Global Financial Crisis." Journal of Economic Perspectives.

Summers, Lawrence. 2000. "International Financial Crises: Causes, Prevention and Cures." American Economic Review: Papers and Proceedings 90, no. 2: 1–16.

Yorulmazer, Tanju. 2008. "Liquidity, Bank Runs and Bailouts: Spillover Effects during the Northern Rock Episode." Working paper. Federal Reserve Bank of New York.

解密 2007~2008 年的流动性和信贷紧缩

Deciphering the Liquidity and Credit Crunch 2007-08

马库斯·布伦纳梅尔

2007~2008 年的金融市场动荡引发了自大萧条以来最严重的金融危机，并对实体经济产生了巨大的冲击。住房泡沫的破灭迫使银行减计数千亿美元的资产以冲销由抵押贷款拖欠引起的坏账。与此同时，主要银行的股市市值下跌了有此两倍多。虽然从绝对值来看，总的抵押贷款损失规模巨大，但与美国股市在 2007 年 10 月的峰值到 2008 年 10 月之间所蒸发的 8 万亿美元财富相比，抵押贷款损失就显得小巫见大巫了。本文试图解释抵押贷款市场的损失如何放大成大规模金融市场混乱和动荡的经济机制，同时也解析了 2007 年夏天次贷危机爆发后市场普遍下跌、流动性枯竭、违约以及救助等一系列现象共有的经济线索。

为了理解这些线索，有必要回顾一下造成住房泡沫的某些关键因素。国外（尤其是亚洲国家）资本的大量流入和美联储宽松的利率政策致使美国经济一直处于低利率环境中。亚洲国家购买美国债券，一方面是为了维护有利于出口的钉住汇率，另一方面是为了对冲本币贬值的风险，这是它们从 1997 年亚洲金融危机汲取的教训。由于担心网络泡沫破灭后，经济会陷入通货紧缩，美联储并没有采取措施遏制住房泡沫的膨胀。与此同时，银行业经历了一次重大的转型。传统的银行经营模式让位于“发起和销售”的银行经营模式，在传统模式中，发放贷款的银行持有贷款直至贷款被收回，而在“发起和销售”模式中，银行将贷款集中在一起，并分出不同的档次，然后以证券化的方式将它们销售出去。新证券的创造为国外资本大规模流入美国提供了便利。本文第一部分叙述了银行经营模式向“发起和销售”转变的趋势及其如何导致了贷款标准的下降。金融创新通过将风险转移给那些更有能力承受的人，原本可以提高银行的稳健性，却导致了史无前例的信贷扩张，助长了住房价格的暴涨。

本文第二部分回顾了 2007~2008 年的金融动荡中的重要事件，并以 2008 年 10 月开始的国际协同救助结束。第三部分讨论了抵押贷款危机放大成一场严重的金融

---

* 作者 Markus K. Brunnermeier 为普林斯顿大学经济学教授 Edwards S. Sanford。原文发表于 *Journal of Economic Perspective* 2009 年第 1 期。本文的翻译和出版获得了该杂志的授权。——编者注

危机的经济机制：(1) 借款人的资产负债表效应导致两个“流动性螺旋”。随着资产价格下跌，金融机构的资本受到侵蚀，贷款标准和保证金也因此提高。这两个效应都导致了资产的降价销售，推动了资产价格的下跌和进一步的银根紧缩；(2) 随着银行对未来的融资前景变得忧心忡忡并开始惜贷（即使借款人的信用并没有改变），贷款渠道就会枯竭 (3) 对金融机构的挤兑，例如对贝尔斯登、雷曼和华盛顿互助银行的挤兑，会导致银行资本的突然下降；(4) 如果金融机构之间相互借贷，就会形成网络效应。尤其是，各交易方由于担心交易对手的信用风险不愿取消抵消性头寸 (offsetting position)，就会出现僵局。为了防范未被抵消的风险，所有交易方都被迫持有更多的资金。

流动性短缺发生前银行业的变化

埋下了危机祸根的贷款繁荣和住房泡沫主要归因于银行业的两个发展趋势：第一，银行不再在资产负债表中持有贷款，而是转向发起和销售模式。银行将贷款打包，然后出售给其他的各种金融投资者，以此转移风险；第二，银行更多地使用短期金融工具来为其持有的资产融资。这一变化使银行容易受到融资流动性的影响。

证券化：信贷保护、资产池和切分风险

为了转移风险，银行创造出了被称为抵押债务债券（CDO）的结构性产品。它们首先要做的是，将抵押贷款和其他贷款、公司债券及信用卡应收账款这样的其他资产组成不同的投资组合。然后，将这些投资组合切分成不同的分券（tranche），卖给风险偏好各异的投资者。最安全的就是所谓的超高级分券，这类分券的投资者只能获得相对低的利率，但是可以最先从投资组合的现金流中获得清偿。相反，最次级的档被称为“股权分券”或“有毒垃圾”，它只能在所有其他分券之后获得清偿。中间分券介于上述两个分券之间。投资组合通常可以合法地转变成特殊目的实体（SPV）。这种金融实体的唯一目的就是归集基础资产的本金和利息现金流，然后将它们分配给不同分券的所有者。

各类分券的明确界定通常是为了？确保各分券的特定评级。例如，最高级分券可以获得 AAA 评级。较高级别的分券被销售给不同的投资者，而有毒垃圾通常（但不一定）由这些证券的发行银行所持有，以确保它能够负责地监督贷款。

购买这些投资组合分券或常规债券的投资者也可以购买信用违约掉期（CDS）来保护自己。这其一种防范特定债券或分券违约的保险合同。购买人定期支付一笔固定费用，一旦有信贷违约就可以获得赔偿。据估计，2007 年发行的信用违约掉期的总名义值大约为 45 万亿到 62 万亿美元。人们也可以直接买卖信用违约掉期组合中的各种指数，例如美国的 CDX 指数和欧洲的 iTraxx 指数。任何人只要购买了 AAA 级的抵押债务债券和信用违约掉期，就有理由相信他们的投资风险是低的，因为信用违约掉期的交易对手违约的概率很小。

缩短期限结构以利用来自货币市场基金的需求

大多数投资者偏好短期资产，如短期货币市场基金。如果投资这类资产，投资者就可以在很短的时间内提出资金，满足

自身的其他资金需要[1]；投资者还可以把这类资产作为一种约束机制（commitment device），用潜在的提款威胁来约束银行[2]。基金也会选择短期融资，以显示他们对自己的经营能力有信心[3]。另一方面，大多数投资项目和抵押贷款的期限长达数年或数十年。在传统的银行经营模式中，商业银行用短期存款来为这些贷款融资。

同样的期限不匹配可以转换成由表外投资工具和管道组成的“影子”银行系统。这些结构性投资工具主要通过向货币市场基金销售短期资产支持商业票据和中期票据来融资。短期票据的期限一般是90天，而中期票据的期限通常一年左右。短期资产之所以被称为“有支持资产的”，是因为它们背后都有抵押贷款池或其他贷款池作担保。如果违约，资产支持商业票据的所有人有权没收并销售基础抵押资产。自2006年初以来，资产支持商业票据已经成为未偿还商业票据的主要形式。

表外载体策略，即以短期票据融资来投资长期资产，使银行面临着融资流动性风险：投资者可能会突然停止购买资产支持商业票据，使银行无法用这些载体来对短期债务展期。为了保证这些载体的融资流动性，发起银行给它们授信，称为“流动性保底”（liquidity backstop）。结果，虽然在其资产负债表中，不存在借短贷长带来的流动性风险，但银行实际上仍然得承担这种风险。

另一个重要的变化是，投资银行的资产负债表期限不匹配日益明显。这一变化是投资银行用短期回购协议为资产负债表融资的结果。在一份回购合同中，一家企业在出售抵押资产的同时承诺在将来某个时候回购这些资产，以此来融资。回购协议融资在投资银行总资产中的比例上升，主要来自隔夜回购协议的增加。从2000年到2007年，隔夜回购协议融资在投资银行总资产中的比例约增加了一倍。期限在三个月以上的长期回购协议占投资银行总资产的比例基本保持稳定。投资银行越来越多地依靠隔夜回购协议来融资，因而必须每天都对可观的融资进行展期。

总之，在危机到来之前商业银行为表外载体提供流动性保底，投资银行越来越依赖回购协议融资，导致了严重的期限不匹配。融资流动性的任何下降都会给金融体系带来重大的压力，正如我们在2007年夏天所经历的那样。

证券化产品和结构性产品的流行

结构性金融产品可以迎合不同投资群体的需求。风险可以转移给那些愿意承担风险的投资者，而且可以广泛分散在众多的市场参与者身上。这使抵押贷款的利率、公司贷款利率和其他贷款利率的下降成为可能。除了利率下降外，证券化也使机构投资者可以（间接）持有原先依据监管要求不得持有的资产。例如，某些货币市场基金和养老基金原先只能投资AAA级固定收入债券，而现在它们可以投资于由BBB级债券组成的、获得了AAA评级的高级分券。但是，大部分信用风险仍然留在银行系统里，因为银行，包括精明的投资银行，都是结构性产品最积极的买家[4]。这表明，金融机构创造和购买这些资产还有一些其他不良动机。

1 参见Diamond和Dybvig（1983）；Allen和Gale（2007）。

2 参见Calomiris和Kahn（1991）；Diamond和Rajan（2001）。

3 参见Stein（2005）。

4 可参见Duffie（2008）。

从事后来看，导致结构性产品大行其道的扭曲性力量就是监管和评级套利。巴塞尔资本协议Ⅰ（创立了银行监管指南的一项国际协议）要求银行为其资产负债表上的贷款额持有不少于8%的资本（所谓的资本费）。相比之下，合同信贷额度的资本费确实相当低。另外，那些“声誉”信贷额度，例如发起银行为了维护自己的声誉而提供给表外载体的没有合同的流动性保底，根本就没有资本费。因此，将贷款池转成表外载体，然后为其提供信贷额度以确保AAA评级，使银行能够以更少的资本满足巴塞尔资本协议Ⅰ的监管要求，但是银行承担的风险并没有根本的变化。后来的巴塞尔资本协议Ⅱ（2007年1月在欧洲生效，但美国并没有完全执行）采取了若干措施，试图改变对合同信贷额度的这种优待，但是收效甚微。尽管巴塞尔资本协议Ⅱ执行的资本费是基于资产评级的，但银行仍然可以通过表外载体组合贷款来降低它们的资本费。由于多元化降低了异质性风险，所以表外载体发行的资产获得的评级要高于资产池中单一证券所能获得的评级[5]。此外，发行短期资产甚至可以将总体评级提得更高，因为发起这些结构性投资工具的银行并没有因为提供流动性保底而被充分降级。

从事后来看，许多专业投资者和信用评级机构的统计模型对结构性金融产品的预测过于乐观。一个原因是，这些模型是以历史上较低的抵押贷款违约率和损失率为基础的。更重要的是，过去的住房价格下降基本上是一个地区性现象，自第二次世界大战以后，美国从未经历过全国性的房地产价格下降。正如有学者[6]指出的那样，住房价格跨区相关性不高的假设产生了一个显著的多元化收益，而这一收益又大大提高了AAA评级分券的估值。

另外，结构性产品可以获得比公司债更有利的评级，有可能是因为评级机构对结构性产品评级的收费更高。“在风险级别的边缘评级”（rating at the edge）也使结构性产品能够获得比公司债更有利的评级。某种AAA级债券的风险范围介于接近零的违约风险到刚好能使该债券进入AAA级行列的风险之间。银行可以和评级机构密切合作，以确保某段资产刚好达到最低要求从而获得AAA评级。这样做的结果是，当基础资产的违约概率或相关性发生变化时，抵押债务债券的各分券必须被降级。追求收益的基金经理对结构性产品趋之若鹜，就是因为这些产品表面上可以提供很高的预期收益，且发生灾难性损失的概率很小。在无风险利率低的时候，这种投资对基金经理特别有吸引力，因为如果投资获利，他们就可以提成，而一旦投资失利，他们的报酬也不会变成负的[7]。另外，某些基金经理喜欢流动性较差的次级分券，或许正是因为这些资产交投清淡，难以估值。这些基金经理可以使他们的月度投资回报显得更平稳而更有吸引力，因为他们可以灵活地在必要的时候重新评估他们的投资组合。

5　为了了解这一点，考虑一家银行，假定它拥有两种完全负相关的BBB级资产。如果它准备直接将这两种资产入账，它将需要支付很高的资本费。另一方面，如果它把这些资产打包到一个特殊目的的实体，该特殊目的的实体发行几乎无风险的AAA级资产，这样，银行就可以将这些资产入账，而且资本费几乎为零。

6　Coval、Jurek和Stafford（2009）。

7　无风险利率决定了这种看涨期权式收益结构的位置。如果无风险利率高，基金经理可以投资于无风险资产，确保自己获得正的收益，而采取高风险的投资策略，他的收益就有风险。当利率接近于零时，这种有保障的收益非常小，因此基金经理采取高风险的投资策略也不会给他带来太多的损失。

后果：廉价信贷和住房泡沫

结构性产品的大行其道最终导致了廉价信贷的泛滥和贷款标准的降低。由于大部分风险都转嫁给了其他的金融机构，所以银行几乎只面临管道风险（pipeline risk），也即在风险转移出去之前的几个月里持有贷款所面临的风险。这样，它们几乎没有动机特别关注贷款申请并监督贷款。凯斯等人用实证证据证明，证券化的增多导致了信贷质量的下降[8]。抵押贷款经纪人提供优惠利率，无证明抵押贷款，叠罗汉式抵押贷款（piggyback mortgages，两种抵押贷款的结合，无须首付）以及三无贷款（NINJA，无收入、无工作和无资产证明的贷款）。所有这些抵押贷款都是在没有进行背景审查的情况下提供的，因为在住房价格一路上涨的前提下，借款人总能利用升值的住房来再融资，背景审查不再有必要。

廉价信贷和贷款标准下降相结合，导致了住房市场的狂热，从而埋下了危机的祸根。到2007年初，许多观察家都担心流动性泡沫或信贷泡沫的风险[9]。但是，他们不原做空这一泡沫。正如我和阿布鲁的理论模型指出的，人们认为跟风而上比逆势而行更有利[10]。但是，也有很多人感到，危机终究会来临。花旗集团的前首席执行官普林斯在2007年7月10日对形势作了总结，他提到了凯恩斯用抢椅子（musical chair）游戏来比喻泡沫："当流动性音乐停止时，事情会变得复杂。但是只要音乐不停，我们就必须站着跳舞。而我们还在继续跳舞。"在抢椅子游戏和银行容易受到融资流动性影响的共同作用下，危机终于在2007年爆发了。

8 Keys等人（2008）。

9 例如Berman（2007）。

10 Abrew和Brunnermeier（2002，2003）。

危机的发展：大事记

次贷危机

流动性危机的导火索是2007年2月初现端倪的次贷违约的增加。图1显示了ABX价格指数，该价格指数以信用违约掉期的价格为基础。随着ABX价格指数的下跌，为某一评级的一揽子抵押债券提供违约保险的成本就会增加。2007年5月4日，遭受了大约1.25亿美元与次贷相关的损失之后，UBS的内部对冲基金Dillon Read清盘。5月晚些时候，穆迪对21种美国次贷中的62类分券展开"降级审核"，预示这些分券的评级在近期很可能会被下调。这一举措导致抵押贷款相关产品的价格进一步下跌。

2007年6月和7月，穆迪、标准普尔和惠誉接连下调各分券的评级，沉重打击了信贷市场的信心。6月中旬，贝尔斯登管理的两家对冲基金面临必须追加保证金的困境，为了维护声誉，贝尔斯登不得不向两家基金注资32亿美元。7月24日，美国主要的家庭贷款机构Countrywide Financial Corp. 宣布其盈利下降。7月26日，全美住房建筑商协会的一项指数显示，新房销售年度同比下降6.6%，而美国最大的房屋建筑商也报告了当季亏损。从那时起到2008年末，住房价格及销售量持续下跌。

资产支持商业票据

2007年7月，由于市场普遍对结构性产品的定价忧心忡忡，以及对评级可靠性的信任开始动摇，短期资产支持商业票据市场开始枯竭。如图2所示，非资产支持商业票据（无论是金融的或非金融的）市

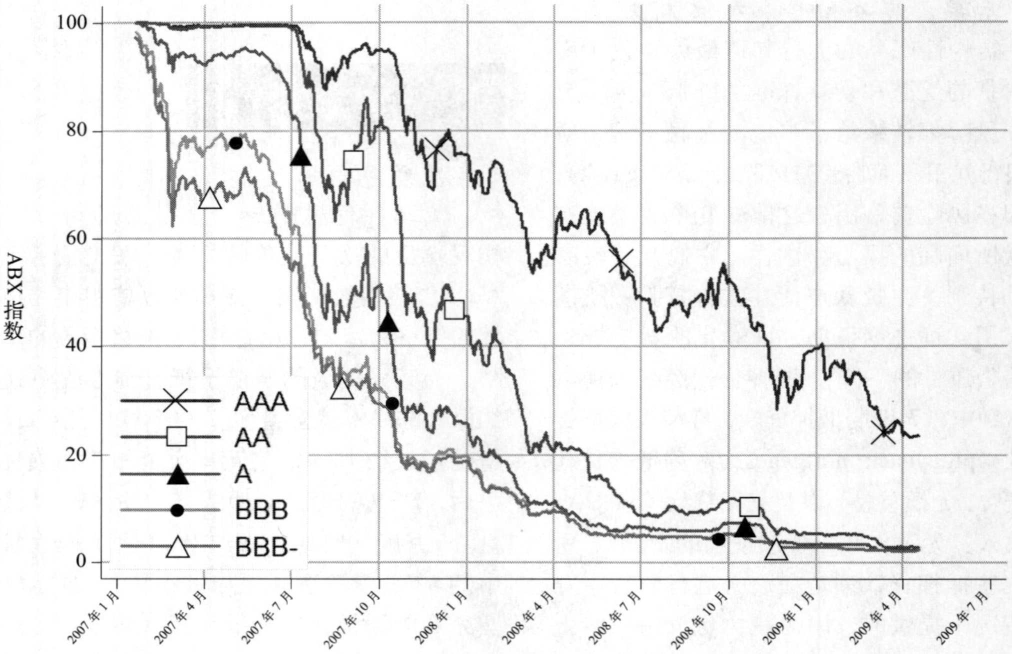

图 1　抵押信用违约掉期 ABX 指数下降

注：每个 ABX 指数基于 20 种信用违约掉期。这些信用违约掉期所参照的资产支持证券包含了不同评级的次贷。试图对基础证券违约风险进行保险的投资者定期支付一笔费用（利差）。这笔费用被设定成确保 ABX 指数序列的起始价格为 100。这就是为什么始于 2007 年 1 月的 ABX7-1 序列的起始价格是 100 的原因。此外，如果在 ABX 指数序列的起始点后购买违约保险，保险购买者需要支付前期费用（100-ABX 价格）。随着 ABX 的价格下跌，前期费用会增加，价格下跌之前出售信用违约掉期的人就会遭受损失。

资料来源：LehmanLive。

场受到的影响甚微，表明此次金融混乱主要是由抵押贷款支持证券引起的。

德国工业贷款银行（IKB），是次贷危机中的第一个欧洲受害者。2007 年 7 月，该银行的管道无法将资产支持商业票据进行展期，因此无力提供它所承诺的信贷额度。德国政府经过紧张的协商，宣布对公众银行和私人银行提供 35 亿欧元的救助计划。7 月 31 日，美国房屋抵押投资公司宣布无力为各项贷款融资，并于随后的 8 月 6 日宣布破产。2007 年 8 月 9 日，法国巴黎银行冻结了三家投资基金的赎回权，原因是无法为结构性产品估值。

这些事件发生后，各种市场信号表明，货币市场参与者彼此之间不愿意互相拆借。比如，2007 年 8 月 8 日到 10 日，资产支持商业票据的平均报价利率从 5.39% 上升至 6.14%。整个 2007 年 8 月，评级机构持续下调各种管道（conduits）以及结构性投资工具的评级。

LIBOR 市场、回购市场和联邦基金市场

除了商业票据市场之外，银行也经常

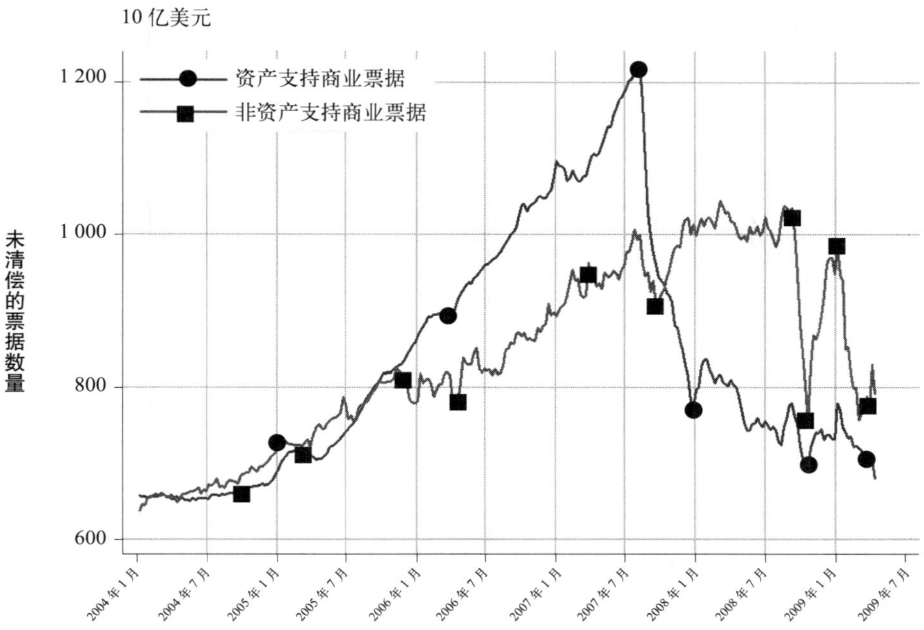

图 2　未清偿的资产支持商业票据和无担保商业票据

资料来源：美联储。

在回购市场、联邦基金市场和银行间市场上为自己融资。回购协议让金融机构通过出售它们自己的证券或其客户的证券来获取抵押融资，并同意在贷款到期时回购这些证券。美国联邦基金利率是指，银行为了满足央行准备金率要求相互拆借准备金的隔夜利率。在银行间市场或伦敦同业拆借市场上，银行间通常进行短期无担保的相互拆借，期限通常为隔夜到 3 个月不等。拆借利率一般是协议利率。伦敦同业拆借利率（LIBOR）是确定银行间拆借利率的平均参考利率。

利差衡量的是两种有着不同风险的债券之间的利率差别。在“流动性泡沫”期间，信贷利差降到历史最低点，随后在 2007 年夏季开始攀升。历史上，许多市场观察家关注所谓的 TED 利差，即有风险的 LIBOR 利率与无风险的美国国库券利率之间的差额。在不确定的时期，银行对无担保贷款收取很高的利率，这会抬高 LIBOR 利率。此外，银行想得到一级抵押品，这使持有国库券更有吸引力，进而降低国库券的利率。由于这两方面的原因，在危机时期，TED 利差拉大了，如图 3 中阴影部分所示。在危机时，国库券成了最佳的抵押品，而 LIBOR-OIS（隔夜指数掉期利率）利差并不受此影响。这种“抵押效应”同样反映在 MBS-GC 回购利差中。MBS-GC 回购利差指的是分别用抵押贷款支持证券作为抵押品和国库券作为抵押品时的回购利率的差别。另外一种常见的信贷利差是由政府主办企业房地美和房利美发行的 30 年期“机构债券”和 30 年期国库券之间的利率差别。这一利差的走势与 TED 利差大体相似，有

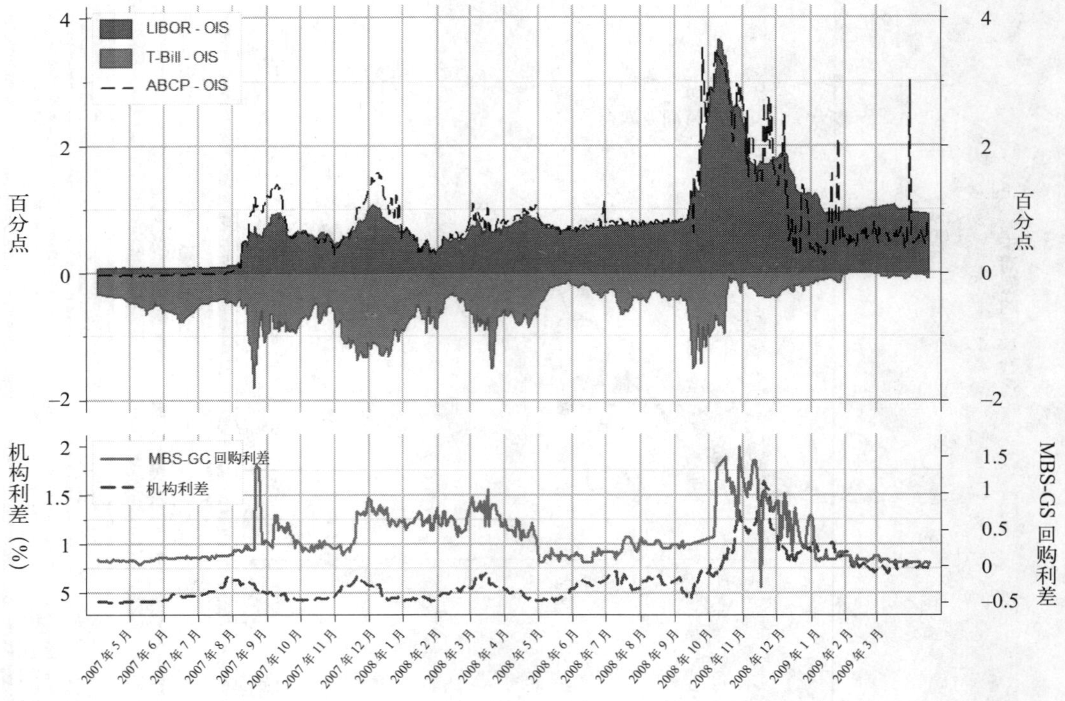

图 3　利差

注：上半图显示了 LIBOR-OIS 利差（黑色阴影部分）。TED 利差（LIBOR 利率减去国库券利率）是两块阴影面积之和。国库券（T-Bill）- OIS 利差缩小说明，在危机时刻，国库券作为抵押品备受追捧。上半图中的虚线显示的是资产支持商业票据利率减去隔夜指数掉期利率。下半图显示的是，以抵押贷款支持证券作抵押的回购和以普通并抵押品作抵押的回购之间的利差以及 30 年期机构利差。

资料来源：Bloomberg、 LehmanLive、 Global Insight 和 Federal Reserve Board。

时会先于 TED 利差达到峰值。

央行采取行动

2007 年 8 月 1~9 日，交易策略基于统计模型的很多计量型对冲基金（quantitative hedge funds）遭受了巨大损失，引发了追加保证金和降价销售。一窝蜂式的交易（crowded trade）导致了计量交易策略的高度相关性[11]。8 月 9 日，银行间市场出现了第一波“流动性紧缺浪潮”。当时，市场所感知的银行违约风险和流动性风险剧增，LIBOR 利率急速攀升。为了应对 8 月 9 日银行间市场的冻结，欧洲央行向银行间隔夜信贷市场注资 950 亿欧元。美联储紧随其后，注资 240 亿美元。

为了缓解信贷紧缩，2007 年 8 月 17 日，美联储将贴现率下调了 0.5%，降至 5.75%，放宽了银行能够用以提供的抵押品类型，将借款期限延长至 30 天。大约有 7 000 家银行可以通过央行贴现窗口借款，但是它们同过去一样并不愿意这么做，因为从央行的贴现窗口借款可能表明它们在银行间市场上缺乏信誉。9 月 18 日，美联储再度将联邦基金利率和贴现率下调 0.5 个百分点（50 个基点），分别降至 4.75% 和 5.25%。随后，英国北岩银行（Northern Rock，又译诺森罗克银行）

11　Brunnermeier(2008 a)；Khandani 和 Lo(2007)。

无力通过银行间市场为其业务融资，不得不接受英格兰银行的临时流动性支持。如申铉松[12]指出的那样，北岩银行成了英国一百多年来首家遭遇挤兑的银行。

继续减计抵押贷款相关证券

2007年10月的一个主要现象就是一系列资产减计。曾经一度，主要的跨国银行似乎已经清理了它们的账目。美联储的流动性注入似乎起到了作用。而且，2007年11月到2008年1月中旬，几大主权财富基金对美国主要银行的股权投资共计超过380亿美元[13]。

然而，2007年11月，局势再次恶化，之前对抵押贷款市场总损失2 000亿美元的估计被迫上调。许多银行不得不进行额外的、更大幅度的减计。随着2007年12月中旬LIBOR达到峰值，TED利差再度拉大（图3）。这一变化迫使美联储在2007年12月11日再度将联邦基金利率下调0.25个百分点。

此时，美联储意识到，大幅下调联邦基金利率和贴现率并不能解救陷入流动紧缩的银行。2007年12月12日，美联储宣布引入定期拍卖工具（TAF），通过这一工具，商业银行可以用更多种类的抵押品（包括各种抵押贷款支持证券）匿名得到28天期限的贷款。对银行而言，这一工具的效果与从贴现窗口借款大致相当，唯一的不同在于这是匿名。这一措施帮助恢复了银行间借贷市场的活力。

单一险种保险商

在连续的银行资产减计过程中，2008年1月和2月初，投资界主要担心单一险种保险商的评级会下降。与其他开展多种保险业务的保险商不同，单一险种保险商只经营一种产品，即市政债券的违约保险（以确保债券的评级为AAA级）。但是，近些年来，资本薄弱的单一险种保险商也将经营领域延伸至抵押贷款支持证券和其他结构性金融产品。

随着抵押贷款市场损失的增加，单一险种保险商濒临被三大评级机构下调评级的命运。这有可能会使数百只市政债券、公司债券和结构性产品失去AAA评级的保险，导致面值达到2.4万亿美元的金融工具普遍被下调评级，而随之被大量抛售。为了理解评级下调带来的严重影响，请注意，货币市场基金保证永远不会“跌破净值”，即它们承诺维持每一美元投资的价值，因此，要求资产的承销商同意，在必要的时候回购资产。但是，这种回购保证的前提条件是基础资产的评级一直是AAA级。因此，评级下调会迫使货币市场基金大量抛售评级被下调的资产。

2008年1月19日，惠誉下调了单一险种保险商Ambac的评级，这严重动摇了世界金融市场的信心。当美国市场在马丁·路德·金纪念日休市时，其他地方的股价直线下跌。亚洲新兴市场大跌15%，日本和欧洲市场下跌约5%。在1月22日早晨，亚洲和欧洲市场的抛售风潮仍在继续。道琼斯和纳斯达克期货指数下跌5%~6%，表明美国的股票市场也大幅度下跌。在此环境下，美联储决定将联邦基金利率再下调0.75个百分点，降至3.5%，这是美联储自1982年以来的首次“紧急下调”。事后发现，全球市场的狂跌部分是由于法国兴业银行对高达499亿欧元头寸的积极平仓操作，这些头寸是流氓交易员热罗姆·凯维埃尔在未经授权的情况下秘密建仓的。在1月30日

12 Shin，2009。

13 IMF，2008。

举行的例会上，联邦公开市场委员会再次将联邦基金利率下调0.5个百分点。单一险种保险商可能面临的降级对市政债券市场以及所谓的拍卖利率证券（ARS）带来了显著的抛售压力。拍卖利率证券在固定的时间区间内以拍卖的方式交易。由于拍卖利率证券经纪人都不愿意投资资本和做市，许多设定利率（rate-setting）的拍卖都失败了，销售采用了配给制，而其余的交易也只能以预先指定的惩罚性利率进行。2008年2月，大约80%的拍卖交易都失败了。

贝尔斯登

2008年3月初，一系列事件给投资银行贝尔斯登带来了巨大压力。首先，机构债券（由房地美和房利美发行）和国库券的利差再度拉大。较大的利差重创了凯雷资本，这是一家在阿姆斯特丹上市的对冲基金，它大量投资于机构债券。当凯雷无法满足追加保证金的要求时，其抵押资产被扣押，并且被变卖了一部分。此事进一步压低了机构债券的价格。贝尔斯登不仅持有大量的机构债券，而且是凯雷的债权人之一。

第二起事件发生于3月11日，纽约联邦储备银行宣布引入2 000亿美元的定期证券借贷工具（TSLF）。此计划允许投资银行用机构债券和其他担保相关债券同财政债券进行为期不超过28天的掉期。为了避免影响银行的声誉，联储为各投资银行使用此工具的程度保密。然而，某些市场参与者或将此举（错误地）解释为，美联储已经知晓某些投资银行可能陷入困境。自然，他们所指的就是规模最小、杠杆率最高且抵押贷款敞口很大的投资银行贝尔斯登。

此外，2008年3月11日闭市后，一家对冲基金给高盛发了一封电子邮件，请求与高盛达成一种合约关系，这将提高高盛对贝尔斯登的风险敞口。由于这一请求来得太晚，高盛直到3月12日上午才接受了新的合约。此举被误以为高盛拒绝接受新合约，消息被媒体披露，使贝尔斯登的对冲基金客户深感不安。这一事件很可能导致贝尔斯登遭到很多对冲基金客户和其他交易对手方撤资。次日，因为无法从回购市场融到资金，贝尔斯登的流动性急剧恶化。

贝尔斯登与各种交易对手大约有1.5亿笔交易。因此，人们认为它“牵连太大”，不能让它突然倒闭。各方必须采取措施让交易对手的信用风险最小化。整个周末，纽约联邦储备银行的官员都在斡旋，最终促成了摩根大通以2.36亿美元收购贝尔斯登，相当于每股2美元。与此形成鲜明对比的是，大约不到一年前，贝尔斯登的股票交易价高达每股150美元。纽约联邦储备银行也同意为摩根大通提供300亿美元的贷款。周日晚上，纽约联邦储备银行将贴息率从3.5%下调至3.25%，并首次通过新的一级交易商信贷工具（PDCF）向投资银行开放贴现窗口。此举暂时缓解了包括雷曼在内的其他投资银行的流动性问题。

大体上，市场认为此交易对摩根大通非常有利。在宣布此项交易后，周一摩根大通的股价上涨2.7%。但是，这一交易下，贝尔斯登的股东几乎损失了一切，而债权人并没有什么损失。此外，政治上对这笔贷款的反对意见也浮出水面。实际上，由于众多股东的敌对态度，交易能否达成仍是未知数，这导致贝尔斯登的客户基础继续流失。为了应对这种情况，摩根大通将其对贝尔斯登的报价提高至每股10美元。为了说服政治上的反对者，摩根大通同意承担最先的10亿美元贷款损失。

政府特许机构：房地美和房利美

随后几个月，抵押贷款违约率持续上升。到2008年6月中旬，由房地美和房利美发行的机构债券与国库券的利差再度拉大。这时，房地美和房利美还是两家公开交易的政府特许机构，美国大部分抵押贷款都由这两个机构进行证券化，它们发行的未偿还债券超过了1.5万亿美元。7月11日周五，联邦存款保险公司接管了大型私人抵押贷款经纪商IndyMac后，房地美和房利美的问题全面爆发。（时任美国）财政部部长保尔森被迫在7月13日（周日）晚上宣布将隐形的政府担保明确化。尽管出台了这一支持政策，房地美和房利美的股价在随后数周中仍持续下跌，9月7日，政府不得不接管房地美和房利美。对大量未偿还的信用违约掉期而言，这是一次大的“信用事件”。此前购买这些掉期者的投资者得到了大量赔付。需要提请注意的是，作为第三大政府特许机构，政府国民抵押贷款协会（Ginne Mae）一直享受全额政府担保。

雷曼兄弟、美林和美国国际集团

与贝尔斯登不同，雷曼兄弟虽然在2008年3月的动荡中幸存下来，但也元气大伤。随后它严重依赖美联储的一级交易商信贷工具，而并没有发行足够的新股来增强其资产负债表。它认为，没有其他银行协调一致而单独发行新股的成本十分高昂，因为市场可能会认为它已经走投无路了。随着雷曼的股价下跌，尤其是在2008年9月9日，局势已经非常明朗，国家控股公司韩国发展银行不会购买该公司，雷曼的股价更是一落千丈。9月12至14日，（时任）纽约联邦储备银行行长盖特纳召集各大银行主管召开了周末会议，商议救助雷曼的计划。开始，会上提议让巴克莱和美国银行来接管。但是，如果没有政府担保它们就不愿接手。最终，财政部和美联储决定不使用纳税人的钱提供担保，尤其是雷曼及其客户和交易对于曾有充足的时间来应对流动性短缺。周日下午，在雷曼将于午夜申请破产的情况下，国际掉期和衍生品协会提供了额外的交易窗口来为雷曼的对冲头寸清盘。周一清晨，雷曼宣布破产清算。周日，感受到压力的美林宣布以500亿美元的价格出售给美国银行。

雷曼破产的影响通过金融市场波及全球。但不久后大型跨国保险公司美国国际集团（AIG）披露它面临严重的流动性短缺，加剧了这一动荡。与投资银行类似，美国国际集团越来越多地参与信用衍生品业务，包括信用违约掉期。2008年9月16日（周二），美国国际集团的股价在连续数天下滑之后大跌超过90%。由于美国国际集团在信用衍生品业务中的关联太大，美联储迅速组织了850亿美元的救助计划，购买了美国国际集团80%的股份。10月和11月，美国国际集团的救助计划又分别获得了370亿美元和400亿美元的新增救助资金。

雷曼倒闭的连带影响很难预测，因为雷曼在全球都有交易对手。首先，也是最重要的，很多货币市场基金惨遭损失。有些“跌破净值”，即它们的价格跌到1美元以下；而有些通过注入现金支持它们的基金。为了避免对货币市场基金的挤兑进而产生更广泛的影响，美国财政部预留了800亿美元来保护经纪商的货币市场基金。其次，旨在防范其余银行违约风险的信用违约掉期的价格飙升，因为每个银行都想防范交易对手的信用风险，即别的银行违约的风险（参见图4）。第三，金融类的非资产支持商业票据急剧下降（见图2），这迫

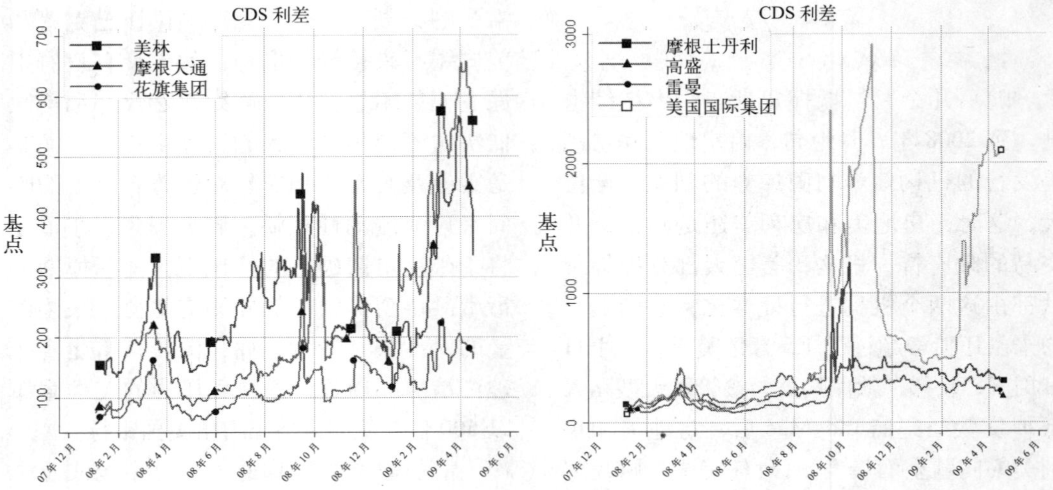

图 4　信用违约掉期利差

注：信用违约掉期利差反映的是为了购买债券违约保险所支付的年度保险溢价占债券名义额的百分比。左图的范围为 0% 至 5%，右图的范围为 0% 至 30%。最值得注意的是，2008 年 3 月贝尔斯登危机的影响要比 9 月雷曼破产时小。投资银行和美国国际集团受到了重创。

使美联储引入了商业票据融资工具（CPFF）。

协调一致的救助、股市下跌、华盛顿互助银行、美联银行和花旗集团

由于如图 3 中所示的 TED 利差急剧拉大，在随后数周中，信贷市场急剧恶化[14]。华盛顿互助银行遭遇了"无声"的挤兑。客户和基金经理并没有以公开排队的方式，而是通过电子银行提走大笔资金。不久之后，华盛顿互助银行被联邦存款保险公司接管，然后又卖给了摩根大通。联邦存款保险公司还促成了另一桩交易，9 月 29 日，美联银行宣布，它将把银行业务卖给花旗银行。但是经过公开竞标后，美联银行最终落入富国银行之手。

整个股市一落千丈，与一年前即 2007 年 10 月份最高峰时相比，股市财富缩水了大约 8 万亿美元。更为重要的是，华尔街的问题似乎开始向更广泛的实体经济蔓延。美国的企业、地方政府以及州政府都面临银根紧缩，并蔓延至全球经济。人们越来越清楚地意识到，对于所有陷入困境但仍有偿付能力的银行，政府应当采取主动统一的救助，以取代被动单一的救助。2008 年 9 月 19 日，有消息说，美国财政部提议 7 000 亿美元的救助计划，美国政界顿时炸开了锅，最终达成的救助计划包括缓解房主的止赎压力，为购买问题抵押贷款资产提供拨款，协调一致的强制性银行资产重组。尽管出台了这一救助计划，11 月花旗集团还是需要额外的救助（参见图 4 信用违约掉期利差）。美联储设立了一些工具，以购买商业票据以及几乎所有类型的资产支持证券和机构票据。从 2007 年 11 月的 1.2 万亿美元上升到 2008 年 10 月的 2.3 万亿

14　这里关注 TED 利差多少有点误导性，因为 LIBOR 利差的上升部分是由央行增加抵押贷款造成的。央行抵押贷款增加后，银行间无担保拆借的风险增加，因而拆借的成本也增加了。

美元，美联储的资产负债表规模翻了一番。2008 年 10 月 16 日，美联储将其目标利率设定在 0%至 0.25%之间。

各种经济事件、政治行动以及应对措施仍在继续。但是就本文而言，核心的问题是，抵押贷款市场最初的几千亿美元损失为何足以导致全球罕见的金融和经济危机。

放大机制和反复出现的主题

上述一系列事件为我们提供了一个生动的警示：当流动性蒸发时，一个小的冲击能够被放大成一场全面的金融危机。当摩擦限制了最优风险分担并阻碍资金流向专业投资者时，资金和专业投资知识分离，流动性就出现了枯竭。我们有必要将流动性的概念进一步区分为融资流动性和市场流动性两类[15]。

融资流动性指专业投资者和投机者从（信息不那么充分的）资金所有者手中获得资金的难易程度。融资流动性高，即市场“充斥着大量的流动性”，融资能够顺利进行。一般来说，当杠杆交易者，比如券商、对冲基金或投资银行购买一项资产时，它们以这项资产为抵押来进行（短期）融资。但他们不能全额借款；资产价格和它作为抵押品的价值之差，即保证金或资产估值折扣（haircuts），必须由交易商用自己的股权资本来融得。保证金借款是短期融资，因为保证金或资产估值折扣可根据市场条件每天调整。当交易商遇到债务积压（debt-overhang）问题时，外部股权和长期债权融资成本更高，也更难实现[16]。结果，交易商往往不持有过多的资本，因此保证金和资产估值折扣的上升迫使交易商降低资产的杠杆率（即出售部分资产）。

主要依赖短期（商业）票据或回购协议融资的金融机构必须对其债务展期。如果债务不能展期（例如，商业票据市场冻结），那么就相当于保证金提高到 100%，因为公司无法用资产来融资了。资本赎回或活期存款提兑具有和提高保证金相同的效果。因此，融资的流动性风险有三种形式：保证金/资产估值折扣融资风险，即保证金或资产估值折扣变动带来的风险；展期风险，即短期融资展期难和展期成本高的风险；赎回风险，即银行的活期存款或诸如对冲基金之类的股东提取资金的风险。仅当资产以极低的价格被出售，即市场流动性减少时，这三种形式的融资风险才会造成金融机构的损失。

市场流动性是指通过出售资产（而不是抵押贷款）来融资的难易程度。当出售资产压低资产的售价从而使减小资产负债表规模的成本非常高时，市场流动性较低。实际上，市场流动性的高低取决于找到交易对手的相对难易程度。现有文献将市场流动性的三种子形式作了区分[17]：（1）买卖价差，即交易商卖出 1 单位资产又立即买回所遭受的损失；（2）市场深度，即在当前的买[卖]价下，交易者在不影响价格的情况下，可以卖出[买入]的资产份额；以及（3）市场弹性，即价格短暂下探再弹回的时间。尽管单个交易者可能会引起价格的小幅波动，但只有出现“一窝蜂式的交易”时，即许多交易商试图同时抛空所持同类头寸，价格才会出现大幅震荡。

我们可以抽象地对市场流动性和融资

15 参见 Brunnermeier 和 Pedersen（2009）。

16 当投资收益主要用来还债，而不是分红时，信息充分的投资者将不再继续注资，此时，债务胁迫问题就产生了（Myers，1977）。

17 参见 Kyle（1985）。

流动性作出如下理解：市场流动性指资产及其全部现金流的转移，而融资流动性是利用某一资产或交易策略所产生的现金流来发行债券、股票或其他金融协议。

导致流动性为什么会突然蒸发的机制通过市场和融资流动性之间的相互影响而发生作用。在这些机制的作用下，相对小的冲击就足以引起流动性迅速枯竭，并有可能引发一场全面的金融危机。本部分阐明了能够引发冲击扩散的几种机制。

借款人的资产负债表效应：损失螺旋和保证金螺旋

损失螺旋是指对杠杆投资者来说，由于资产价值下降而使资本净值受侵蚀的速度快于资产总值（因杠杆作用），可以借款的额度也随之减少。例如，如果一名投资者以10%的保证金购买价值1亿美元的资产，他必须动用1 000万美元的自有资金，并且外借9 000万美元。他的杠杆比率是10。假设他拥有资产的价值下降至9 500万美元，投资者的自有资本就打了对折，仅剩500万美元。此时，假定杠杆率保持不变，投资者必须将总资产减少到5 000万美元的总资产，这意味当价格下跌时，投资者抛售了4 500万美元的资产。资产的出售会进一步打压价格，从而引发更多的抛售，如此等等。这个损失螺旋是一种均衡，因为其他潜在的专业买家在当时也面临着类似的约束[18]，而且这些买家发现待损失螺旋中止时再进场会更有利可图。在更极端的情形下，其他交易者甚至可能从事“掠夺性交易”(predatory trading)，恶意迫使资产持有者以极低的价格出售资产[19]。

保证金螺旋/资产估值折扣螺旋会强化损失螺旋，如图5所示。当保证金或资产估值折扣提高时，投资者不得不抛出更多头寸以降低杠杆率（在损失螺旋中保持不变）。随着资产价格的大幅下跌而导致信贷紧缩，保证金和资产估值折扣达到峰值。如布伦纳梅尔和佩德森[20]所述，更高的保证金和资产估值折扣迫使杠杆率降低以及更多的资产出售，这又进一步提高了保证金并引发了更多的出售，从而形成一个恶性循环，使多重均衡成为可能。阿德里安和西恩[21]从实证上验证了投资银行存在的这种螺旋。

价格的大幅下跌导致保证金和资产估值折扣以及借款标准的提高似乎有悖常理。由流动性缺乏导致的资产缩水很可能是暂时的，对具备专业知识的投资者来说这是一个买入的好时机。因此，人们可能会认为，贷款人会愿意通过降低保证金而放出更多的贷款。

然而，事实并非如此[22]。首先，预料之外的价格冲击很可能是未来价格剧烈波动的前兆[23]。当波动变得剧烈时，保证金和资产估值折扣提高。2007年8月的情形是一个极端的例子。当时，资产支持商业票据市场完全枯竭。在危机爆发前，资产支持商业票据因超额担保几乎是无风险的。然而，2007年8月，超额担保缓冲消失，此类产品风险加大。结果，投资者不愿意让结构

18 Shleifer和Vishny（1992）所作的开创性研究对此进行了阐释。

19 Brunnermeier和Pedersen（2005）。

20 Brunnermeier和Pederson（2009）。

21 参见Adrian和Shin（2009）。

22 许多学术论文都关注损失螺旋。在多数模型中，危机中保证金将减少从而得到保证金和资产估值折扣具有缓冲效应（a cushioning effect）这一结论（例如Gromb 和Vayanos，2002；He 和Krishnamurthy，2008）。Kiyotaki和Moore（1997）的模型假设资产价值和贷款额的比率是不变的，Bernanke和Gertler（1989）以及Fisher（1933）的模型中借款条件变得宽松。在Geanakoplos（2003）的模型里，在危机中保证金提高了。

23 Brunnermeier和Pedersen（2009）。

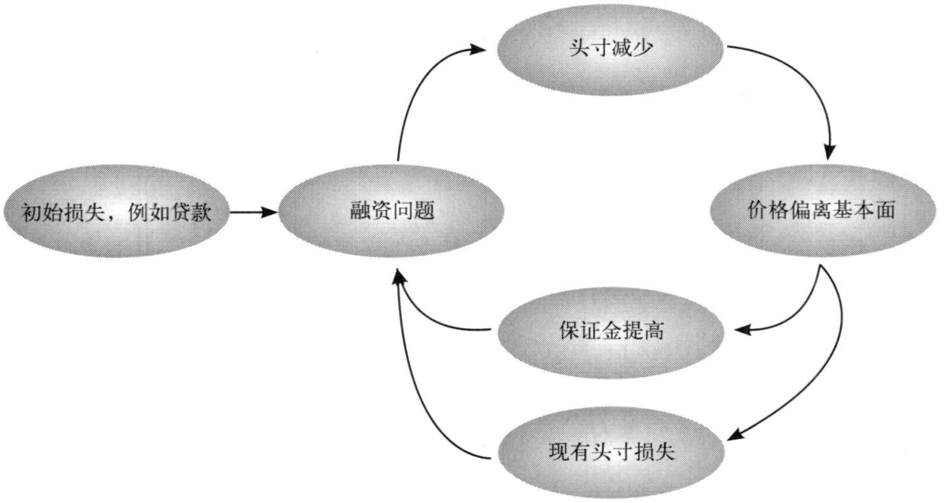

图 5　两类流动性螺旋：损失螺旋和保证金螺旋

注：融资问题迫使杠杆投资者抛空所持有的头寸，引起更多的损失和更高的保证金，而这反过来又恶化了融资问题形成了恶性循环。

性投资工具为其债务展期。价格突然下跌而保证金提高的第二个原因在于不对称信息摩擦的出现。贷款人可能担心收到低质量的抵押资产，因而选择更为谨慎。例如，他们可能担心，结构性投资工具售出了优良的、"卖得出去"的资产，而将剩下的无价值的劣质"柠檬"资产作为抵押品。最后，如果贷款人天真地使用过去的数据来估计未来的市场波动，那么价格的大幅下跌会提高波动预期以及保证金，尽管价格大跌预示着潜在的买入良机。

对单个投资者来说，持有与资产负债期限不相匹配的高杠杆头寸而将自己暴露于流动性螺旋的风险是理性的，尽管这一行为的社会成本很高。每个投机者将未来价格视为既定从而没有考虑抛售资产会迫使其他投机者同样进行抛售，进而会损害其他投机者的利益。"低价销售的外部性"是进行银行监管的主要原因[24]。

对流动性低的股票而言损失螺旋所引发的后果更为严重，因为金融市场低迷时期，较之抛售流动性强的资产而言，抛售低流动性的资产会引发更大的价格下跌。对很多结构性金融产品来说，市场流动性太低以至于没有一个可靠的价格存在，因为根本没有交易。因此，所有者在评估资产价值时有相当大的自主空间。金融危机期间出售低流动性资产会产生一个很低的市场价格，并迫使其他持有者对所持同类产品减计。因此，投资者并不愿意这样做，而是更愿意首先出售高流动性的资产[25]。

24　尽管诸如风险价值（Value-at-Risk，VaR）等多数衡量现有风险的方法针对单个金融机构，但是Adrian 和 Brunnermeier （2008）研究了一种风险衡量方法 CoVaR，将风险溢出也考虑在内。

25　融资约束有限制力并不是流动性螺旋产生的必要条件，仅是考虑到未来取消融资约束可能有限制力，就会让投机者和套利者不情愿大量投资，以纠正不合理的价格并带来大量的流动性。这个观点与 Shleifer 和 Vishny （1997）提出的"套利限制"的概念相似。

贷款渠道

至此为止，我们集中于借款者的资产负债表，并假设贷款人的资金源源不断。若贷款人的资本金同样有限，当其财务状况恶化时，就会减少放贷。我们可以区分放贷减少的两个主要机制：监管中的道德风险和预防性惜贷。

大多数贷款由银行充当中介，银行在监督借款人投资决策方面具有专长。要想让中介机构在实施监督时尽心尽力，必须让它们在投资中占有足够多的利益。当中介机构的利益减少时，他们可能不再负责地监管，道德风险就会出现。这将迫使市场退回到没有监管的直接放贷[26]。

当贷款人担心他们可能会遭受暂时的冲击而需要为他们自己的项目和交易策略融资时，预防性惜贷就产生了。当（1）短期冲击的可能性增加，以及（2）难以获得外部资金时，预防性惜贷现象就会增多。

2007至2008年银行间拆借市场出现的麻烦就是单个银行惜贷行为的一个教科书式的例子。显然，由于管道、结构性投资工具以及其他表外投资工具有可能需要提取发起行提供的信贷额度，每家银行对资金需求的不确定性急剧上升。与此同时，由于不清楚其他银行出现类似问题的严重程度如何，在短期冲击之后，各银行能否依赖于银行间拆借市场就更加不确定了。这些效应将导致了LIBOR利率较之国库券利率大幅蹿升[27]。

26 参见Holmström和Tirole（1997，1998）。

27 尽管上述机制依赖于金融摩擦和专业经验不足，Caballero和Krishnamurthy（2008）认为金融危机爆发时，投资者很难预测各种可能结果的概率。因为可预测的历史数据有限，这个论断似乎很合理，尤其对结构性产品而言。这样，投资者应对波动的行为远比我们所推断的更为谨慎，他们对持有的潜在风险资产会要求一个风险补偿。

金融机构挤兑

在存款保险出现之前，每个人都有动机最先从问题银行提兑，因为先提兑者将得到全额资金，后提兑者则不一定。这是因为：（1）如果挤兑的发生是由于基本面原因，例如银行投资于糟糕的项目，那它就可能没有足够的资产来支付后提兑者；（2）如果挤兑的发生是由于融资流动性的问题，先前的提兑行为就迫使银行以低价变卖它的长期资产。因为这些长期资产的市场流动性很低，不得不以低于公允价值出售，从而导致银行资产受到侵蚀，给后提兑者留下的资金就较少。在这两种情形下，每个投资者均有动机最早去银行提兑[28]。先动优势引发了一连串抢占行为，给社会效率带来了负面影响。

存款保险出现之后，银行挤兑现象几乎就不存在了，但挤兑仍存在于其他金融机构。不为商业票据展期其实是对资产支持商业票据发行人的挤兑。2008年3月，贝尔斯登实际上就经历了一场银行挤兑危机。之前一直将大量流动性资产存放在主要经纪商中的对冲基金将这些资产大量抽回。据戈登[29]的说法，2008年9月，美国国际集团遭遇了"保证金挤兑"。数个交易对手要求美国国际集团为它的信用违约掉期头寸提供额外的担保。如果美联储不注资相救，这些要求将迫使美国国际集团破产。

尽管经典的挤兑模型针对债权人，可以认为，同样的问题也可扩展至股东，例如对冲基金和共同基金的持有人[30]。基金持有人赎回基金时，按基金净值得到相应

28 Diamond和Dybvig（1983）对银行挤兑行为进行了开创性的研究。Allen和Gale（2007）、Freixas和Rochet（1997）以及这两篇文章中参考的文献均对这一问题进行了有用的研究。Bernardo和Welch(2004)以及Morris和Shin（2004）研究了金融市场的挤兑。

29 Gorton（2008）。

30 参见Shleifer和Vishny（1997）。

的份额赎回资金。在此情况下，先行者就有优势，因为基金经理首先出售流动资产。为了理解这一点，考虑一家基金，它持有5 000万美元的现金和5 000万难以出售的非流动性证券，该证券即刻变现只能售得3 000万美元。如果基金公司使用现金缓冲给付先赎回者，那么，先赎回者将能够完全得到按照净值1亿美元计价的份额。一旦基金必须卖出非流动性资产以偿付后来的赎回者，基金净值就下降，后来的赎回者只能得到按照3 000万的基金净值计价的份额。总的来说，先动优势将使所有金融机构，而不仅仅是银行，面临挤兑问题。

网络效应：交易对手信用风险和锁死风险（Gridlock Risk）

至此，在我们讨论的所有情形中，我们都假设存在一个专门的贷款部门，向另一个与之独立的借款人贷出资金。但是，在现实中，大多数金融机构既是贷款者，也是借款者。现代金融架构是金融债务相互交织的一个网络[31]。在这一节，我们将展示交易对手信用风险提高如何创造额外的融资需求并引发潜在的系统风险。

对网络风险的最好描述是与2008年3月贝尔斯登危机有关的一个例子。设想一家对冲基金在当时与高盛达成了一项利率掉期协议。也就是说，双方都同意对某一浮动利率和某一固定利率之间的利差进行掉期。现在，假设该对冲基金通过另一份与贝尔斯登达成的掉期协议来抵消它的债务。在不存在交易对手信用风险的情况下，这两份掉期协议可被视为由高盛和贝尔斯登签订的一份掉期协议。但是，如果高盛担心贝尔斯登会违约，那么决定续签协议就是不明智的。如前文所述，2008年3月11日闭市后，一家对冲基金请求高盛增加对贝尔斯登的直接风险敞口，高盛的责任经理在3月12日续签了这份协议，但这一看似迟到的回应被市场错误地理解为高盛对此项交易犹豫不决，这就预示着高盛怀疑贝尔斯登出现了问题。这种误解被透露给了媒体，加剧了贝尔斯登遭遇的挤兑。

我们对此例加以扩展，看看感知到的交易对手信用风险如何自我实现进而产生额外的融资需求。假设，贝尔斯登与一家私募基金签订了一份相互抵消的掉期协议，而这家私募基金又与高盛签订协议以抵消它的风险敞口[32]。如图6所示，在此例中，所有各方都完全对冲，因此，一个多边的轧差协议能够消除所有的风险敞口。但是，由于所有各方均只知道与自身有关的协议，而并不一定完全了解全局，因此他们会担心交易对手的信用风险。如果投资银行不允许对冲基金和私募基金轧平他们的抵消头寸，那么两家基金将不得不提供额外的流动性，或者购买信用违约掉期以抵消彼此的信用风险。雷曼破产后一周，即2009年9月15~18日的情形就是如此。所有大投资银行都担心它们的交易对手违约，因而都购买了信用违约掉期以抵御风险。这些大投资银行的信用违约掉期的价格早已高高在上，此时又几乎翻番。美国国际集团的信用违约掉期受影响最大，在两个交

31　这一点为以下事实所证实：发行在外的衍生品合约远远超过基础证券的数量。例如，2007年，信用违约掉期协议总值在45万亿美元到60万亿美元之间，而基础公司债市场的价值仅为5万亿美元。之所以存在这样的差异，是因为在金融机构之间，许多未清偿的债务可以在多边协议中轧平。

32　其他一些论文考察了金融市场的网络效应。例如，Eisenberg和Noe（2001）指出，在完全信息的条件下，存在一个（唯一的）抵消债务的清算偿付向量。Allen和Gale（2000）在一个由Diamond和Dybvig（1983）提出的银行模型中考察了一个简单的网络效应。

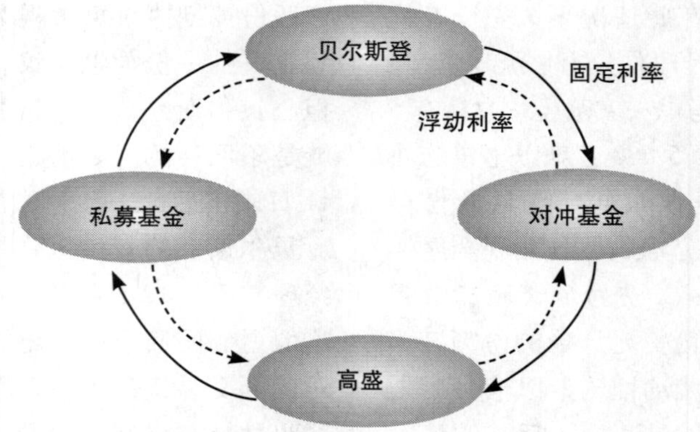

图 6　掉期协议网络

注：理论上来说，在一个多边轧差协议中所有头寸都能够完全被轧平。但是，在柜台市场，交易方只知道自己的契约义务，担心交易对手的信用风险可能使头寸无法得到轧平。

易日内上涨了一倍。

如果一家清算机构、其他中央当局或监管者知道谁欠谁什么，那么网络和交易对手风险的问题就更容易解决。这样，多边轧差协议（例如 SwapClear 所提供的服务）便能稳定金融体系。但是，通常在柜台交易的结构性产品的引入，使金融体系的债务网越发不透明，因而加大了系统风险。

结论

住房价格全面下跌而引发的抵押贷款拖欠率增加是这场始于 2007 年的金融危机的导火索，这场危机或许仍要持续几年。尽管每次危机都有其自身的特点，但我们仍然惊奇地发现目前这次危机与“经典的银行危机”十分类似。不同之处仅在于更高的证券化程度，证券化使相互链接的债务网更加不透明。本文阐述了几个有助于解释此次金融风暴成因的放大机制。这几个机制也自然成为我们思考新的金融架构的出发点。例如，降价销售的外部性和网络效应表明，单个金融机构有动机提高杠杆率，让资产与债务期限结构过度不匹配，并在相互之间形成盘根错节的网络关系。我在 2008 年的一篇文章[33]里，利用考虑了多米诺骨牌效应的风险衡量方法讨论了未来金融监管的可能方向。

（徐卫宇 译　孟凡玲 鄂丽丽 校）

33　Brunnermeier（2008b）。

参考文献

Abreu, D. and Brunnermeier, M. K. (2002), 'Synchronization risk and delayed arbitrage', Journal of Financial Economics 66(2-3), 341–360.

Abreu, D. and Brunnermeier, M. K. (2003), 'Bubbles and Crashes', Econometrica 71(1), 173–204.

Adrian, T. and Brunnermeier, M. K. (2008), 'CoVaR', working paper. At <http://www.princeton.edu/~markus/research/papers/CoVaR>.

Adrian, T. and Shin, H. S. (2009), 'Liquidity and leverage', Journal of Financial Intermediation, (forthcoming).

Allen, F. and Gale, D. (2000), 'Financial contagion', Journal of Political Economy 108(1), 1–33.

Allen, F. and Gale, D. (2004), 'Financial intermediaries and markets', Econometrica 72(4), 1023–1061.

Allen, F. and Gale, D. (2007), Understanding Financial Crises, Oxford University Press, Oxford, U.K. (Clarendon Lectures in Economics).

Berman, Dennis K. 2007. "Sketchy Loans Abound with Capital Plentiful, Debt Buyers Take Subprime-Type Risk", Wall Street Journal. March 27, page C1.

Bernanke, B. and Gertler, M. (1989), 'Agency Costs, Net Worth, and Business Fluctuations', American Economic Review 79(1), 14-31.

Bernanke, B., Gertler, M. and Gilchrist, S. G. (1996), 'The financial accelerator and the flight to quality', Review of Economics and Statistics 78(1), 1–15.

Bernardo, A. E. and Welch, I. (2004), 'Liquidity and financial markets run', Quarterly Journal of Economics 119(1), 135–158.

Brunnermeier, M. K., (2008a) 'Deciphering the 2007-08 Liquidity and Credit Crunch', working paper version. At <http://www.princeton.edu/~markus/research/papers/liquidity_credit_crunch_WP>.

Brunnermeier, M. K., (2008b). 'Thoughts on the New Financial Architecture', work in progress.

Brunnermeier, M. K. and Pedersen, L. H. (2005), 'Predatory trading', Journal of Finance 60(4), 1825–1863.

Brunnermeier, M. K. and Pedersen, L. H. (2009), 'Market liquidity and funding liquidity', Review of Financial Studies (forthcoming).

Caballero, R. J. and Krishnamurthy, A. (2008), 'Collective risk management in a flight to quality episode', Journal of Finance 63(5), 2195-2230.

Calomiris, C. and Kahn, C. (1991), 'The role of demandable debt in structuring optimal banking arrangements', American Economic Review 81(3), 497–513.

Coval, J., Jurek, J. and Stafford, E. (2009), 'The Economics of Structured Finance', Journal of Economic Perspectives 23(1), forthcoming.

Diamond, D. and Dybvig, P. (1983), 'Bank runs, deposit insurance, and liquidity', Journal of Political Economy 91(3), 401–419.

Diamond, D. W. and Rajan, R. G. (2000), 'A theory of bank capital', Journal of Finance 55(6), 2431–2465.

Diamond, D. W. and Rajan, R. G. (2001), 'Liquidity risk, liquidity creation and financial fragility: A theory of banking', Journal of Political Economy 109(2), 287–327.

Diamond, D. W. and Rajan, R. G. (2005), 'Liquidity shortage and banking crisis', Journal of Finance 60(2), 615–647.

Duffie, D. (2008), 'Innovations in credit risk transfer: Implications for financial stability', BIS Working Paper 255, At <http://www.bis.org/publ/work255.pdf>.

Eisenberg, L. K. and Noe, T. H. (2001), 'Systemic risk in financial systems', Management Science 47(2), 236–249.

Fisher, I. (1933), 'The debt-deflation theory of great depression', Econometrica, 1(4), 337-357.

Freixas, X. and Rochet, J.-C. (1997), Microeconomics of Banking, MIT Press, Cambridge, MA.

Geanakoplos, J. (2003), Liquidity, default and crashes: Endogenous contracts in general equilibrium, in M. Dewatripont, L. P. Hansen & S. J. Turnovsky, eds, 'Advances in Economics and Econometrics: Theory and Applications II, Econometric Society Monographs: Eighth World Congress', Vol. 2, Cambridge University Press, Cambridge, UK, pp. 170–205.

Gorton, G. (2008), _The Panic of 2007', Federal Reserve Bank of Kansas City Symposium 2008, At <http://www.kc.frb.org/publicat/sympos/2008/Gorton.10.04.08.pdf>.

Gromb, D. and Vayanos, D. (2002), 'Equilibrium and welfare in markets with financially constrained arbitrageurs', Journal of Financial Economics 66(2-3), 361–407.

He, Z. and Krishnamurthy, A. (2008), 'Intermediated asset prices', Working Paper, Northwestern University, At <http://www.kellogg.northwestern.edu/faculty/krisharvind/htm/work.html.

Holmström, B. and Tirole, J. (1997), 'Financial intermediation, loanable funds, and the real sector', Quarterly Journal of Economics 112(1), 35–52.

Holmström, B. and Tirole, J. (1998), _Private and public supply of liquidity', Journal of Political Economy 106(1), 1–39. International Monetary Fund (2008), Global Financial Stability Report. April.

Keys, B. J., Mukherjee, T. K., Seru, A. & Vig, V. (2008), 'Did securitization lead to lax screening? Evidence from subprime loans', Working Paper .

Khandani, A. E. and Lo, A. W. (2007), 'What happened to the quants in august 2007?', Journal of Investment Management 5, 5-54.

Kyle, A. S. (1985), 'Continuous auctions and insider trading', Econometrica 53, 1315–1335.

Mitchell, M., Pulvino, T. and Pedersen, L. H. (2007), _Slow moving capital', American Economic Review (Papers & Proceedings) 97(2), 215–220.

Morris, S. and Shin, H. (2004), _Liquidity black holes', Review of Finance 8(1), 1–18.

Myers S. (1977), _Determinants of Corporate Borrowing', Journal of Financial Economics, 5, 147-75.

Nakamoto, M. and D. Wighton. 2007. 'Citigroup chief stays bullish on buy-outs.' Financial Times, July 9, 2007. At <http://www.ft.com/cms/s/0/80e2987a-2e50-11dc-821c-0000779fd2ac.html>.

Shin, H. S. (2009), 'Reflections on Modern Bank Runs: A Case Study of Northern Rock', Journal of Economic Perspectives 23(1), forthcoming.

Shleifer, A. and Vishny, R. W. (1992), 'Liquidation values and debt capacity: A market equilibrium approach', Journal of Finance 47(4), 1343–1366.

Shleifer, A. and Vishny, R. W. (1997), 'The limits of arbitrage', Journal of Finance 52(1), 35–55.

Stein, J. C. (2005), 'Why are most funds open-end? Competition and the limits of arbitrage', Quarterly Journal of Economics 120(1), 247–272.

UBS (2008), Shareholder Report on UBS's Write-Downs. April, 18. At <http://www.ubs.com/1/e/investors/shareholderreport.html>.

中国摸索向完全浮动汇率制转变

日本的经验教训可供参考

关志雄

近年来，中国的国际收支顺差不断扩大，外汇储备急剧增加，人民币面临巨大的升值压力。但是由于担心人民币升值对国内经济产生负面影响，中国政府对此一直持慎重态度。然而，为了保持汇率稳定，政府必须不断干预外汇市场，因此在外汇储备急剧增加的同时，国内市场的流动性也在不断膨胀，由此引发的股票、房地产等资产泡沫膨胀及通货膨胀等弊端已经暴露无遗。此外，由于货币政策被赋予了稳定汇率的职责，因而它作为稳定宏观经济手段的作用不能得到充分发挥。为了纠正国际收支的不平衡，恢复货币政策的独立性，中国必须向“完全浮动汇率制”过渡，也就是说政府原则上不再干预市场，将汇率交给市场供求来决定。

自2005年7月实施的“汇改”起，中国开始摸索着向浮动汇率制过渡。以此为契机，中国由以前的“钉住美元汇率制”转变为“有管理的浮动汇率制”。然而，之后的汇率政策的重点不是在“浮动”，而是在“管理”上，为了控制人民币升值，政府继续进行大规模的市场干预，结果使货币政策的独立性依旧受着很大的制约。

中国所处的这种局面与20世纪70年代初期被迫从固定汇率制向浮动汇率制转变的日本十分相似。日本以1971年发生的尼克松冲击(Nixon Shock)为契机，历经迂回曲折，于1973年2月实现了向浮动汇率制的过渡。现在的中国和70年代初的日本，不仅在宏观经济环境，而且在以汇率政策为中心展开的政策争论中都可看出众多的相同点。本文旨在通过回顾当时日本的经验，来阐明中国应该从中吸取的教训。

1. 尚未完成的“汇改”

中国的外汇储备从2003年起急剧增加，到2008年底高达1.95万亿美元。外汇储备急剧增加主要是由于以贸易为中心的经常收支和以直接投资为中心的资本收支都实现了巨大的顺差(即所谓“双顺差”)(图1)。本来在完全浮动汇率制下，央行根本不必干预外汇市场，外汇储备也不会增加。如同现在的日本一样，即使经常收支处于盈余状态，也会被资本收支的赤字自动抵消。中国外汇储备持续增加可以被理解为央行为控制汇率上升，换言之，是为保持低于市场均衡水平的廉价汇率而持续干预的结果。如果不进行干预，取代外汇储备上升的应是人民币的不断升值（图2）。

---

* 作者为现任野村资本市场研究所高级研究员。

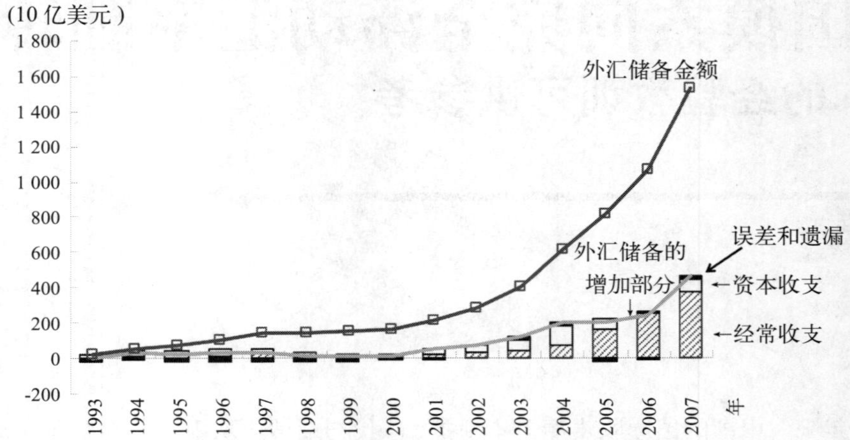

图 1　中国的国际收支顺差的扩大与外汇储备的增加

注：外汇储备的增加部分＝经常收支＋资本收支＋误差和遗漏。
资料来源：中国国家外汇管理局 http://www.safe.gov.cn。

除了这样的市场压力，以美国为首的中国主要贸易伙伴国要求人民币升值的呼声也在不断高涨。当初，中国政府由于担心人民币升值将导致出口减速、就业形势恶化、通货紧缩压力等，对人民币升值持消极态度，但之后由于来自市场和外国政府的压力进一步加大，中国终于在 2005 年 7 月 21 日实施了人民币升值 2.1%，同时揭开了意味着脱离实行已久的钉住美元汇率制的“完善人民币汇率形成机制的改革”(“汇改”) 的序幕。

当时，中国人民银行新闻发言人就推行人民币汇率形成机制改革的必要性作了如下的解释[1]。

“推进人民币汇率形成机制改革，是缓解对外贸易不平衡、扩大内需以及提升企业国际竞争力、提高对外开放水平的需要。近年来，我国经常项目和资本项目双顺差持续扩大，加剧了国际收支失衡。2005 年 6 月末，我国外汇储备达到 7 110 亿美元。今年 (2005 年) 以来对外贸易顺差迅速扩大，贸易摩擦进一步加剧。”据此，他指出适当调整人民币汇率水平，改革汇率形成机制有以下益处：

（1）有利于贯彻以内需为主的经济可持续发展战略，优化资源配置；

（2）有利于增强货币政策的独立性，提高金融调控的主动性和有效性；

（3）有利于保持进出口基本平衡，改善贸易条件；

（4）有利于保持物价稳定，降低企业成本；

（5）有利于促使企业转变经营机制，增强自主创新能力，加快转变外贸增长方式，提高国际竞争力和抗风险能力；

（6）有利于优化利用外资结构，提高外资利用效果；

（7）有利于充分利用国内和国外“两种资源”和“两个市场”，提高对外开放水平。

为了实现这些目标，新的人民币汇率

1　中央银行新闻发言人，《中国为何完善人民币汇率形成机制改革》，2005 年 7 月 21 日，新华社电。

机制不再把人民币汇率钉住单一美元，而是根据国内外经济金融形势，以市场供求为基础，参考一篮子货币计算人民币多边汇率指数的变化，对人民币汇率进行管理和调节，维护人民币汇率在合理均衡水平上的基本稳定。参考一篮子货币表明外币之间的汇率变化会影响人民币汇率，但参考一篮子货币不等于钉住一篮子货币，它还需要市场供求关系作为另一重要依据，据此形成有管理的浮动汇率。

2. 对“汇改”的评价

对于2005年7月采用的汇率制度，当时的中国人民银行货币政策委员会委员余永定先生解释说，这基本上是国际金融教科书提到的BBC方式，即以浮动幅度(Band)、货币篮子（Basket）以及爬行（Crawling：向某一既定方向对汇率进行微调）为基础的“有管理的汇率浮动制度”[2]。然而，即使在引进新的制度后，人民币对美元的升值依然受到政府市场干预的控制，在汇率政策运作上的重点不是放在“浮动”，而是“管理”上。在这种管理下，开始时人民币对美元的年升值率只有1%左右，但从2007年初到2008年中，为了压抑通货膨胀，政府加快了升值的步伐（图3）。以后，为了应对全球性金融危机的影响，政府再次采取了稳定人民币对美元汇率的政策。

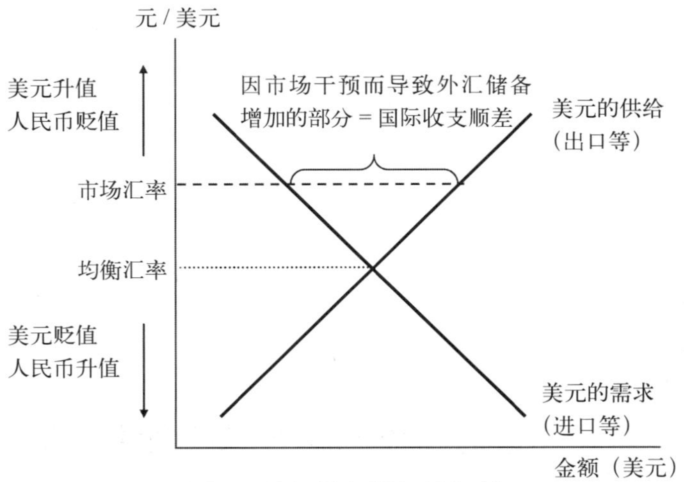

图2　外汇储备增加的机制

资料来源：笔者制作。

回顾从开始汇改到2008年9月，当源于美国的金融危机随着雷曼兄弟公司破产迅速向全球扩散这三年多来中国经济的表现，可以看出，在政府提出的七个目标中，第（1）、（3）、（5）、（7）达到了相应效果，实现了目标；而第（2）、（4）、（6）这三个目标还没有达到[3]。

对已实现的目标可以作出如下评价：首先，从第（1）项来看，在出口减速的情况下，消费相对坚挺；从第（3）项来看，进入2008年以来，贸易收支终于呈现下降态势；从第（5）项来看，纺织品等劳动密集型产品在出口中所占的比例下降，取而代之的是机械等资本、技术密集型产品的比例有所提高。最后，从第（7）项来看，中国对外直接投资急剧增加，中国经济的对外开放从把外资企业“请进来”的阶段迈向了中

2 《人民币汇率制度改革，一个历史性的决定》，《金融时报》，2005年7月23日。

3 周昆平、唐建伟，《汇率形成机制改革依然任重道远》，《上海证券报》，2008年7月22日。

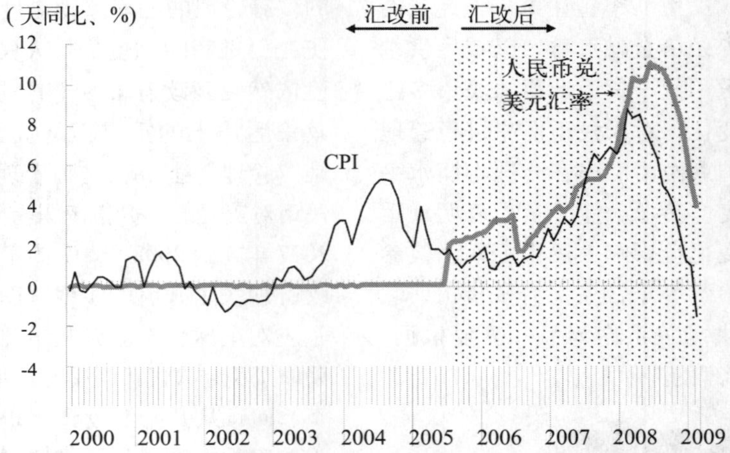

图 3　汇改以后人民币汇率成为压抑通膨的政策手段
人民币随通货膨胀而加速升值

资料来源：根据 Wind 资讯的数据制作而成。

国企业“走出去”的阶段。

另一方面，对于基本没有达到的目标，存在以下课题，有待改善：

首先，从第（2）项来看，由于对人民币升值的预期持续［被视为反映市场预期的有效指标的“人民币无本金交割远期（NDF，一年期）汇率相对于即期汇率的溢价”］在 2008 年春季时一度高于 10% 的水平，见图 4），大量游资涌入中国。为了抑制由此引起的人民币升值，央行不得不继续大规模干预外汇市场，此举导致流动性过剩，严重影响了货币政策的独立性。

从第 (4) 项来看，市场干预引起的流动性过剩加速了通货膨胀。加上国际市场上原油等初级产品价格暴涨，日元、欧元等主要货币对美元升值，单靠人民币对美元缓慢地升值还不能完全抑制通货膨胀压力。通货膨胀率在 2008 年 2 月时高达 8.7%。市场干预引起的流动性膨胀也是今年来房地产和股票泡沫形成的主要原因。

从第 (6) 项来看，期待人民币升值的游资已经占流入资本的大部分。这样的资金流入不仅使货币政策的调控作用难以见效，还孕育着由于资金短时间撤退而导致金融危机的风险。

综上所述，2005 年 7 月推行的汇率制度变更只不过是汇改的第一步，为实现这些目标，今后央行必须要尽量减少干预，必须将汇率交给市场来决定，实现向完全浮动汇率制的转变。

3. 日本向浮动汇率制过渡的过程

中国面临的局面与尼克松冲击前后的日本颇为相似。在布雷顿森林体系下，日本采用了 1 美元兑换 360 日元的固定汇率制，并将维持这一汇率作为政策的最优先课题。然而，到了 20 世纪 60 年代，作为国际货币体系中心国的美国，由于资本流出使国际收支持续出现慢性赤字，动摇了人们对美元的信任。另一方面，日本经历了经济高速增长期，出口的国际竞争力增强，从

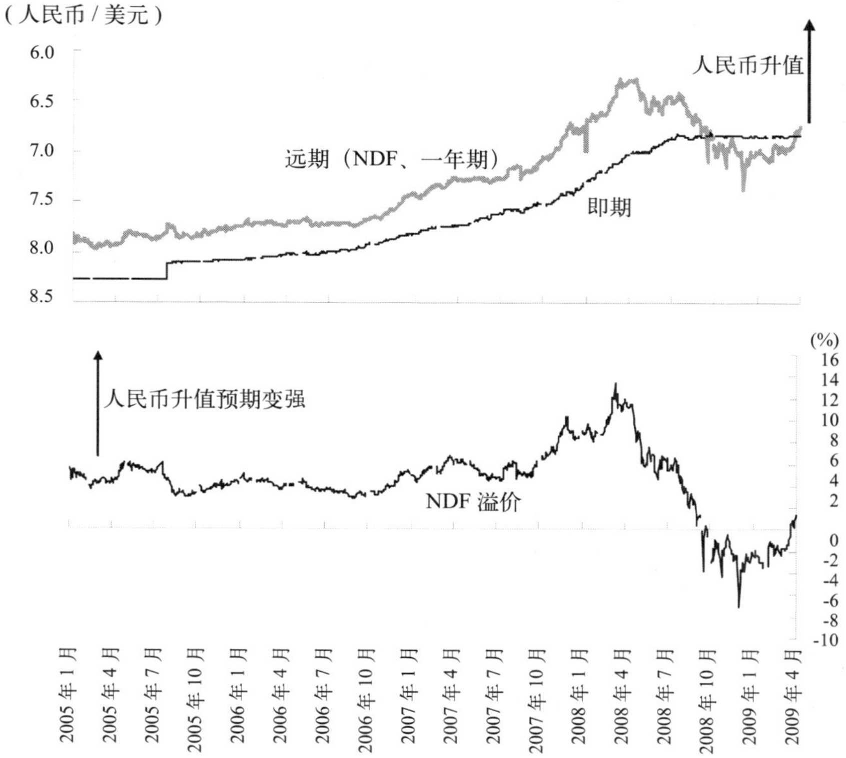

图 4　人民币对美元的汇率即期和远期

资料来源：根据 Bloomberg，中国国家外汇管理局制作而成。

1968 年起经常收支由逆差转为顺差。随着顺差幅度的扩大，1967 年为止仅有 20 亿美元左右的外汇储备，到 1970 年底增加到 44 亿美元，到了尼克松冲击前的 1971 年 7 月，迅速增至 79 亿美元（图 5）。于是，人们对日元升值的预期与日俱增。

尤其是进入 1971 年后，不顾美国的贸易收支在战后首次转为逆差，为了刺激景气，美联储三次下调贴现率，使得美国与欧洲各国的利率差扩大。再加上人们预期美元将贬值，大量投机资金从美国流向欧洲。在这种背景下，联邦德国于 5 月变为浮动汇率制，从而使日元成了下一个投机目标，日元升值压力进一步加大。

在持续的国际货币动荡中，美国总统尼克松于 1971 年 8 月 15 日发表了“新经济政策”，其内容包括终止美元与黄金的兑换、征收 10%的进口附加税等。为了应对这一局面，欧洲各国一时关闭了外汇市场，但随即从第二周的星期一，即 23 日重新开启外汇市场时，不得不让汇率自由浮动。日本没有关闭外汇市场，为守住 1 美元兑换 360 日元的汇率，继续买进美元进行干预，但到了 8 月 28 日，终于跟随欧洲各国转为实行浮动汇率制。在此期间为干预市场而投入的资金高达 40 亿美元（大致相当于当时 4 个月的进口金额）。

当时浮动汇率制只被视为暂时的避难措施，主要国家之间经过平价调整再次返回固定汇率制的摸索仍在继续。1971 年 12 月，在主要 10 国的财政部部长和中央银行行长出席的史密森会议上，各国之间达成

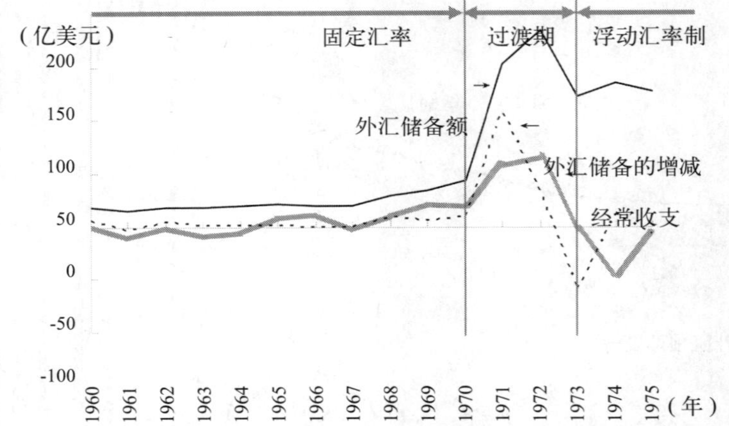

图 5　日本的经常收支与外汇储备额的变动
以向浮动汇率制的过渡期为中心

资料来源：根据日本银行的数据制作而成。

了大幅度调整对美元汇率的协议，其中日元对美元汇率从原来的 360 日元被调整到 308 日元，日元升值 16.88%。

可是在史密森货币体制建立后，由于美国的贸易逆差仍在扩大，加深了人们对美元的不信任，日元升值压力仍没有得到缓解。日本为防止日元再度升值而实施了宽松货币政策，但是由于受当局在外汇市场上买进美元、卖出日元，不断干预的影响，流动性出现过剩，物价和股价暴涨（图 6）。1973 年，在再度爆发的世界性货币危机的背景下，日本于 2 月 14 日，主要各国也于 3 月相继转为浮动汇率制，仅仅维持了一年多的史密森货币体制就此崩溃了。

日本转为浮动汇率制以后，日元升值压力仍没有停止，日元升值趋势一直持续到 1995 年 4 月，日元对美元汇率曾经一度突破 80 日元兑换 1 美元大关。此外，日本一直对资本流动进行限制，直到 1980 年 12 月，在对《外汇与外贸管理法（外汇法）全》面修订后，才真正实现资本交易的自由化；实需原则（远期外汇交易只有在依据进出口等实际需要时才予以批准）一直等到 1984 年才被废除。就像“肮脏浮动汇率制”（dirty float）这个词所表现的那样，当局对市场的干预一直没有停止过。然而，向浮动汇率制的过渡，消除了日元汇率背离均衡水平的现象，这样，干预的目的已经从阻止日元升值变为防止汇率暴涨暴跌。日本银行彻底停止干预是在 2004 年 3 月 17 日以后。

4. 对日本向浮动汇率制过渡的评价

在尼克松冲击前后，日本政府官员中占主导地位的是强烈的日元升值威胁论和日元升值回避论。以不改变汇率为前提，作为减少国际收支顺差的政策，实施了以下列政策为中心的《八项日元对策》[4]。

（1）限制出口、促进进口的经常收支对策（废止在金融和税制上的出口优惠措施，为鼓励进口放宽限制措施，彻底贯彻进口自由化）；

（2）促进对外投资、对外援助等的资本收支对策；

（3）扩大总需求的财政、货币政策（扩大财政支出的政策、宽松货币政策）；

（4）调整性通货膨胀政策（国内物价

4 《综合对外经济对策》，1971 年 6 月。

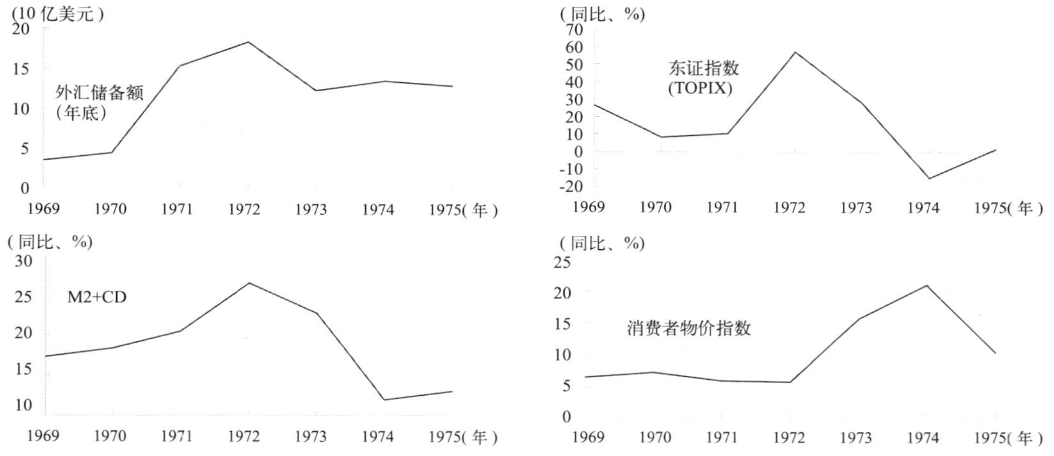

图6 向浮动汇率制过渡前后的日本经济与金融形势

资料来源：根据日本总务省编制的《日本长期统计系列》制作而成

水平上涨政策、提高货币工资率政策）；

对此，1971年7月10日由36位经济学者组成的"汇率政策研究会"（由神户大学的天野明弘教授和东京大学的小宫隆太郎教授主持）认为，当时日本的国际收支持续巨额顺差，明显属于"基础性不平衡"，而且基于"政策组合"的观点他们反驳道："在实现国际收支平衡的目标中，应最优先考虑调整汇率，至于其他目标的实现应使用其他手段，这才是适宜的政策目标与手段的组合。"[5]他们据此建议尽早实施下述"日元小幅分步上调"（爬行钉住汇率制）（有关支持升值的具体理由，请参照专栏）。

"一次平价变更的幅度在1%以内，每三个月至五个月变更一次，因此以一年2.5%至4%的速度变更，在考虑当时形势的基础上消除国际收支顺差，一直调整到累积的过量外汇储备减少为止。在这种情况下，为了避免市场汇率的剧烈波动，日本银行最好对外汇市场进行干预。关于变更的频率与幅度，不必一成不变，每月一次0.2%或0.3%左右的方式也值得考虑。"[6]

"汇率政策研究会"列举了以下四条小幅分步上调的优点：首先，这与大幅度平价变更不同，不会诱发以投机或对冲为目的的短期资本流动。第二，由于调整是缓慢进行的，各产业容易适应调整。第三，不必预先规定最终的升值幅度，只要持续调整到顺差消除、过多的外汇储备减少为止。如果形势发生逆转，还可以反向调整（贬值）。最后，尤其对日本而言，这一方式不会与IMF协定相抵触，可以通过日本政府的决策来执行。

5 在思考存在多个目标时经济政策的理想状态时，要以丁伯根定理和蒙代尔定理为基础。

（1）丁伯根定理：实现多个独立的政策目标，需要同样数量的政策手段（Tinbergen, Jan, On the Theory of Economic Policy, North-Holland. 1952）。

（2）蒙代尔定律：政策的各项手段应该分别用于最能发挥其效果的政策目标（Mundell, Robert, "The Appropriate Use of Monetary and Fiscal Policy for Internal and External Stability," IMF Staff Papers, 9, March 1962）。

举例说明，在固定汇率制度下，要同时实现充分就业（国内均衡）和国际收支平衡（对外均衡），按照丁伯根定理，就必须运用财政政策和金融政策两种政策手段。其中，按照蒙代尔定理，将财政政策用于国内均衡，金融政策用于国际均衡的做法最为有效。

6 汇率政策研究会，《对日元汇率小幅分步上调的建议》，《季刊现代经济》，第2号，1971年9月刊登。

另一方面，小宫隆太郎和须田美矢子在共同撰写的著作中，对当局在遭受尼克松冲击后的应对措施批评道："如果从当时日本经济的宏观状况来看，不免让人感到日元向浮动汇率制转变的时机为时过晚。田中首相发言说'为避免日元再次升值必须不惜采取所有措施'，表明了将史密森汇率坚持到底的方针，这不幸使汇率管理当局的选择范围变窄……日本政府应该自行主动地、更快地选择，比如在1972年秋，调整史密森中心汇率（日元再次升值），或者实行浮动汇率。"同时，鉴于第一次石油危机爆发前，日本就已经出现了通货膨胀的趋势，他们还论证了1972年秋政府和日本银行以避免日元再次升值为最优先目标采取的扩张性宏观经济政策，导致了1973~1974年的物价飞涨[7]。

对日本过渡到浮动汇率之后，日元不断对美元升值的影响，学术界有不同的看法。

一方面，斯坦福大学的麦金农教授提出日元汇率长期上升给日本经济带来通货紧缩的巨大压力，他的这一观点在中国占据主流地位（《美元与日元》，上海远东出版社，1999年）。也就是说，20世纪70年代以来，日元屈于美国的压力每年以4%左右的速度持续对美元升值，而当日元升值预期逐渐固定下来时，这4%直接体现为日美间的利息差（反映利率裁定，日本的利率水平＝美国的利率水平－日元升值预期）。美国利率较高时固然没有问题，但进入90年代后美国利率下降，迫使日元利率不得不趋于零。于是，90年代后期，日本陷入了（利率无法再降低的）"流动性陷阱"，货币政策不能有效发挥作用，致使经济长期不景气。[8]

另一方面，代表在中国尚属少数派的观点，现任亚洲开发银行行长的前日本财务省财务官黑田东彦认为，80年代后期日本泡沫经济发生的原因不在于日元升值，而在于为缓解日元升值带来的通货紧缩压力所采取的宽松货币政策[9]。"广场协议"前后，日元汇率在1美元兑240日元上下波动，而1985年底突破1美元兑200美元大关，一年以后急剧升至1美元兑150日元。日本银行为帮助因日元升值而竞争力下降的出口产业，自1986年1月至1987年2月连续五次将法定贴现率从5.0%下调至2.5%，而这个历史最低利率水平一直持续到1989年5月。在认为纠正美元汇率过高的目标已经实现后，1987年2月，G7各国缔结了旨在稳定七国间美元汇率的《卢浮宫协议》。此后日本银行开始积极买进美元进行干预。利率急剧下降和日银干预外汇市场造成货币供应量增加，产生货币过剩现象，资金流向股市和房地产市场，形成经济泡沫，给90年代埋下了祸根。

5. 应该从日本的经验中学习什么

现在的中国与20世纪70年代初期的日本一样，都是处于固定汇率制向浮动汇率制过渡的时期。那么中国可以从日本的经验和教训中学到些什么呢？

首先，在"汇率政策研究会"的"建议"中提到的有关是否应该让日元升值的讨论，对于思考现在的人民币问题具有诸多启示

7 《现代国际金融论——理论、历史、政策（历史、政策篇）》，日本经济新闻社，1983年。

8 基于同样的理由，麦金农教授警告说，如果中国也像日本一样，迫于美国的压力实行人民币升值和采取自由浮动汇率，就会使通货紧缩加剧，进而陷入流动性陷阱（《人民币汇率陷阱：重蹈日本覆辙？》，《比较》，中信出版社，第23期，2006年3月）。

9 "日本汇率政策失败所带来的教训"，《人民币悬念》，中国青年出版社，2004年。

意义。比如，国际收支顺差扩大及随之而来的外汇储备增加的弊端，追求政策和手段最佳组合的的想法，对“促进出口、赚取外汇才是为国家利益着想”的重商主义的批评等，对现在的中国都是适用的。

第二，当时的日本，对日元升值、向浮动汇率制过渡的阻力很大，这是当局迟迟不出台应对措施的原因。当局通过强行干预试图维持较低汇率的做法导致了流动性过剩，进而使通货膨胀加速，并引发了资产泡沫。很遗憾，中国没能借鉴日本这方面的教训，近年来发生了同样的状况。

第三，在贸易品部门（制造业）生产效率提高快的国家，实际汇率将长期承受上涨压力，因此难以做到既稳定物价又稳定汇率。要么物价上涨，要么汇率上涨，当局必须依据这一矛盾关系选择政策目标。过渡到浮动汇率制以后，日本是优先考虑物价稳定，允许日元升值，但如果当时选择维持汇率稳定，可能通货膨胀率就会更高。

第四，很多人以为资本交易自由化是实行浮动汇率制的前提条件，而以中国资本交易自由化滞后，还不具备推行浮动汇率制的条件为由，反对提前向浮动汇率制过渡。然而，日本20世纪70年代的经验表明，即使维持资本限制也能够向浮动汇率制过渡。

第五，2005年中国实施的“完善人民币汇率形成机制的改革”，与1971年日本“汇率政策研究会”建议的“日元汇率小幅分步上调”都属于爬行钉住汇率制，是一种“有管理的浮动汇率制”。日本面对尼克松冲击等国内外形势的急剧变化，没有实施“日元汇率小幅分步上调”，而是直接过渡到浮动汇率制。那么，中国的现行汇率制度，也应该被理解为只不过是过渡时期的措施。现行政策的局限性已经很明显了，当局必须为了向完全浮动汇率制转变作进一步的改革。

最后，当时的日本没有其他国家的经验可借鉴，准备也不充分，为维持固定汇率制用尽了所有手段后，不得不转为实行浮动汇率制。与此相比，中国的选择余地还是多一些。实际上虽然2005年实行汇改时中国面对的外部压力越来越大，但并未

专栏　为什么日元需要升值？——“汇率政策研究会”的见解

在尼克松冲击前后的日本，反对日元升值的论调在舆论中占据优势。其主要论据如下：

（1）日元升值违反“促进出口”和“赚取外汇”这一“国家利益”；

（2）与其让日元升值，还不如让美元贬值，或者为实现这一点需要改革国际货币制度；

（3）对产业界影响巨大；

（4）一旦升值就刹不住车，将失去日元平价的稳定性；

（5）失去引发经济增长的因素；

（6）缺乏稳定物价的效果；

（7）没有理由要把在国内呈弱势的日元升值。

像遭受尼克松冲击时的日本那样已经陷入危机状态。中国应该参考日本及其他国家的经验，事先准备好向完全浮动汇率制过渡的路线图。

对此，“汇率政策研究会”以实行日元汇率小幅分步上调为前提，进行了如下反驳：

（1）国际收支顺差的累积看起来是符合国家经济利益的，但是会导致作为经济活动本来目的的本国消费、投资、政府支出被抑制在低于生产的水平，还会导致来自逆差国家的进口通货膨胀，使国际金融合作困难等，对国民经济的危害很大；

（2）克服美元本位制缺陷的国际货币制度改革仅凭日本是无法解决的，而且改革要得到众多国家的同意恐怕需要很长的时间。对此，纠正顺差累积对日本经济造成的不利影响，对日本而言是必须亲自着手解决的紧要课题；

（3）日元汇率上升对日本的出口产业而言，在海外市场的竞争将变得严峻，但考虑到日本企业竞争力逐年提高的事实，如果日元只作出小幅分步升值，升值引起的对竞争条件不利的一面大有可能通过转换过程得以吸收。此外，如果日元升值引起国内有效需求下降和国内劳动力就业不充分，那么通过在小幅分步上调日元的同时结合扩张型财政政策，就应该能够充分应对；

（4）在国际收支不断出现顺差的情况下，作为国际收支调整政策所进行的大幅日元升值，每次调整都将对国民经济造成重大影响，但是小幅分步上调方式不会对整个经济造成太大的冲击；

（5）尽管有人担心日元升值会由于抑制企业利润和抑制工资上涨而打击提高生产率的积极性，从而阻碍经济增长，但是经济增长的动力并非取决于工资上涨与生产率上升率之间的关系，经济增长的根本要素在于投资行为和技术进步等各种因素；

（6）日元升值的目的在于减小国际收支不平衡对日本整体经济造成的损失，物价对策只是日元升值的一个侧面而已。即使从稳定物价效果来看，与其他替代方案相比，与进口自由化相结合的日元升值对策果，无论是作为国际收支调整政策还是在调控物价方面，都会产生较为理想的成果；

（7）日元升值，对外能够提高日元购买力，对内能够使日元走强。

关于20世纪70年代初期日本汇率政策的这些见解，对现在的中国也同样适用。

关志雄

日本东京大学经济学博士。曾应邀出任斯坦福大学亚洲太平洋研究所和布鲁金斯学会东亚政策研究中心客座研究员，日本经济产业研究所高级研究员。作者的研究领域包括中国经济改革、中日经贸关系和亚洲经济一体化。他曾单独出版日文书籍七册，包括《日元圈的经济学》（获1996年度亚洲太平洋奖）、《中国经济革命最终章》、《共存共荣的中日经济》、《推动中国的经济学家们——改革开放的领航员》，中文书籍两册（《做好中国自己的事》、《亚洲货币一体化研究》）和英文书籍两册 (Economic Interdependence in the Asia-Pacific Region, Routledge, Yen Bloc, Brookings Institution Press)。其论文发表在包括《比较》、《国际经济评论》等中国国内主要学术出版物上。他主持的“中国经济新论”网页深受日本读者欢迎，其中“实事求是”专栏更有中文和英文版本。关志雄曾被日本政府聘任为财务省“外汇委员会”和内阁府“经济财政咨询会议日本21世纪展望专门调查会”等政策委员会委员。

20 国集团峰会和资本主义的未来

G-20 and the Future of Capitalism

杰弗里·加腾 让-皮埃尔·莱曼 普拉纳布·巴丹

关于国际合作的讨论空洞无物，而各个国家为自己规划的狭窄道路似乎没有什么光明的前景。
杰弗里 · 加腾

伦敦：在4月2日于伦敦召开的20国集团峰会上，各国政府的公务员需要动用他们所有值得夸耀的外交才干来撰写本次峰会的会议纪要。

20国集团峰会正在走向僵局：此次伦敦峰会只有一项议题，但是关于它的解决方法却产生了各种分歧。

不过假设这一次他们没有努力掩饰成员国之间存在的真实差异，而是用残忍的坦诚来代替惯常采用的委婉说法。如果他们真的这么做了，那么20国集团公报的最终版本可能会变成下面这个样子：

目前，我们所处的环境非常不利，如全球银行业危机，全球性经济衰退不断加深，贸易和投资逐日递减，失业率不断上升，政治紧张局势日益升级。没有人知道我们处于这场危机的哪个阶段。我们还在危机的中间阶段还是已经接近它的尾声？这场金融风暴还会再持续几个季度或者几年吗？

---

* Jeffrey E. Garten是耶鲁大学管理学院国际贸易和金融系的Juan Trippe讲席教授，曾先后在尼克松、福特、卡特和克林顿政府里担任与经济和外国政策有关的职务。Jean-Pierre Lehmann是瑞士洛桑国际管理学院（IMD）埃维昂组织（Evian Group）的国际政治经济学教授和该组织的创始主任。Pranab Bardhan是美国加州大学伯克利分校的经济学教授、麦克·阿瑟基金会经济表现不平等影响网络的联合主席。他多年来一直担任《经济发展杂志》主编，《比较》也曾经多次翻译和发表过他的作品。本文的翻译出版得到了耶鲁大学全球化研究中心的电子杂志《耶鲁全球化》（*Yale Global Online*）的授权，其网址为www.yaleglobal.yale.edu。——编者注

对于这些问题的答案，我们无迹可循。

没有人知道我们还需要多少万亿美元才能稳定金融体系，并使它重新振兴起来，也没有人知道传染力极强的保护主义和失去控制的民粹主义到底距离我们有多远。此外，我们中的某些人感到资本主义本身也受到了威胁。

因此，尽管本次峰会的一些关键人物，如奥巴马总统和胡锦涛主席，在双边会议之前就已经进行了会面，但是他们仍然从日程表里抽出了整整一天来解决这些问题。

> 没有人知道我们还需要多少万亿美元才能稳定金融体系，并使其重新振兴起来，也没有人知道传染力极强的保护主义和失去控制的民粹主义到底距离我们有多远。

这次峰会取得的最大成就是大家一致认可国际货币基金组织（IMF）需要获得大量资金。我们谈到了其他可供选择的融资工具，但是没有就此达成一致意见，最后还是委托一个工作组于 2009 年 6 月继续研究相关细节问题。关于 IMF 的讨论可谓困难重重：在印尼的带领下，许多发展中国家都认为在 1997~1998 年亚洲金融危机中受到屈辱后，任何自尊自重的国家都不会接受 IMF 的资金。不过尽管如此，就像欧盟代表说的那样，匈牙利及其他东欧国家除了接受 IMF 的资金外别无选择，因为它无法从西欧盟友那里得到资金。中国提出了警告，称除非 IMF 调整投票结构，使新兴大国获得更多权力，否则中国不会向 IMF 提供资金——这种重大调整可能需要数月时间。

这次峰会在贸易方面取得了进展。所有与会者同意在危机期间努力遏制保护主义——他们在 2008 年 11 月举行的第一次 20 国集团峰会中，曾作出同样的承诺，但是随后就有 17 个国家背弃了自己的诺言。随后，美国坚持认为它的“购买美国货”条款以及对那些不够“绿色”的进口产品征收关税的措施应该得到豁免。英国也要求对它的金融保护主义网开一面。中国声称以任何力所能及的方式推动出口是它的国家主权。法国建议将这些承诺的有效期定为今后的 6 个月，这样过去采取的所有措施都可以免受新法规的限制。

> 所有与会者同意在危机期间努力遏制保护主义——他们在十一月举行的第一次 20 国集团峰会中，曾作出同样的承诺，但是随后就有十七个国家背弃了自己的诺言。

巴西提议在 20 国集团的推动下重新点燃人们对多哈全球贸易谈判的热情，不过没有得到任何响应。在尴尬的沉默中，奥巴马总统不停地摆弄着手里的黑莓。所有人都认为应该过段时间再讨论这个问题。

关于银行救济的讨论则杂乱无章。奥巴马请求人们对美国的银行救援计划给予更多耐心。此时有些人的眼珠在转动。部分欧洲领导人热烈地探讨将高管薪酬的上限定为公务员的最高工资。中国建议组织一个代表团到北京来研究银行体系如何运转，英国首相布朗随之就紧张不安地转移到下一个议题。

关于全球金融监管的讨论不容乐观。德国总理默克尔猛烈抨击了奥巴马，暗示欧盟希望将金融监管延伸到金融体系的每一个角落，美国最好能跟上这一步伐。法国总统也加入了这场讨论，暗示说正是美国懈怠的监管体系引发了目前这种混乱的局面，英美资本主义需要被彻底地禁锢起来。奥巴马还在美联储、财政部和国会之间斡旋，努力调解监管问题。他警告人们在这个问题上不要过于草率。最后，恼怒的印度要求大会讨论建立新监管体系的细节，而所有与会者都认为这个问题应该列入未来的议事日程。

当大会讨论到是否需要出台更多财政刺激时，与会者的反应则针锋相对。美国认为欧洲应该对此作出更多贡献。日本也心不在焉地表达了同样的看法。奥巴马认为在任何情况下，美国都不会接受一个远远超出其承受能力的全球经济刺激计划，而让其他国家享用“免费的午餐”。默克尔则反驳说正是美国释放出危害全球金融体系的病毒，所以它应该提供绝大多数资源来解决这些问题。土耳其的建议最终挽救了这一天的讨论，他们认为所有国家都应该承诺努力完成自己应尽的义务，而这一点得到了所有人的认可。

> 恼怒的印度要求大会讨论建立新监管体系的细节，而所有与会者都认为这个问题应该列入未来的议事日程。

随后，布朗希望峰会将关注的重点放在宏观经济问题上。他指出造成此次危机的主要原因——或许说是最根本的原因——是美国的过度消费和中国的过度储蓄，以及由此造成的两国之间庞大的贸易失衡。他提出的问题是：如何消除全球对美国消费者的依赖（后者已经不堪重负），而由亚洲消费者来承担起部分责任。奥巴马向所有与会者保证，他与胡锦涛主席会在晚些时候的双边会议上就这个问题展开磋商。布朗进而要求这两位领导人向峰会汇报会面的情况，但是没有得到任何回应。

茶歇期间安排的讨论尤为重要。印度和沙特阿拉伯大力宣扬封闭的金融体系的优点。普金总理向奥巴马解释了如何让华尔街大亨们把吞下去的巨额红利再吐出来。由于担心其庞大的美元外汇储备可能会贬值，中国与南非、阿根廷共同阐述了为何 IMF 需要接受凯恩斯的建议来创造一种新的国际货币，取代美元作为全球储备货币

> 全球合作至关重要，但是世界必须面对这样一个现实：没有任何一个国家准备改变自己的国内政策来帮助其它国家，美国也不例外。

的核心地位。默克尔向加拿大总理吐露说，她认为20国集团是“一个很不实用的畸形产物”：假如7国集团解决不了任何问题，那么再加上13个国家就能产生奇效？

在会议即将闭幕时，奥巴马将他所听到的意见总结为“全球合作至关重要，但是世界必须面对这样一个现实：没有任何一个国家准备改变自己的国内政策来帮助其他国家，美国也不例外。”布朗则请求将这句话改为一个比较积极的版本：“全球合作至关重要，因此我们应该努力推动更多合作。”此时，萨科奇提出了一个解决方法：为什么不能在巴黎召开一次后续会议，给世界增添一些动力。其他国家马上竞相提出愿意承办这次会议。这个后续会议的时间已经确定为7月10日，但是会议地点始终没有形成统一意见，因此峰会委任了一个特别委员会来最终敲定这件事。

本次峰会在自我陶醉式的掌声中落下帷幕。

在伦敦召开的20国集团峰会将人们的注意力聚焦到欧盟在当前这个关键时刻的巨大分歧上。

让-皮埃尔·莱曼

分歧中的联合：随着全球危机的深化，欧盟内部失和使其成员国的领导人愈发难以找到问题的解决方法。

日内瓦：20国集团的第二届峰会于4月2日在伦敦召开。此次会议可能影响到今后10年，甚至更长时间里，全球事务的走向，而欧盟在此时表现出极不和谐的混乱局面。

人们可以在三个相互联系的层面上听到这种不和谐的声音：欧盟成员国内部、成员国之间、欧盟在全球治理中的地位。当然，不和谐和混乱对欧盟来说并非新鲜事——只是从来没有这么严重。自从1957年《罗马条约》宣布欧盟成立以来，它还没有遇到如此令人恐惧的全球形势。

在20国集团峰会上，欧盟成员国之间的不和谐尤为明显地表现在其领导人的弱势地位上。英国首相布朗基本可以认定会在下一场选举中落败。更令人痛苦的是，大部分英国人都相信他应该对此次危机负责。既然如此，他怎么可能成为危机解决方案的组成部分？毫无疑问，默克尔给人们留下的印象最为深刻，她必定会坚决反对一个难以驾驭的联盟。让萨科奇感到幸运的是，他的反对党乱成一片，但是他本人的受欢迎程度为30%，创下“第五共和”的历史新低。对于西尔维奥·贝卢斯科尼而言，意大利政坛的混乱局面由来已久。

在20国集团峰会上，欧盟成员国之间的不和谐尤为明显地表现在其领导人的弱势地位上。

现任欧盟轮值主席国——捷克共和国——的政府已经被众议院的不信任案推翻，这个时机完美得让人感到讽刺。捷克的前首相米雷克·托波拉内克将以“跛脚鸭”的身份参加此次伦敦峰会。他曾将美国应对危机的措施称为“通向地狱之路”。欧盟委员会主席巴罗佐也会参加此次峰会，但是他即将于几个月后卸任，而且人们尚不确定他是否能够继续连任。欧盟成员国政府的疲软和混乱不仅会造成其他破坏性的作用，而且会将它们的关注重点从全球治理转移到国内政治。

虽然过去欧盟不乏这种混乱的局面，但是毫无疑问这次表现得最为突出，前景最令人堪忧。导致欧盟内部失和加剧的部分原因是现在欧盟拥有27个彼此相差甚远的成员国，它们发出的声音更多，使用的口音更多，使用的工具也更多。随着欧盟不断扩张，在康拉德·阿登纳/夏尔·戴高乐、赫尔穆特·施密特/瓦莱里·吉斯卡尔·德斯坦、赫尔穆特·科尔/弗朗索瓦·密特朗等时期发挥了重要作用的德法轴心已经有所削弱，默克尔和萨科奇之间的裂痕和相互猜疑则使它们之间不和谐的声音更加刺耳。

虽然过去欧盟不乏这种混乱的局面，但是毫无疑问这次表现得最为突出，前景最令人堪忧。

尽管我们可以找出许多实例来描述欧盟内部的混乱，但是最令人担忧的是最近前德国外长菲舍尔（Joschka Fischer）接受BBC采访时所定义的对共同市场的“现实威胁”，而共同市场一直是欧盟所取得的最高成就。目前存在着一个可怕的自相矛盾的事实，即一方面，欧盟发表声明，称保护主义是对全球经济的最大威胁（巴罗佐刚刚在3月21日召开的布鲁塞尔论坛上表达了这样的观点），而另一方面，欧盟成员国正在竞相采取各种保护主义措施来互相遏制。

英国工会主义者强烈反对英国工厂将巨额合同交给雇用意大

利劳工的意大利公司，大力宣扬“英国的工作机会要留给英国人”。萨科奇声称在捷克制造的法国汽车不应该再进入法国市场。欧洲各银行得到指示，只能给本国的公司放款。因此，当许多东欧国家处于内爆的引爆点时，西欧银行迅速从东欧资本市场上撤出，尽管根据东欧国家申请加入欧盟时必须接受的条件，西欧银行已经在这个市场上占据了相当大的份额。这些行为不仅违背了欧盟的规则，而且更严重的是，它们违背了欧洲的精神。

自从本世纪初开始，欧盟似乎就陷入无法履行承诺和提出的倡议不能善始善终的困境中。以“里斯本议程”为例，这个议程签署于2000年3月，其目标是在2010年之前将欧盟打造成“世界上最有活力、最有竞争性的知识经济体，可以在实现可持续经济增长的同时提供更多优质工作，推动社会凝聚力，并且提高对环境的尊重”（“里斯本议程”又被称为“里斯本进程”或“里斯本战略”，但请不要与“里斯本条约”混为一谈）。如今距离2010年只有8个月，任何人再提起“里斯本议程”总会遭遇到令人尴尬的沉默。

> 这些行为不仅违背了欧盟的规则，而且更严重的是，它们违背了欧洲的精神。

随后在2004/2005年，欧洲宪法遭遇了重大挫败。欧盟的创始成员国——荷兰和法国——通过全民公决否决了欧盟宪法。与此同时，欧盟重新修订了宪法，并且用《里斯本条约》取而代之，但是2008年6月爱尔兰的全民公决又否决了这个条约。所以从宪法的角度上来看，欧盟始终陷在僵局中，或许说到达了一个转折点。最初人们相信欧盟最终会排除万难实现它的升华，但现在这种信心已经在渐渐消失。目前的发展态势似乎预示着欧盟正在逐渐走向衰弱，或者已经开始分崩离析，如它的成员国关系，共同市场和单一货币制。这已经不是一个预言，而是一种看起来很可能会发生的情况。

欧盟在全球治理中的混乱地位已经清清楚楚地反映在20国集团峰会的舞台上，而此次峰会也相应地提供了一个展示其不和谐的场合。亨利·基辛格曾在20世纪70年代说过一句绝妙的双关语：“我想给欧洲打个电话，但是找不到电话号码”。令人讽刺的是现在的情况恰好相反，现在的问题不是找不到电话号码，而是电话号码太多。

参加此次20国集团峰会的国家有中国、印度、印尼、巴西、美国，俄罗斯等独立的经济体，还有6个欧盟成员国和其他几个国家（它们过去或现在都在欧盟中扮演着一定角色）。此外，参会人员还有IMF的总干事。根据传统来说，坐在这个职位上的必须是欧

要想消除种种不和谐的声音，参加20国集团峰会的欧盟国家需要在内部找到最低限度的共同特性，从而对峰会的结果产生深刻的影响。

洲人。WTO的总干事拉米也参加了本次峰会。他本人也是欧洲人，但他的继任者是泰国人，因此WTO的立场不像IMF那样饱受争议。会场中的确有不少欧洲人，但是尽管他们在努力玩弄浮华的辞令，欧洲却没有发挥什么重要的影响力。要想消除种种不和谐的声音，参加20国集团峰会的欧盟国家需要在内部找到最低限度的共识，从而对峰会的结果产生深刻的影响。

1900年欧洲的势力扩张到世界其他各地，达到“全球荣耀”的顶峰。当时它的人口占到全球人口的25%。现在将欧盟成员国和非欧盟成员国全部算在内，欧洲人口在全球人口中的比例还不到当时的一半，而且到2050年时还会再缩水一半。只有整个欧洲发出一个声音时，它对欧盟和全世界才具有意义。而现实情况恰恰相反：在急需稳定和明确意见的危机时刻，混乱的欧盟发出的只是刺耳尖锐的不和谐音符。

尽管表现出不平等性、不稳定性和不道德性，但资本主义将经受磨炼而继续存在下去。

普拉纳布 · 巴丹

伯克利：随着全球经济表现出越来越多陷入深度衰退的迹象，公众评论员和主编们评论全球资本主义的论调已经变得带有预言性。就像有些人质疑的那样，我们是否正在看着资本主义走向尽头？

从资本价值、房产和工作机会的损失以及资本注入和政府刺激计划的规模来说，这次危机的破坏速度和破坏深度都让人们为之震惊。有些人感到资本主义即将覆灭，不禁唏嘘不已。在过去的数十年里，资本主义体系创造出前所未有的财富，将众多处于世界角落的人们拉出贫困的泥沼。有些人认为自己的论断据此得到印证。过去他们曾警告人们注意全球资本聚集在少数人手中可能带来的可怕风险，现在这一切都变成了事实。这些观点虽然不尽相同，但都希望能在资本主义毁灭的灰烬中诞生另外一个更加公正、更加稳定并且不会破坏社会的体系来取而代之。

尽管在过去两个世纪的大多数时间里，人们始终在寻找这种集公正与稳定于一身、刺激创新而且尊重人权的替代体系，但是人们仍然有比较可靠的依据来预测今后出现的可能只是一个略加改进的

面临考验的资本主义：伦敦的示威者认为资本主义是危机的罪魁祸首，因此反对资本主义。

全球资本主义。我的水晶球和其他人的一样模糊不清：没有人知道未来会不会成为“失去的十年”或者是“失去的数十年”，但是如果我们的目光能够跨越此次金融风暴，那么可以看到，至少从中期来说，有些改变以及有些缺失的改变会引起我们的关注。

金融资本主义的爆炸性增长曾远远超出实体经济，而现在许多人相信它会就此归于平淡。在过去几年里，全球金融资产的价值比生产性产出的价值高出两倍。人们在不断追求杠杆率和价值低估，因此打着金融创新的旗号引进了一系列复杂的金融产品和投资工具，导致风险包的透明度情况恶化。目前这种金融活动的速度将放缓。人们强烈抗议资本主义体系已经被自负傲慢的金融寡头劫持了太久，而且种种助纣为虐的货币政策、松懈的信贷标准以及任人唯亲式的评级机构又帮助这些寡头逃脱了惩罚。将来这些商人和套利者很可能会转回生产商的角色。

金融资本主义的爆炸性增长曾远远超出实体经济，而现在许多人相信它会就此归于平淡。

尽管人们广泛呼吁改善国际金融监管体系，但是我认为除了给予IMF更多可调配资源，略微协调银行的外资资产，小幅调整税收以外，不会出现什么重大变化。绝大多数监管收紧工作都会发生在国家层面。在这个层面上，各国在工业资产与金融资产之间，管理层和大股东之间，以及资本与劳动力之间的权力分配情况各不相同，而这也造就了不同的监管体制。

通信技术及实现24小时金融交易所需技术的迅猛发展将放缓脚步，但绝大多数决策者（并不仅仅指那些生来就反对凯恩斯主义的人）都会非常谨慎地假设市场有能力自我调整以应对这种技术发展。

目前国际资本的撤出情况令人胆战心惊。当这种进程减弱后，国际现金流和劳动力流动之间的本质不对称将继续存在——劳动力流动会受到更多文化和法律约束。尽管在美国新政府的友好政策下，美国工会耀武扬威，尽管巴黎街头涌动着游行的人群，但这种不对称仍然会进一步削弱劳动者的谈判权。熟练工人和非熟练工人之间的利益对立也会继续削弱工会的效力。经济衰退将促成更多资本合并，并且进一步巩固它。因此在绝大多数国家里，劳动力收入在国民收入中的比例并不一定会提高。此外，如果技术进步仍然是技能偏向型的，这种情况将表现得尤为突出。

目前国际资本的撤出情况令人胆战心惊。当这种进程减弱后，国际现金流和劳动力流动之间的本质不对称将继续存在

和所有深度衰退一样，经济民族主义和贸易保护主义造成的压力直线上升。但是和过去相比，现在这两种情绪不会持续太久。全球生产的国际供应链长而复杂，所有产品的零部件都来自于世界各地，所以没有什么真正本地的产品需要保护。像“美国制造”之类的标签已经失去了大部分意义。即使非熟练工人也会很快看到保护主义无异于“搬起石头砸自己的脚”。换言之，一旦限制了自由贸易，你可能就无法获得自己的贸易所需的零部件和原材料。

然而，人们会要求为工人提供更多社会保障，而且在很多情况下，当国外企业得到国家的资助，加强对工人的保障时，与之竞争的国内企业与它们竞争时也会支持给予工人更多保障。我们可以看到支持全民性医疗保障的基础人群正在发生变化。要想不断提高社会保障的供应，它受到的主要结构性约束是人口统计学与技术之间的斗争，即老年人不断增长的需求与年轻人的创新能力创造出来的盈余之间的冲突。

全球生产的国际供应链既漫长又复杂，所有产品的零部件都来自于世界各地，所以没有什么真正本地的产品重要保护。

资本主义（此处并非特指英美资本主义）将会继续在中国和印度发展壮大。尽管在短期内不会延续过去那种疯狂的增长速度，与媒体上反复出现的观点相反，在过去的25年里，这两个国家的高速增长主要受到了国内因素的推动。即使在2002~2007年全球贸易处于爆炸式发展的巅峰时期，中国的出口增长对于GDP实际增长的贡献率只有15%。去年，中国的出口从令人艳羡的高度大幅下滑，导致其沿海地区出现大范围失业，不过中国和印度的大部分出口是进口材料加工，因此其附加值的净损失并不像用出口总量算出来的那么多。从附加值的角度来说，近年来中

国出口在其GDP中所占的高份额只有公开数据的一半左右。

在过去的一百多年里，尽管资本主义表现出不平等性、不稳定性和不道德性等特性，但是也展现了非常强大的适应性。

同样，两国出口行业的就业人数在劳动力总量中的比例相对较小。中国在这方面的情况可能比印度更加明显。此外，中国有庞大的金融资源可用于在短期内大力拉高消费需求，并在长期内巩固工人和农民的社会安全网。在它刚刚宣布的经济刺激计划中也包括一个近乎全民性的医保体制。如果这个计划得到落实，那么就可以同时满足其短期和长期目标。除了严苛的监管体制和银行国有制体系以外，中国和印度的高储蓄率使它们相对远离了外部的金融感染。

对出口、外资和汇款依赖性更多的发展中小国受到的损失更大。和过去宏观经济受到冲击时一样，其中有些国家的政治局势日益动荡，但是这些并不会真正动摇全球资本主义体系。

在过去的一百多年里，尽管资本主义表现出不平等性、不稳定性和不道德性等特点，但是也展现了非常强大的适应性。这种适应性很可能会继续存在，但前提是各国政府能够遏制资本主义的过剩，并且动用其盈余来加强社会保障。

（中国发展研究基金会　刁琳琳　译）

电视的力量
电视节目对妇女地位的影响

The Power of TV:
Television's Impact on the Status of Women

芝加哥大学布斯商学院《资本观念》杂志

打开电视是一种简单而行之有效的提高印度农村妇女地位的方式。

在过去20年间，发展中国家电视机数量的增长十分显著。据估计，亚洲的电视机台数自20世纪80年代以来已经增长了6倍，从1亿台增加到6.5亿万台。在中国，电视观众的人数从1977年的1 800万增加到1995年的10亿。最近几年中，卫星和有线电视的普及率也有了明显的提高。再以中国为例，卫星电视观众的人数从1991年的27万增加到2005年的1 400万。而且，考虑到所有可能观看到电视的人，这一数据略显保守，因为通常都是多个人收看一部电视。印度也同样经历了有线和卫星电视的变革。一项最近的调查指出，在印度有1.12亿家庭拥有电视机，其中61%的家庭拥有有线卫星电视服务。对比5年前的调查，这一数据表明有线电视的普及率提高了一倍。

除了提供娱乐，电视还极大地丰富了人们对外面世界和其他生活方式的认识。这对于那些偏远乡村尤为重要。一些人种学和人类学研究指出，在这些地区，电视是农村家庭了解外部生活信息的主要渠道。

* 本文原载于芝加哥大学布斯商学院（Chicago Booth School of Business，http:// chicagobooth.edu）的电子杂志《资本观念》(*Capital Ideas*)2009年4月号。——编者注

多数流行的有线电视节目表现了城市与农村间截然不同的生活方式。人类学报告指出，农村地区电视普及率的提高，对人们的日常生活行为产生了广泛而巨大的影响，例如厕所的建造和风扇的使用。

最近，芝加哥大学经济学院教授埃米莉·奥斯特和加州大学洛杉矶分校的罗伯特·詹森写了一篇文章《电视的力量：有线电视和印度妇女地位》[1]，旨在探究在印度农村地区引入有线电视对一系列特定价值观和行为的影响，也就是人们对待妇女的态度和歧视。

尽管性别平等问题在世界范围内都很重要，在印度却尤为重要。1992 年，诺贝尔经济学奖得主哈佛大学的阿玛蒂亚·森在一篇文章中指出，在印度有 4 100 万"消失的妇女"，这些妇女和女孩由于受到极度男权社会的虐待而过早死亡。在过去 20 年中，通过性别检测进行堕胎来避免生女孩的现象越来越广泛，这也导致性别歧视问题越来越严重。更广泛地来看，印度女孩在营养、医疗、疫苗接种和教育各方面都受到歧视。即使在印度国内，农村的性别歧视问题比城市的要严重得多。

流行肥皂剧里的许多角色都会接受更多的教育，结婚都较晚，且家庭成员都比较少，而所有这些在农村地区几乎不存在。而且肥皂剧里的很多女性都会在外工作，或者是自由职业者，或者经营企业，或者在政府中任职。有线卫星电视可能会将这些城市的生活态度和价值观传递给农村家庭，从而有助于提高农村妇女的社会地位。詹森和奥斯特的文章揭示的正是这种可能性。而且，他们从衡量妇女地位的不同方面评估了引入有线卫星电视产生的影响，包括自主权、对待家庭暴力的态度、重男倾向和多胎生育等。同时，他们也揭示了有线卫星电视对儿童受教育产生的影响。在这一点上，许多作者也指出儿童的教育水平会随着妇女地位的提高而提高。

对电视影响力的评估

1959 年电视被引入印度，之后的 30 年间，几乎所有的电视节目都被政府控制，节目的内容也主要集中于新闻和经济发展。电视节目内容和收视群最显著的变革源自 20 世纪 90 年代初卫星电视的引入。自 2001 ~ 2006 年的五年间，约 3 000 万家庭、1.5 亿人开始收看有线电视。

有线电视中最流行的节目是肥皂剧。2000 年和 2007 年最流行的电视节目是《每个婆婆都曾是儿媳》（基于印度尼尔森的调研）。这个剧集讲述的是在大城市孟买一个富有的工业家庭的生活。多数流行的印度电视剧都讲述城市里的故事，因此这些电视剧描绘的妇女形象远比农村妇女更为解放。而且，很多时候，也可以收看到西方的电视节目。西方妇女的行为方式更与印度农村截然不同。人类学报告指出，这似乎影响了整个印度对待妇女的态度。一项调查中的受访者认为，电视会使妇女质疑自己的社会地位，进而对她们的事业会有所助益。另一项对妇女的调研指出，因为

1 《电视的力量：有线电视和印度妇女地位》，作者 Emily Oster 和 Robert Jensen，即将在《经济学季刊》发表。Emily Oster，2006 年获哈佛大学经济学博士学位，现为芝加哥大学贝克尔价格理论中心的研究员，芝加哥大学经济系助理教授。她致力于用经济学来反思传统智慧，她的博士论文《乙肝与消失的妇女》对著名经济学家阿马蒂亚·森的观点提出了挑战。Emily Oster 还研究了非洲艾滋病问题，乙肝对中国性别偏向的影响等。《经济学人》、《纽约时报》、《金融时报》等世界著名媒体都曾对 Emily Oster 的研究进行过报道。Robert Jensen，得克萨斯大学新闻学副教授，传媒学院高级学者荣誉计划主任。Jensen 致力于男性暴力问题的研究以及通过批判白人特权和习俗化的种族歧视来解决种族问题。他的研究对媒体和特权进行了大量抨击。——编者注

有了电视，男性和女性的眼界会更开阔。

詹森和奥斯特所作的研究和大多数人类学研究不同，他们提供了更加定量化的分析，以衡量电视究竟对妇女地位有多大影响。奥斯特解释到："询问人们是否认为电视会影响性别歧视和行为是一回事，即使他们给出肯定的回答，但要让他们说出其影响程度究竟有多大十分困难"。他们同时也强调，为了辨明因果关系，必须确保他们的数据中没有既提高电视普及率又改善妇女地位的其他因素存在，因为这些因素会产生错误的结论，即其他因素导致了电视的普及和妇女地位的提高。

詹森和奥斯特的主要结论依赖于对印度农村的老龄化调查。这项调查涵盖了印度180个村庄中的近2 500名妇女。在2001年、2002年和2003年，她们每年受访一次。这三年同时也是农村有线电视快速发展的时期。在三年调研期间，有线电视被首先引入180个村庄中的21个。调查的分析结果依赖于对不同年份和不同村庄对待性别的态度和行为变化的比较，这种变化基于是否或何时引入有线电视。他们使用了几种衡量妇女地位的方法，首先使用的是对两种态度的衡量，即对家庭暴力和重男倾向的态度。对家庭暴力的态度用以下方法来衡量，首先询问妇女在六种可能的情形下（如怠慢小孩、不忠诚等）是否可以接受家庭暴力，然后统计可接受的情形的总数。对重男倾向的衡量，是询问那些愿意生多胎的妇女是否希望下一胎生男孩。

詹森和奥斯特发现有线电视对这两种态度都产生了很大影响。引入有线电视的农村，妇女对家庭暴力和重男倾向的接受程度有很大幅度的下降，而在没有有线电视的农村，妇女的态度没有改变。这种下降是通过对2002年引入有线电视的村庄在2001年和2002年进行比较、对2003年引入有线电视的村庄在2002年和2003年进行比较以后得出的。也就是说，态度发生转变的时间和有线电视的引入时间一致。

真实行为的转变与态度的转变一样能体现出妇女地位的实质性提高。詹森和奥斯特通过对家庭决策的参与进行问答来衡量妇女的自主权。这些问题包括，妇女是否能够决定医疗保健和食物采购，是否需要经过允许才能探访亲友等。总的来说，自主权随着有线电视的引入有了显著提高，同时，这种转变也是和有线电视的引入同步发生的。他们同时也发现，有线电视引入后妇女的怀孕率也下降了。

正如所观察到的，有线电视在引入后的第一年产生的影响非常迅速，这也和先前的电视引入影响的研究相一致。先前的研究发现行为的快速转变通常发生在几个月内，如避孕用具的使用、怀孕和建造厕所等。这些影响同样是巨大的，城市与农村态度和行为差异的45%～70%是通过电视的引入而引起的。

一个很重要的问题是，是否有其他因素既影响了电视的普及又影响了农村妇女态度和行为改变。例如，是否可能是因为农村变得更"现代"，而导致了妇女态度行为的提高，也使得电视更加被认可。如果是这样，将会对电视影响妇女地位这一因果推论产生疑问。

为了验证这一可能性，詹森和奥斯特调查了在有线电视引入之前，四项表征妇女地位的指标是否有提高，结果是没有。奥斯特说道："在有线电视引入之前，妇女地位没有任何改变；而引入之后发生了巨大的转变。这就是你所期望看到的，即是否有线电视的引入导致了妇女地位的提高。"

有线电视是如何影响教育的？

对经济发展的研究倾向于指出，如果妇女在家庭中有更大的决策权，对儿童教育和医疗保健的投资也会更大。例如，把钱给妇女会比把钱给男性更好，因为妇女总是倾向于把钱花在孩子身上来保障他们的福利。奥斯特说道："如果这是真的，如果引入电视能提高妇女的地位，那么这也会对儿童有积极的影响。"

入学是衡量儿童福利的一个方面。研究表明，引入有线电视之后，入学率，尤其是年幼儿童的入学率提高了。

也有证据表明电视的引入会产生一些后续的影响。家庭引入有线电视一年后，对儿童入学的影响才更为显著。不同于对妇女产生的立即的影响，电视对于教育的影响显现的周期更长，因为入学计划必须事先制定，同时必须存钱用于学费和其他费用。

与传统且复杂的用于推广教育和改善妇女地位的方法相比，只是简单地打开电视就能提高妇女和儿童的生活这种方式，激起了人们的极大兴趣。例如，那些"赋予妇女更多权力"的呼吁通常都不是很明确的；通过减少贫困、建造学校和提高教师待遇来提高入学率的努力和这些试图去解决的问题本身一样难以实现。显然有线电视并不能解决所有问题，因为部分问题是由诸如贫困这样潜在的社会深层问题造成的，但是电视通过改变妇女的态度和行为，以极少的花费快速地影响教育和妇女地位确实是无可争议的。

（鄂丽丽 译）

进步时代改革的决定性因素
1906 年《纯净食品和药品法》

The Determinants of Progressive Era Reform: The Pure Food and Drugs Act of 1906

马克·劳　加里·利比卡普

一、引言

19 世纪末和 20 世纪早期见证了美国监管的诞生。在进步时代，联邦在银行、保险、交通、竞争及州际食品与药品生产方面的权力大大扩张。事实上，联邦政府正是在这一时期开始取代州政府和地方政府成为经济监管的主体。政府监管不仅更联邦化，并且更具强制性。问题是为什么会出现这种变化。

一般来说，对联邦监管的出现有三种观点。第一种是公共利益说，该观点认为联邦监管的出现是为了解决州政府和地方政府无法解决的市场失灵，进步时代的改革者们关注消费者福利的改善，进行游说以支持这些监管。这一观点得到了大量历史文献的支持，但未能解释为什么保护消费者福利需要的是监管，而不是法院系统[1]。第二种是监管的目的在于给予商业团体竞争优势。这一监管俘获的观点乍看起来颇有道理，但不能解释为什么监管在同期得到了如此广泛的支持。第三种观点强调了揭密媒体和企业型官员在唤醒公众对监管的支持中所发挥的作用。不过，这些利益集团影响监管实施的具体机制尚未得到揭示。第一种观点强调了监管在改善效率方面的作用，后两种观点则对监管对消费者福利的影响提出质疑。

本文从联邦食品和药品立法的角度对上述实施进步时代监管的三种解释进行分析。1906 年，联邦政府颁布了纯净食品和药品法，这是第一部授予监管者对州际食品和药品贸易空前权力的联邦法律。我们调查的核心问题是食品和药品法的立法时

---

* Marc T. Law，美国佛蒙特州立大学经济学系助理教授，应用经济学家，研究领域涵盖监管、政治经济学和经济史。他的研究分支之一是 19 世纪末和 20 世纪初在美国监管的诞生中非对称的产品质量信息的作用，另外，也对美国农业部专用款进行了政治经济学研究。Gary D. Libecap，美国加利福尼亚大学 Bren 学院教授，美国经济史协会主席，国际西部经济学协会主席，国际新制度经济学协会主席。目前正致力于美国西部水分配的法学、经济学以及政策研究。原文载于 Edward Glaeser 和 Clandia Goldin 编著的《腐败与改革——来自美国经济史的教训》(Corruption and Reform：Lessons from American's Economic History) 一书。本书的中文版即将由商务印书馆出版。——编者注

** 感谢 Dan Carpenter、Ed Glaeser、Claudia Goldin，以及 NBER 腐败和改革研讨会与会者的有益评论。Tomas Nonenmacher 和 Lee Alston 提供了改革利益集团的相关数据。

1 参见 Glaeser 和 Schleifer (2003)。

机和所获支持的性质。我们还分析了该法的早期执法及对消费者福利的影响。该法的通过可以在很大程度上揭示整个进步时代的进程以及食品和药品管理局（FDA）的设立[2]。

我们发现：关于监管的三种观点都可解释《纯净食品和药品法》的通过：制造商、消费者和官僚利益集团具有按自身利益创设法律的动机，揭密媒体影响了法案通过的时机。立法史和统计分析都强调了各种制造商集团使竞争市场产生偏向的愿望、联邦官员扩大监管权的愿望，以及进步论改革利益集团确保消费者购买的食品和药品质量未受欺骗的愿望。尽管如此，19 世纪 90 年代和 20 世纪初提出的很多食品和药品法案均未获通过。上述相互竞争的利益集团之间的冲突导致不可能形成一个立法政治联盟。不过在 1905~1906 年间，随着厄普顿·辛克莱的《丛林》一书的出版以及主流报刊上具有轰动效应的揭密文章的出现，公众对食品和药品监管的支持被激发起来，并反过来促进了有利于法律最终通过的联盟的形成。

制造商、消费者和官僚利益集团具有按自身利益创设法律的动机，揭密媒体影响了法案通过的时机。

我们还发现，立法背后的利益集团无法完全左右执法机构或执法的法治环境，因而并没有像最初预想的那样从监管中获益。因此，关于监管的三种观点共同为监管在当时出现的原因提供了一种解释，但未能为政策的最终效果提供一个周全的理由。为了全面理解进步时代监管的前因后果，需要采取一种将利益集团影响制度环境的能力纳入考虑的更为折中的路径。

二、市场变革和分析改革的概念框架

食品和药品市场在 19 世纪末和 20 世纪初出现了三大进展。一是新型的、更廉价的食品和药品威胁了旧式产品的统治地位。竞争的变化引发了竞争对手之间的贸易战。二是科技进步增加了很多产品的复杂性。这给了部分企业可乘之机，使这些企业得以用消费者无法轻易识破的方式改变产品或掺假以减少成本。产品质量的不确定性置消费者于质量欺骗，甚至中毒的危险之中。三是全国性市场的建立对消费者、生产者和政府机构的影响。消费者越来越多地购买外州制造的食品和药品，而外州的食品和药品通常不受本地或本州法院和监管机构的管辖。单独的州监管和侵权诉讼在解决产品质量纠纷方面效率低下。此外，面向全国性市场的企业面临着不同的、时常相互冲突的监管环境，这给合规和产品标准化制造了困难。不断增长的州际贸易和对产品安全的担忧为联邦监管者扩张管辖权提供了新机会。相反，州监管官员经常嫉妒联邦监管者的特权，并怀疑联邦权力的任何扩张。总之，食品和药品市场的上述变化意味着进步时代对联邦监管的需求可能有三种不同的来源：

作为解决市场失灵手段的监管

产品成分和产品质量方面的信息不对称导致很多食品和药品市场上存在“柠檬”

2　直到 20 世纪 20 年代，与现在被我们称为 FDA 相类似的机构是联邦农业部下设的化学局。1927 年，该局的监管部门能被重新命名为食品、药品和杀虫剂管理局。1930 年，名称被缩减为食品和药品管理局。

《纯净食品和药品法》就是一个商业利益集团俘获政府的例证，化学局以及食品和药品管理局是这一俘获的代理人。

商品[3]。由于消费者无法察觉花样繁多的食品和药品掺假，市场不能总是保证优质食品和药品的交付[4]。因此，专家在产品质量监管中要充当生产性角色，他们在判断食品和药品质量方面具有比较优势。由于事关全国性市场，联邦政客可以通过联邦立法改善消费者福利，同时争取选票。根据这种观点，食品和药品市场存在需纠正的市场失灵，而《纯净食品和药品法》及其执法机构是解决该问题的途径之一；监管是消费者驱动的，旨在解决现实的经济问题。

监管俘获式的寻租

另一种观点基于科尔科 (1963) 等人[5]的研究，强调了监管在提高特定生产者利益方面的作用而非监管带来的效率。企业通过准入限制或其他生产限制俘获监管过程以增加竞争对手的成本[6]。企业可因此减少竞争对手通过采用新生产技术获得的优势。政客们作出响应，因为这些团体可以提供选票和竞选献金。在州层面，一些法律被用来从战略上提高本地或整个地区制造商的优势，这些制造商正面临新的州际竞争压力。相反，更多的全国性的制造商和利益集团寻求联邦立法以制定统一的监管标准，消除更具侵略性的州监管，并使其他制造商处于劣势。因此，根据这种观点，立法的主要支持者是那些相对竞争对手而言寻求金钱优势的行业团体。《纯净食品和药品法》就是一个商业利益集团俘获政府的例证，化学局以及食品和药品管理局是这一俘获的代理人。这种商业保护的收益分配不会给消费者带来任何好处。事实上，通过准入限制，该法可能已经侵害了消费者利益。

3 参见 Akerlof（1970）。

4 参见 Darby 和 Karni（1973），McCluskey（2000）。

5 Kolko(1963)，Stigler(1971) 和 Peltzman(1976)。

6 参见 Wood（1986）。

企业型联邦官员和媒体的寻租

最后一种可能性强调了试图扩大管辖权和部门预算的企业型联邦官员[7]和寻求兜售报纸、期刊和书籍的揭密记者们所扮演的角色。这两个团体在支持监管方面形成了天然的联盟，因为媒体可以大肆宣扬联邦监管者对食品和药品安全的自私而“科学”的担忧。揭密出版物通过传播耸人听闻的消费者被骗甚至中毒的故事来激起公众对监管的支持。此外，揭发黑幕的文章富有感染力，吸引了很多读者。上述观点是能够让人信服的，因为消费者并非完全了解新型生产技术和产品，对质量和健康的影响也无法简单地进行评估。如果利用有限的消费者和选民信息实施监管，监管将几乎不会为消费者提供福利。因此，根据这种观点，激进的媒体和联邦官员利用消费者对新兴产品和制造程序的无知，操纵了消费者。《纯净食品和药品法》的颁布与其说是对现实经济问题的回应，不如说是对消费者忧虑的回应，极具影响力及轰动效应的媒体助长了消费者的忧虑。因此，该法的主要支持者是消费者团体、揭密媒体和联邦官员。

为了观察上述观点对实施联邦监管的解释力，我们对 19 世纪末的食品和药品市场以及联邦食品和药品监管立法史进行考察。

7 参见 Niskanen（1971）。

三、市场变革和联邦监管的立法史

监管可能拥有目标各异的支持者。食品和药品监管的主要支持者包括意识形态驱动的进步论改革者、州监管者、联邦监管者、生产“旧式”商品的现有企业和生产“新式”商品的新晋企业、揭密媒体及消费者。这些团体在联邦食品质量监管方面的动机相互冲突。这些差异在影响政治选民的同时，也影响了围绕食品和药品法草案的冲突的本质。

变革中的市场和制造商游说监管的动机

市场的扩大和食品加工技术的进步共同造就了能更好地满足特定市场领域所需的新产品，这些新产品比老企业的产品更廉价。老企业因此具有组织起来争取政府支持以阻止或限制新产品扩散的动机。

让我们对下述产品及它们对市场的影响进行分析。人造黄油，第一个被认可的黄油替代品，于 19 世纪 70 年代早期进入美国市场。法国药剂师梅热—穆列斯于 1869 年发明了人造黄油，由于比黄油廉价，人造黄油很快就风靡工人阶层家庭[8]。与之相似，日益降低的运输成本和冷藏车的出现使大型肉类屠宰场可以设立在芝加哥、圣路易斯和其他中西部城市，以集中屠宰牲畜并向东部市场运输精装牛肉（dressed beef）。到了 19 世纪 80 年代，精装牛肉在纽约、波士顿和其他东部沿海城市的销售可以与本地屠宰的牛肉相匹敌[9]。化学的进步诞生了一种新型发酵粉——以明矾为基础的发酵粉，这种发酵粉比传统的塔塔粉更廉价。此外，罐头制造和储藏技术等方面的进步使水果、蔬菜、肉类和海产品的生产和销售在空间和时间距离上的扩张都成为可能。

上述发展导致相互竞争的各食品贸易派别间的冲突白热化。奶制品制造商受到日益流行的人造黄油的威胁，把人造黄油捏造成“油乎乎的假货”（the greasy counterfeit），重要的是还寻求州和联邦层面的监管以阻止人造黄油贸易的增长。本地屠户与心怀不满的牧场主合伙指控精装牛肉不安全，并游说进行肉类监测和反垄断以使大型芝加哥罐头厂陷于不利地位。塔塔粉利益集团和明矾发酵粉利益集团之间爆发了长期的斗争，双方相互指责对方的产品有害健康，并且试图获得对对方产品不利的监管。类似的冲突也出现在“纯”威士忌和“混合”威士忌制造商之间，他们相互指责对方的产品不纯而且对消费者不安全。新进入市场的生产者和更廉价替代品的到来无疑刺激了部分生产者团体对监管的需求，他们希望监管可以减少对竞争对手产品的需求[10]。

事实上，一些规制食品行业的法律与试图削弱竞争对手的行业团体的努力是密不可分的。例如，州政府实施的监管要求人造黄油使用与黄油不同的颜色，禁止在公寓、监狱或饭店使用人造黄油，或者严格监管甚至禁止销售人造黄油。这些监管主要是为了帮助奶农。此外，国会 1886 年规定的人造黄油税要求人造黄油制造商以各种方式在其产品上作出标记，对每磅人造黄油征收 0.02 美元国内税，对人造黄油制造商每年征收 600 美元的费用，对人造黄油批发商每年征收 480 美元，对人造黄

8 参见 Dupré（1999）。

9 参见 Yeager（1981），Libecap（1992）。

10 参见 Wood（1986，第 152~180 页）。

油零售商每年征收48美元[11]。

相应的，1891年《肉类检测法》的颁布在一定程度上是为了满足东部市场上牧场主和本地屠户联盟的要求，他们希望监管可以遏制“精装”肉类贸易的增长，以对芝加哥大型罐头厂不利。不过，大型罐头厂也支持该法，因为该法规定对为州际和对外贸易准备的牛和猪进行检测，帮助他们的肉制品创造了外部市场[12]。

1902年，参议院对过去20年若干食品掺假研究的调查报告显示，食品掺假现象相当普遍。

市场变革和消费者支持监管的动机

消费者也有理由担忧食品和药品市场的变革。随着食品生产脱离家庭进入非个人市场，制造和加工工艺的进步使食品更加复杂，普通消费者越来越难以分辨食品质量和成分。药剂师、家庭经济学家、关注公共健康的官员和其他具有改革意识的人开始表达对食品质量的担忧——特别是食品成分，以及含有化学物质、防腐剂及其他人工成分的食品的营养价值。这些群体通过强调潜在问题和呼吁政府发挥更为积极的作用来表达对消费者福利的担忧。

例如，有一篇萌芽性的文献阐述了制造商和经销商如何为把廉价货卖上高价而在食品中掺假（比如，通过添加其他物质而降低产品成本），及食品掺假对健康和寿命的影响。家庭经济学的领军人物之一埃伦·理查兹，在1885年的《食品原料与食品掺假》一书中写道：“我们购买一切，但对其制造过程一无所知，也没有途径可以预先知道质量怎么样。”“相比我们的祖母，我们对日常用品处于一种原始的无知状态。”[13]食品成分方面的信息不对称产生了一种认知：很多食品和药品市场上存在“柠檬”商品。

州和联邦机构被这一问题吸引，公共健康和农业部门聘请的分析化学家所进行的研究揭示了广泛存在的食品掺假行为。1902年，参议院对过去20年若干食品掺假研究的调查报告显示，食品掺假现象相当普遍[14]。很多独立的研究发现牛奶或被掺水或未经提示即被脱脂。另外一些研究则发现黄油被掺入人造黄油而售价降低。猪油经常被加入棉籽油但仍被贴上“纯猪板油”的标签。罐头和加工食品常常在商品标签无任何提示的情况下被添加了葡萄糖或化学防腐剂。美国公共健康部的一位化学家巴特希尔，在1887年所著的《食品掺假及检测》一书中记载了很多上述行为。

监管的支持者还认为食品掺假存在健康风险，但是可用证据大多不够可靠，这可能是因为当时即使是著名医生和公共健康官员对人类营养学的认识都还非常原始。在19世纪90年代末和20世纪初国会举行的食品掺假听证会上，医生和科学家们在硼砂和水杨酸等防腐剂的营养价值、明矾发酵粉对人类消化能力的影响以及与食用葡萄糖等人造甜味剂相关的健康风险方面都存在分歧[15]。

对某类食品有毒而且可能导致死亡的指控没有得到广泛的支持，因为很少有证据能证明食用精装牛肉，罐装水果、蔬菜

11 参见美国参议院（1900~1901），Lee（1973），Dupré（1999）。

12 参见Libecap（1992）。

13 引自Strasser（1989，第255页）。

14 参见美国参议院（1902）。

15 参见美国参议院（1899~1900），Young（1989，第140~145页）。

和肉类，或其他人造和加工食品会导致大规模中毒现象。[16] 政府官员卷入了很多科学辩论，这些辩论的核心是食品对消化和营养的更微妙影响。

名誉机制可能成为减少消费者对食品质量不确定性的市场化解决方案。随着罐装食品和加工食品制造商，如迅捷、纳贝斯克公司和亨氏公司等，努力提供高质量产品以建立声誉，产品的品牌效应不断扩大[17]。A & P 和克罗格等零售食品连锁公司也出现在 19 世纪末，这在一定程度上是对保障消费者食品质量需求的响应[18]。

不过，一般来说，消费者不可能知道食品有害还是健康，也不可能知道食品中是否添加了化学防腐剂或劣质成分。因此，建立在市场基础上的解决信息不对称问题的手段（这些手段依赖于事后检测产品质量的能力），或许不足以保证上述质量信息的传递令人信服[19]。第 49 届国会（1885）的一位议员在就纯净食品监管必要性向众议院演讲时表达了这种观点：

扩大监管的努力为州和联邦机构提供了增加预算、人员和权力的机会。

在一般情况下，消费者可能被迫依靠自己的智力保护自己免受欺诈之苦。假以合理程度的谨慎，他能够保护自己免受缺斤短两之害。如果他在检查时没有发现鞋像纸糊的，在穿的时候才发现，就可以用这样或那样的方式惩罚骗人的卖家。自由主义作为一种普遍原则能够适用，但对很多食品掺假行为并不适用。发现欺诈需要进行科学检测，而科学检测超出了消费者的能力范围。在这种情况下，政府应该介入[20]。

对食品质量的担忧使消费者支持者产生了食品监管的需求。进步论改革群体，包括妇女俱乐部总联盟（GFWC）和妇女基督徒禁酒联盟（WCTU）等最著名的妇女团体，以及家庭经济学运动的领导者和公共健康部门官员，游说要求监管以禁止销售掺假或冒牌商品。

因此，进步时代实施的一些食品监管似乎带有明显的公共利益动机。尤其是州政府在 19 世纪最后 20 年颁布的一些纯净食品和奶制品方面的基本法律旨在改善商品标签的准确性。各州的相关法律在内容和形式上有所不同，但监管总体目标是确保食品中的添加物能够在商品标签上得到清晰的标示。这些州纯净食品法帮助解决了很多食品市场中存在的柠檬商品问题。一些消费者和优质产品的制造商从中受益，前者希望获得更好的产品质量信息，后者发现监管可以帮助他们占领市场[21]。

市场变革与政府官员保护监管的动机

扩大监管的努力为州和联邦机构提供了增加预算、人员和权力的机会。支持者热衷于“专家”监管，因为政府机构聘请的化学家和其他科学家在检测食品掺假方面比消费者具有明显的比较优势。实际上，在 19 世纪 80 年代和 90 年代，大部分州政府颁布的纯净食品和纯净奶制品法律认定销售掺假食品不合法，同时赋予州纯净食品机构的官员查封掺假和冒牌产品，并起诉

16 Olmstead 和 Rhode（2004）报告了牛结核病对人类健康更直接的威胁。联邦监管始于 1913 年。

17 参见 Strasser（1989）。

18 参见 Kim（2001）。

19 参见 Darby 和 Karni（1973），McCluskey（2000）。

20 参见国会议事录 1885，第 5040 ~ 5041 页。

21 参见 Law（2003）。

违反监管规定的制造商和经销商的权力[22]。

不过，到了19世纪90年代，我们明显可以发现州政府并非对食品标签内容进行系统监管的理想人选。原因有三：一是州际食品贸易的扩张使州政府对外州生产的商品进行监管的难度越来越大，甚至执行本州的纯净食品法律也是如此。尽管州政府有权监管本州生产和销售的商品，但无权监管外州的产品生产，也无法控制外州商品在本州的销售。外州的制造商和经销商能够以运输商品要保证"包装原始且完整"为由来规避本州的纯净食品监管[23]。

第二，很多州的纯净食品法通常未得到执行。尽管几乎所有的州都在19世纪80年代和90年代颁布了食品法，但只有一半州的法律明确了特定的执行机构[24]。其他州的纯净食品法实际上就像橱窗里的商品一样仅作展示之用，并无实际作用。古德温[25]提供的描述性证据表明，那些没有执法机构的州执法活动很少甚至没有。一些证据证明部分州内宽松的执法可能是对特定食品制造商压力的回应，但对国会的食品和药品法案听证会和同期其他证据进行认真分析后并未发现，与行业利益集团相关的州监管者的"腐败"在破坏州的监管努力中发挥了系统性作用。很多州监管松弛并非因为制造商而故意为之，而是因为政府一般很小且预算有限。因此，很多州的纯净食品监管在解决食品成分的信息不对称问题上作用不大。

最后，从事州际食品贸易的制造商和经销商也在国会听证会上抱怨遵守存在差异的州监管成本巨大。这些制造商和经销商渴望能有一部统一的联邦纯净食品法，因为他们认为那样可以减少合规成本，且全国性法律比更加繁杂的州监管具有优先权。比如，芝加哥一个大型批发商的董事说：

> 这个国家的很多州通过了纯净食品法，而且在某类商品销售方面，我发现由于缺乏统一性，在运输货物时经常会突然出现差错，因为一个州的法律与另一个州的法律不同，因此过去10年里芝加哥商人和制造商就像大声疾呼一部全国性的破产法那样大声疾呼一部全国性的纯净食品法。这需要每个州的律师熟悉所有州的法律规定以知晓主流规则是什么[26]。

不过，随着联邦监管的推动力加强，联邦和州官员之间出现了应该由谁执行联邦纯净食品法以及谁有权制定食品标准的冲突。从1887年开始，化学局，农业部的一个下属机构，开始就美国食品掺假性质和程度公布一些姿态鲜明的文件。在哈维·威利博士的领导下，化学局开始确立在美国食品掺假分析领域的地位。到19世纪90年代中期，化学局作为联邦食品和药品法执法机构的地位开始明朗。

由于通过扩大监管权力可以从监管中获益，化学局具有强烈的动机去游说进行联邦食品监管。部分州的监管者反对联邦监管，部分原因是联邦监管使他们变得多余，此外，对联邦监管者（特别是哈维·威利）是否独立于某些制造利益团体存在怀疑也是部分原因。另一方面，农业化学家官员联盟（AOAC）以及其他州监管者坚定地支持哈维·威利和化学局。因此，官员利益集团也是监管改革出现政治僵局的原因之一[27]。

---

22 参见美国参议院（1900~1901）。

23 参见美国参议院（1899~1900，第529~530页）。

24 参见Law（2003）。

25 参见Goodwin（1999，第68~70页）。

26 参见美国参议院（1899~1900，第73页）。

27 参见Coppin和High（1999）。

政治僵局和揭密媒体在监管时机方面的作用

商界、消费者和州与联邦政府利益团体之间相互冲突的目标导致了政治僵局的出现，阻碍了联邦层面的食品和药品监管。比如，内布拉斯加州参议员帕多克在1890年提出了帕多克法案，以保护制造商和消费者免受食品方面的商业欺诈（掺假），改善美国食品在国外的形象并促进出口。尽管该法案受到了居民、州监管者、批发商和制药协会、贸易协会及农场组织的广泛支持，在1890年或1891年却没有付诸任何行动。玉米和猪肉制造商是该法案的坚定支持者，对添加棉籽油的“掺假”猪油发起了一场贸易战，同时，1892年这项法案以更温和的形式再次向参议院提起。参议院通过了该法案，但棉籽油制造商通过众议院议员成功地阻止了该法案成为法律[28]。

商界、消费者和州与联邦政府利益团体之间相互冲突的目标导致了政治僵局的出现，阻碍了联邦层面的食品和药品监管。

与之相似，相互竞争的发酵粉利益集团阻挠其他联邦纯净食品法案的通过。在这类案例里，塔塔粉制造商希望监管能够置明矾发酵粉于竞争劣势。明矾发酵粉制造商自然希望监管不歧视其产品。因此，拿安德森[29]1990年的一句话来说，“形势是，不管法案采用什么措辞都会遭到两大发酵粉制造商阵营之一的反对”。

此外，20世纪初的关于纯净食品法政治僵局的形成也有纯威士忌和混合威士忌制造商的因素。肯塔基、马里兰、弗吉尼亚和宾夕法尼亚州生产的纯威士忌（蒸馏威士忌）与伊利诺伊、印第安纳和俄亥俄州生产的廉价混合威士忌相竞争。纯威士忌利益团体，是老牌制造商，将混合威士忌视为不纯净产品，希望监管能够对迅速扩大市场份额的混合威士忌不利。纯净食品法草案要求“混合剂、合成物、化合物、仿造物或这些物质的组合”（混合威士忌）应被“标注、打印或加注以显示特点或成分”。[30] 由于担忧这种表述可能迫使混合威士忌制造商公开极有价值的商业秘密，全国酒类批发商联盟（混合威士忌制造商的贸易组织）成功地组织了与这些法案的斗争[31]。

最后，纯净食品监管是否应包括药品，尤其是未列入美国药典或国家处方集的药品也存在争议，并且导致了对联邦监管的政治反对。进步论改革团体，特别是妇女基督徒禁酒联盟的妇女希望专利药品和成药被纳入监管，因为这些药品含有酒精。全美医师联盟所代表的组织医学希望监管以限制“骗子”药的使用[32]。全美医师联盟之所以这样做，一方面是因为专利药品的使用引发了健康风险，另一方面是因为专利药品代替了医生服务，从而对医生构成了竞争威胁。

专利药品贸易组织、成药协会、其他药品制造商以及收入依赖专利药品广告的报纸，开始进行游说，反对将未列入美国药典或国家处方集的药品纳入食品和药品

28 参见 Anderson（1958，第78~80页），Young（1989，第97~99页）。

29 参见 Anderson（1958，第135页）。

30 根据 Young（1989，第167页），Wiley“痛恨”混合威士忌，并与蒸馏酒制造商密谋置混合威士忌制造商与死地的策略。

31 参见 Young（1989，第165~168页）。

32 Anderson（1958，第161~170页）。

监管。[33]他们担心联邦政府开始针对使用他们药品的治疗方案进行监管。根据成药协会法律委员会的说法，对更广泛的药品进行监管几乎将毁掉美国的成药销售[34]。

如果揭密媒体没有出现，这些媒体富有感染力的报道没有增加反对监管的政治成本，上述立法冲突就会有效地阻止任何联邦法律的通过。实际上，揭密新闻使食品和药品掺假问题在情感上变得重要，充当了将分散的消费者利益集中起来的协调机制。

19世纪末揭密新闻的涌现具有众多因素，宽泛地说这些因素与进步时代改革的暗流密不可分，具体地说则与食品和药品监管联系紧密。很多进步论改革者是作家或记者，相信“笔的力量”可以向读者揭示社会和经济问题，可以让普通民众明白改革的必要性[35]。此外，技术和组织上的发展使这些作家和记者能够接触到前所未有的大量读者。高速媒体的采用和网版照相制版的完善降低了生产成本，提高了插图的质量。19世纪80年代和90年代邮费的下降降低了全国性杂志的成本。全国性消费品市场的增长以及杂志和期刊向全国性广告公司出售版面使期刊能够以极低的价格卖给读者（通常每本低于10美分）。《麦克鲁》等期刊[36]的老板很快发现低成本、高发行量、布满广告的杂志与富有感染力的新闻组合有利可图，这些新闻能够把重要的社会和经济问题摆在读者面前[37]。因此，上述期刊雇用揭密记者，如塞缪尔·亚当斯等人[38]，撰写文章以揭露不道德的商业活动、都市贫民生活和政治腐败。

揭密新闻使食品和药品掺假问题在情感上变得重要，充当了将分散的消费者利益集中起来的协调机制。

两个重大揭密事件似乎在《纯净食品和药品法》的制定中发挥了特别关键的作用[39]。一个是厄普顿·辛克莱在1906年出版的《丛林》，该书曝光了芝加哥肉类加工厂的肮脏的卫生条件，引发了对肉类质量的公愤。[40]辛克莱的这本小说最初连载在揭密杂志《呼吁理性》上，披露了大型肉类加工厂如何在产品质量上欺骗消费者。辛克莱描述了一系列耸人听闻的事件：“罐装鸡”根本就没有鸡，变酸的肉通过用苏打粉擦洗来去掉酸味，被欧洲市场退货的臭香肠在美国市场找到了销路，肉在屠宰场地板上受到了污染。辛克莱揭密事件直接催生了1906年的《肉类检测法》的出台，该法大大扩大了美国农业部对肉类屠宰、包装和罐头制造的检测范围[41]。

第二个揭密事件是《科里尔周刊》上刊登的一系列文章，披露了专利药品制造商如何在媒体上宣传他们的药物来击败州监管，但更重要的是警告了公众使用专利药品的危险。马克·沙利文在1905年12月4日的一篇文章《专利药品共谋与新闻自由为敌》中，曝光了专利药品行业对媒体和

33 专利药品在这一时期实际上是报纸和杂志最重要的广告收入来源之一。参见Young（1967）。

34 引自Young（1989，第169页）。

35 参见Hays（1957）。

36 McClure’s、Cosmopolitan、Colliers Weekly、Everybody’s和Munsey’s等。

37 参见Chalmers（1974），Filler（1976）。

38 Samuel Hopkins Adams、Ray Stannard Baker、Henry Demarest Lloyd、Upton Sinclair、Lincoln Steffens、Charles Edward Russell和Ida Tarbell。

39 参见Anderson（1958），Young（1989），Carpenter（2001）。

40 Sinclair写作《丛林》一书的主要目的是激发对移民工人工作环境的公愤，而非揭发部分肉类加工厂在产品质量方面的欺诈活动。参见Young（1989，第252页）。

41 参见Young（1989，第221~250页）。

州监管这些药品的努力所施加的影响。对专利药品行业的抨击还有塞缪尔·亚当斯在1905年秋季发表的一系列文章，这些文章指出不分青红皂白地使用专利药品带来的危险以及那些药品里存在大量的酒精和鸦片。亚当斯写道："容易受骗的美国人今年将花费7 500万美元购买专利药品，并将吞下大量酒精、数量惊人的鸦片和致幻剂；从有效但危险的心脏镇静剂到阴险的肝脏刺激物等各式各样的药品，以及药品中其他成分远远超标等问题，全都充满了欺诈[42]。"

亚当斯揭发专利药品黑幕的文章在监管改革的进程中影响巨大。亚当斯让公众知晓了专利药品的危险，明白了监管可能带来的公共利益，为消费者提供了积极展开食品和药品监管游说的强烈动机。国会因而被来自全国妇女团体和消费者要求对专利药品进行监管的请愿书淹没。哈维·威利和化学局向希望得到更多专利药品危险证据的团体提供了专利药品的化学分析。亚当斯的文章重新刊登在《美国医学会杂志》上，并在全国的医生间传阅，因此医生转而也开始游说国会进行监管[43]。

揭密记者显然从报刊销量的增加和揭密行为带来的声望中受益。不过，由于化学局将被授予执行联邦食品和药品法律的权力，威利远比联邦机构的其他人员更加不知疲倦地为联邦食品和药品法律争取政治支持就不足为奇了。比如，在20世纪初，威利高姿态地主导了一系列针对美国农业部雇员（后来以"毒品组"广为人知）进行的防腐剂对人类消化能力影响的试验。威利还定期在妇女俱乐部讲授食品和药品掺假及掺假对人类健康的影响[44]。此外，亚当斯与威利形成了紧密的关系，因为前者为他在《科里尔周刊》刊登的文章找到了素材[45]。化学局与揭密媒体的联盟在促成一个有力的政治联盟、以制定一部联邦食品和药品法方面至关重要。

四、进步时代改革理论的计量经济学分析

食品和药品法的立法史表明进步时代改革的三种观点都是实施联邦食品和药品监管的因素之一。我们现在对两个主要食品和药品法案在国会的投票情况进行计量经济学分析以对上述三种假设再进行实证检验。通过将纯净食品法草案在国会的投票情况与反映不同利益集团影响力的变量建立关联，我们可以说明相互竞争的利益集团如何在监管问题上结为同盟。代表主要制造商和消费者利益集团对国会投票影响的证据支持了监管俘获和监管的公共利益观点。此外，通过比较1905年揭密事件之前和之后的食品和药品立法投票，我们可以确定揭密媒体及其官员同盟对法律制定的影响，这对监管的第三种假设进行了部分检验。

不幸的是，1905年以前国会对各种食品和药品法案投票的登记表数据很少。这些法案或者未进入投票阶段或者进入后未留下任何登记表。在1906年2月21日参议院对后来成为《纯净食品和药品法》的法案投票之前，我们仅能找到一份记录在案的投票登记表：1903年3月3日，参议院对是否赞成《赫伯恩/汉斯伯勒法案》进行投票。该法案与1906年法非常相似，呼

42 引自 Carpenter（2001，第269页）。

43 参见 Anderson（1958，第172～180页），Carpenter（2001，第269～270页）。

44 参见 Carpenter Carpenter（2001，第263~266页）。

45 参见 Young（1989，第203页）。

表 1　描述性统计量(以州计)

变量	均值	标准差
因变量		
1903 年投票（是 =1）	0.32	0.46
1906 年投票（是 =1）	0.71	0.46
制造商利益集团变量		
人均专利药品产值(美元)	0.67	0.84
1900 年每千人拥有医生数量	1.63	0.53
每十万人拥有的参加 NFMA 公司数	0.13	0.22
混合威士尼指数	0.07	0.25
纯威士忌指数	0.09	0.30
大型食品工制造商指数	0.48	0.50
消费者利益集团变量		
每千人参加 WCTU 人数	0.32	0.20
新教徒指标	0.24	0.13
其他控制变量		
共和党指数 (1903 年)	0.64	0.48
共和党指数 (1905 年)	0.63	0.48
一维 D-Nominate 得分 (1903 年)	0.18	0.65
一维 D-Nominate 得分 (1905 年)	0.21	0.64

来源：投票数据以及成为全国食品制造商协会（NFMA）会员的各州公司数量的信息来自国会议事录（1903 和 1906）。专利药品生产值以美元计，来自美国人口普查局（1905）。1900 年医生数来自美国人口普查局（1900）。大型食品生产商指数是二元变量，当各州的食品生产商生产的食品超过 100 万美元时取 1，否则取 0。食品加工生产的数据来自美国人口普查局（1905）。用混合和纯威士忌指数衡量混合和纯威士忌制造商的影响。混合和纯威士忌在不同的洲生产，混合威士忌指数是二元变量，伊利诺伊、印第安纳和俄亥俄州取 1，其他各州取 0。纯威士忌指数在肯塔基、马里兰、弗吉尼亚和宾夕法尼亚州取 1，其他各州取 0。一维 D-Nominate 得分数据来自 VOTEVIEW（http://voteview.uh.edu）。分值越低，表示对经济问题的理念越"自由"。共和党指数是二元变量，当参议员是共和党人时取 1，否则取 0。党派成员信息也来自于 VOTEVIEW。人均 WCTU 成员数以及新教徒指标由托马斯·诺南马谢和李·奥尔斯顿（Tomas Nonnenmacher and Lee Alston）提供。

吁对未列入美国药典或国家处方集的专利药品进行监管，并要求食品制造商对其产品成分进行披露，特别是混合威士忌制造商和在产品中使用防腐剂的食品制造商。

因此，我们在实证分析中分析了不同利益集团对参议院 1903 年 3 月 3 日和 1906 年 2 月 21 日投票的影响。

1903 年参议院投票的计量经济学分析

到 1903 年，卷入食品和药品监管辩论的主要利益集团包括：(1) 专利药品制造商和参加协会的医生，他们因受到专利药品监管而反对或支持《赫伯恩 / 汉斯伯勒法案》；(2) 使用防腐剂和葡萄糖的食品制造商，他们担心受到监管者的不公待遇；(3) 纯威士忌和反对纯净食品监管的混合威士忌制造商；(4) 从事州际贸易的大型食品制造企业，他们希望联邦监管可以减少监管合规成本；(5) 消费者导向的进步论改革团体，他们希望监管可以改善产品标签信息的准确度。我们的回归模型包括了体

表 2 影响 1903 年和 1906 年参议院投票通过纯净食品和药品监管因素的 probit 回归估计

	(1) 1903 年投票 (是 =1)	(2) 1906 年投票 (是 =1)
不变量	–1.00 (0.68)	–0.18 (0.76)
人均专利药产值	–0.73** (0.31)	–0.20 (0.22)
1900 年每千人拥有医生数	0.14 (0.39)	0.63* (0.37)
每十万人拥有的参加 NFMA 的公司数	0.001 (0.08)	0.09 (0.09)
混合威士忌指数	–0.76*** (0.43)	–0.26 (0.71)
纯威士忌指数	2.23*** (0.62)	0.71 (0.96)
大型食品制造商指数	0.24 (0.45)	0.96 (0.76)
每千人参加 WCTH 人数	1.30 (0.95)	3.87*** (1.34)
新教徒指标	0.95 (1.70)	1.34 (0.79)
共和党指数	0.51 (0.76)	1.89* (1.01)
一维 D–Nominate 得分	–1.38** (0.76)	–0.83 (0.81)
麦克法登 R^2 统计量 自然比统计量	0.32 34.47***	0.30 30.37***

注：我们用 probit 模型对回归进行估计。括号里表示的量异方差—稳健标准差。
* 在 10% 的水平上显著。
** 在 5% 的水平上显著。
*** 在 1% 的水平上显著。

现这些利益集团在各州影响力的变量。我们还控制了党派的影响，同时包含了一维 D-Nominate* 得分以保持一位参议员的理念不变。回归变量的描述性统计请见表 1。

表 2 第一列显示了对影响参议院是否通过 1903 年《赫伯恩 / 汉斯伯勒法案》的因素进行的 Probit 回归估计。解释变量对参议院投票的边际效应请见表 3 的第一列。总体而言，回归结论与制造商和消费者利益集团对食品和药品监管的态度的定性证据一致。结论也支持了监管俘获的观点，但对公共利益观点提供的支持有限。其他条件相同时，一个州的专利药品行业规模的增加对该州参议员投票支持该法案的可能性会产生负向且统计上显著的影响。此外，一个州的人均拥有医生数量（用来衡

* 由著名学者 Poole 和 Rosenthal 开发的一种反应国会政治偏好的计量方法。——作者给编者的回复

量已有的医疗行业）的增加对该州参议员投票支持该法案的可能性会产生正向但不显著的影响。来自出产混合威士忌的州的参议员投票赞成监管的可能性比出产纯威士忌的州的参议员投票赞成监管的可能性小。州内使用防腐剂的食品制造商数量（用全国食品制造商协会的会员数量代表）的增加对该州参议员投票赞成食品监管的可能性会产生负向但统计上不显著的影响。改革者利益集团（用人均WCTU成员数或新教徒数量指标代表）对参议员投票赞成监管的可能性具有正向但统计上不显著的影响。[46]

系数估计显示，认为监管对自己产品不利的制造商利益集团（专利药品制造商、混合威士忌制造商和使用防腐剂的企业）反对监管，而那些认为监管将使自己获得竞争优势以及在食品和药品法案形成过程中发挥作用的群体（有组织的医生，纯威士忌制造商）则支持监管。代表有组织的医生和纯威士忌利益集团的参议员更有可能投票赞成监管的事实与监管俘获理论一致，因为这两个集团都寻求监管以使低成本的竞争对手陷于不利境地。改革者利益集团变量的系数均为正，但都不显著，这为公共利益假设提供了微弱的证据。改革者利益集团变量不显著可能不足为奇，因为消费者是一个庞大而异质的群体，具有很高的集体行动成本[47]。

在政治控制变量中，共和党人在1903年投票中没有扮演重要角色，但D-Nominate得分显著且系数为负。D-Nominate得分为正且数值越大表明保守理念越强，且这种理念驱动下的参议员更可能投票反对联邦监管的扩张。

1906年参议院投票的计量经济学分析

我们可以通过分析影响1906年参议院对后来成为《《纯净食品和药品法》》的法案投票的因素，来对揭密新闻在打破食品和药品监管政治僵局方面发挥的作用进行实证估计。在对1903年参议院投票（扒粪时代之前）的分析中，我们发现专利药品和混合威士忌利益集团对将投票赞成《赫伯恩/汉斯伯勒法案》的参议员具有负向且统计上显著的影响，改革者利益集团对参议院投票具有正向但统计上不显著的影响。如果揭发专利药品黑幕的新闻（始于塞缪尔·亚当斯约在1905年10月刊登在《科里尔周刊》上的文章）唤起了广大消费者利益集团赞成监管，就有助于打破食品和药品监管上的政治僵局。因此，在对扒粪时代之后（1905年后）的参议院投票分析中，反对监管的制造商利益集团对参议院投票具有负向且统计上显著影响的可能性应该较小，进步论改革利益集团应该对参议院投票具有正向且统计上显著的影响。反对监管的制造商利益集团的显著性应该降低，因为揭密使代表这些集团的政治家们继续反对监管的代价增加。如果揭密增加了食品和药品监管的好处，激发消费者导向的群体主动向政治家施压支持改革，改革者利益集团应成为影响参议院投票的显著因素。

46　当使用人均WCTU成员数（代替人均WCTU）代表改革利益集团时，定量结论类似。此外，回归中包含人均收入并未对结果产生重大影响。新教徒指标衡量各州的新教会、新教徒团体数量。这是一个代表改革利益集团的合理变量，因为大多被进步论改革团体新教徒控制。

47　参见Olson（1965）。

表2的第二列显示了影响1906年2月21日参议院投票因素的probit回归估计；表3的第二列显示了相应的边际效应。代表混合威士忌和专利药品利益集团的变量的系数在统计上不再显著，而代表改革利益集团（人均WCTU成员）的变量的系数为正且在统计上显著。上述后揭密时代的回归结果与我们关于揭密新闻在打破监管改革政治僵局方面的预测一致。通过使食品和药品质量问题在情感上引起广泛关注，揭密促使支持消费者的利益集团去游说进行监管，同时使代表反对监管商业集团的政治家继续阻挠监管的成本增加。这在我们的回归结构中有所体现：我们反映改革利益集团的指标之一现在为正且在统计上显著，而反映专利药品利益集团和混合威士忌利益集团的指标在统计上不再显著。[48]

共和党变量在1906年变为正且在统计上显著，反映了西奥多·罗斯福总统在厄普顿·辛克莱的《丛林》一书出版后推动所在党派在国会支持食品和药品监管所作的努力[49]。1905~1906年之前，食品和药品监管并不是一个特别具有党派性的问题。D-Nominate变量对参议院投票不再具有显著影响。由于消费者/选民对黑幕曝光反应强烈，保守派参议员继续反对监管的成本大增，使意识形态的重要性降低。

总之，上述回归结论为三种监管观点都提供了证据支持。纯威士忌变量和人均拥有医生数量变量为正且在统计上显著，支持了监管俘获假说。人均WCTU成员数量对参议员投票赞成监管的可能性具有正向且在统计上显著的影响。这表明有组织的消费者作为支持监管的选民的重要性，这与公共利益观点一致。不过，该变量为正且在1906年（扒粪时代之后）而非1903年（扒粪时代之前）显著的事实表明，揭密媒体及其官员支持者同样在激发广大消费者关注监管方面发挥了重要作用。因此，考虑上述所有因素，证据也与消费者可能被揭密媒体操纵一致。

五、《纯净食品和药品法》的执法和监管的长期收益

考虑到消费者、行业和官员利益集团都为联邦食品和药品的监管付出了大量的努力，我们有必要对该法的福利效果进行分析。联邦监管是否被以一种特定行业集团受益、竞争者和总体经济效率受损的方式执行？或者《纯净食品和药品法》的执法是否最终为消费者带来福利并提高了食品和药品市场的效率？

这一问题很难回答，因为仅有少数学者就《纯净食品和药品法》对食品和药品市场的影响进行了系统研究。不过，我们对该法执法活动的了解表明，对该法执法的所有观点都不能令人满意。该法早期执法活动方面的证据（在威利博士任职时期）表明，某些行业集团受益，这与监管俘获观点一致。根据科潘和海伊[50]，威利试图使执法活动有利于纯威士忌制造商和未在食品中使用防腐剂的制造商。不过，围绕威利执法的争议和威利在1911年从化学局辞

48 如上文，我们发现使用人均WCTU成员数量的定性结论类似。此外，包含其他变量，如人均收入时，系数估计结果稳健。

49 参见Anderson（1958，第181页），Young（1989，第254页）。

50 参见Coppin和High（1999）。

职使上述集团未能获得更长期的收益。某些行业利益集团可能“俘获”了威利，但它们的影响并未延续到威利的继任者，或者更广泛地说，化学局身上。实际上，化学局的职员及后威利时代化学局的负责人主要由与行业利益无紧密联系的专业官员担任。因此，由于那些支持监管的行业集团并未最终控制执法机构，他们并未从削弱的与替代品的竞争中获得长期利益。这一结果削弱了监管俘获观点的说服力。

尽管消费者从《纯净食品和药品法》执法中受益，但并未像最初预测的那样通过改进药品质量和安全信息而受益。

那么消费者随后获得监管的收益了吗？后威利时代的证据表明，尽管化学局试图以改善食品和药品质量、减少食品和药品信息不对称的方式开展《纯净食品和药品法》执法，但并非总能达到目的。由于化学局规模小、资源有限，加之《纯净食品和药品法》很难在法院执行，该局依靠的是对遵守该法的企业给予奖励。比如，作为推动守法的方式之一，该局提供了质量证书和如何改进产品质量的直接技术建议[51]。有效执法一般会产生有利的社会效应；化学局的质量证书减少了食品质量的信息不对称，而且作为向企业提供技术帮助的结果，很多食品的质量得到了提高[52]。

上述效率提高的结果更多地与公共利益观点相符而非监管俘获观点。某些制造商从执法活动中受益，因为他们得到了化学局的专业技术帮助，但准入限制很少（典型的俘获目的）。尽管如此，有必要指出只有行业也从化学局专业技术中受益，执法活动才可能成功。[53]如果行业无法从化学局的执法活动中受益，由于化学局很难向法院起诉制造商，就不可能存在有效的执法。比如，1912年的雪莉（Sherley）修正案要求化学局要获得有罪宣判必须证明制造商存在欺诈[54]。结果，对专利药品和成药行业的监管从未成功（这些产品首先激发起消费者利益集团对食品和药品监管的广泛支持）。很多成药捞一票就跑的性质，以及化学局极难在法庭上提供有力证据的事实意味着化学局在对误导性的治疗主张进行监管方面一般无效率[55]。因此，尽管消费者从《纯净食品和药品法》执法中受益，但并未像最初预测的那样通过改进药品质量和安全信息而受益。

六、结论

我们分析了1906年《纯净食品和药品法》的起源和影响。描述和统计证据都表明进步时代改革的三种主要观点（监管俘获，公共利益，官员和媒体的寻租行为）的微妙结合可以解释该法的通过。某些制造商、消费者和官员利益集团寻求监管以达到私人目的。由于这些利益集团的目的相互冲突，监管的政治局面陷入僵持状态。揭密媒体最终煽动广大消费者关注食品和

51 参见Law（2004）。

52 参见Robinson（1990），Young（1992）。

53 还有必要指出的是，那些从化学局专业技术中获益的行业团体不同于预测《纯净食品和药品法》将使竞争性市场对自己优势倾斜的行业团体。参见Law（2004）。

54 参见Young（1967，第49~51页）。

55 参见Young（1967，第60~65页）。

表 3　1903 年和 1906 年参议院对纯净食品和药品监管投票的解释变量的边际效应

	(1) 1903 年投票	(2) 1906 年投票
人均专利药产值	−0.14	−0.04
1900 年每千人拥有医生数	0.02	−0.04
每十万人拥有的参加 NFMA 的公司数	0.002	0.13
混合威士忌指数	−0.13	−0.02
纯威士忌指数	0.42	0.39
大型食品制造商指数	0.04	0.20
每千人参加 WCTU 人数	0.25	0.77
新教徒指标	0.01	0.16
共和党指数	0.10	0.38
一维 D–Nominate 得分	−0.26	−0.16

注：这些变量基于表 2 的 probit 回归估计并以相应的均值计算。

药品监管，并打破了僵局，使法律最终得以颁布。

即使如此，如果不对执法进行分析，就不可能知道这些利益集团是否像预想的那样从监管中获益。如果没有从监管中获益，那么监管的影响可能不会与任何一种监管理论的预测完全相符。由于上述最初为私人目的寻求监管的制造商利益集团并未对化学局的人员构成和动机产生影响，《纯净食品和药品法》的执法并未使竞争环境对它们有利。与此相似，由于那些游说进行监管的消费者群体没有预料到《纯净食品和药品法》在法院的执行如此困难，监管也未能使专利药品的信息质量大为改观。因此，在对消费者最重要的市场上“公共利益”并未得到实现。从监管中持续获益的集团可能就是化学局了。通过成功地游说立法，威利保证了化学局的未来。不过，这仅是部分成功，因为化学局的权力非常有限，直到 20 世纪 30 年代末规模都相当小。

化学局的执法活动为消费者和某些食品制造商带来了一些利益，但这些利益受到的限制并未被那些代表监管利益积极游说的利益集团预测到。因此，《纯净食品和药品法》的历史表明，理解进步时代监管的起源和影响不仅需要分析利益集团的动机，还需要分析限制这些集团最终能够获得利益的组织和制度制约。

（中国农业银行　辛亚杰　译　鄂丽丽　校）

美国金融危机与国际金融新体系
日本学者观点综述

王永中

美国金融危机是现代经济金融发展史上具有里程碑意义的重要事件，将对全球经济和金融格局的演变产生深远影响。日本学者对此予以密切关注。借在日本访学之机，笔者以“美国金融危机及危机对国际金融体系的影响”为题，访问了一些日本较为知名或活跃的学者。现将他们的观点整理成文，希望能为国内学者的相关研究提供初步的参考。

一、日美金融危机的比较分析

日本和美国的金融危机是战后以来两次最大的金融危机。日本学者对日美金融危机进行了细致的比较分析。伊藤隆敏[1]认为，日美金融危机有以下三点相似之处：货币当局的宽松货币政策和松懈的金融监管造成了资产泡沫，日本集中于商业地产，而美国则是个人住房；不动产泡沫崩溃，导致金融机构持有大量不良资产，金融企业资产负债表状况非常虚弱；政府采取的政策基本类似，向金融企业注入公共资金，购买金融机构资产或采取国有化政策。日美金融危机的不同点主要有：

1. 不良资产结构

深尾光洋[2]对日美银行不良贷款的来源结构进行了比较分析。他指出，日本的银行不良贷款主要来源于企业部门，企业把银行的贷款大量投资于股票和不动产。地产和股票价格暴跌，企业亏损很大，不能偿还银行贷款，形成了银行的坏账。美国银行不良贷款主要来源于家庭部门，过度举债的消费者用银行的钱来购买住房、消费。住房价格的下跌，使住房购买者无法通过再融资来偿还抵押贷款，从而导致大范围的违约行为，尤其是次级购房人。

小岛明[3]比较了日美不良资产的持有结构。日本市场当时没有证券化金融产品，日本的银行没有出售不良贷款，而是全部持有不良贷款，虽然银行的损失很大，但不良资产没有传递给其他类型的投资者和国外投资者。因此，日本金融危机是典型的一国内部的银行业危机。美国市场是高度

* 作者现为中国社会科学院世界经济研究所副研究员、博士后。日本经济研究中心访问学者。主要研究领域为宏观经济学、货币经济学。作者感谢日本经济研究中心山崎正树主任研究员和中岛裕纪子女士为采访提供的便利。文中观点未经被访者审阅。—编者注

1 伊藤隆敏（Takatoshi Ito），东京大学教授，曾任职 IMF 和日本财务省。

2 深尾光洋（Mitsuhiro Fukao），日本经济研究中心理事长，庆应大学教授。

3 小岛明（Akira Kojima），日本经济研究中心特别顾问，前任会长。

证券化的，商业银行通过复杂的证券化技术，将不良资产传染给几乎所有的金融资产。同时，美国还凭借其关键货币国地位，将不良资产销售到欧洲等世界各地，导致美国较小规模的次贷危机演变为规模空前的全球性金融风暴。因此，美国金融危机是全球性的、非常复杂的金融市场危机。

2. 美国金融衍生品 CDS 市场泡沫

深尾光洋认为，目前美国金融资产直接损失相对于 GDP 比例并不是很高（在 1.4 万亿美元损失之中，美国约占 60%，欧洲占 40%），甚至低于日本金融危机时期的损失水平。但美国金融危机最严重的问题在于信用违约掉期（credit default swap, CDS）这一金融衍生产品。信用违约掉期的市场规模达 60 多万亿美元，远远超过其他金融资产。实际上，衍生品交易是“零和博奕”，一方所赚，正是另一方之所亏。金融衍生产品含有虚假利润，高估了赢方利润，低估了输方亏损。衍生品定价不是由市场来决定，而是根据复杂模型得出，易被人为控制[4]。在信用违约掉期交易上，管理层为获得高额分红，倾向于高估现时费率收入（信用违约掉期的卖价），低估甚至不计算未来成本支出。一个典型例子便是美国国际集团（AIG）。美国国际集团之所以濒临破产，主要原因是卖了过多的信用违约掉期。出售信用违约掉期的保费收入基本等于未来保费成本支出，因而，信用违约掉期的价值实际上为零。美国国际集团将保费收入作为利润来报告，未能充分计算未来债务支出，未能从保费收入中拿出足够的储备以应付未来支付，因此报告了巨额利润。2005 年，美国国际集团 85%的利润来自信用违约掉期。信用违约掉期非常复杂，很难估计损失规模。因此，巴菲特 2003 年在伯克希尔·哈萨维公司的年报中称之为“大规模杀伤性武器”和“定时炸弹”。要解决信用违约掉期估值问题，必须要建立一个有组织的交易清算系统。平田秋明[5]也指出，目前信用违约掉期交易采取场外交易的方式。信用违约掉期价格可信度较低，对于不同的市场和交易主体而言，信用违约掉期价格是不同的。为实现信用违约掉期价格的公开化和统一化，需要建立类似于股票交易所之类的信用违约掉期清算机构。

3. 政府应对金融危机的政策

平田秋明认为，美国政府应对金融危机的速度要明显快于日本，但在不良资产评估上存在一些问题。日本当年向银行系统注入公共资金的速度缓慢。当时，日本民众尚未认识到向银行系统注资将会对宏观经济产生重要影响。他们普遍认为，纳税人的钱应用于公共用途，而不应单独用于银行。并且，当时民众对银行职员的高薪和银行较差的服务态度也心存不满。出于选票考虑，自民党在向银行系统注入公共资金问题上犹豫不决，以至于拖了几年时间。美国政府迅速采取行动，向金融系统注入公共资金，并创造新的融资工具以克服流动性紧缩。但美国政策不足之处在于，对银行等金融机构的救助不是以资产质量为依据，未对银行等机构的资产质量进行评估。日本对银行的注资是以银行资

---

4 例如，债务抵押凭证（collateralized debt obligation，CDO）的违约概率被严重低估了，债务抵押凭证中所包含的不同资产是高度相关的，不是风险分散的。因为次贷资产是高度同质高度相关的，如低收入、低信用记录和高违约风险，因此，一旦房价下跌，债务抵押凭证中不同资产可能同时违约。

5 平田英明（Hideaki Hirata），法政大学副教授，曾任职日本银行。

产质量的评估为依据。日本非常认真地评估了银行的资产质量，然后决定需要注入多少公共资金。而美国并没有那样做，在“太大而不能倒”的心理预期下，决定政府是否需要救助大型金融机构的是市场力量。例如，美国政府注资花旗银行的直接动因是其股票价格迅速下跌。这实际上是市场力量迫使美国政府援助花旗银行。这将对美国政府救援资金产生巨大压力。

伊藤隆敏也认同美国政府在雷曼破产之后的迅速反应。他指出，像雷曼这样大的金融机构破产，将对金融系统产生严重冲击，使金融危机变得更为严重，因此，政府的迅速救援行动是必须的。深尾光洋则批评美国政府在救市过程中，犯了一个重大错误是让雷曼破产，没有保护其债权人利益，引发市场巨大震荡，并导致美国国际集团立即陷入财务危机并寻求政府保护。

4. 美国对日本经验的借鉴

竹中平藏[6]强调日本处理银行不良资产经验对美国的借鉴意义。他指出，在解决目前金融危机问题上，许多国家采取向金融机构注资办法。这一措施是不够的。日本在这方面有重要的经验教训。1999 年，日本决定对银行部门进行注资，大规模资金被注入银行部门。即使如此，日本的银行危机仍然持续了四年。原因在于，银行资产评估或衡量方法不正确。如果银行资产评估方法不正确，人们便对银行资产负债表健康状况丧失信心。即使政府已向银行系统注资，人们也不知道金融危机什么时候结束。2002 年，竹中平藏就任经济财政大臣后，首先对银行不良资产规模进行评估和衡量，作为向银行注资或对银行实行国有化的依据。两年之后，日本的银行危机便结束了。因此，不良资产评估和衡量是一个非常重要的步骤，这是美国和欧洲应借鉴的一个重要经验。不过，日本金融危机是简单的银行危机，只是银行系统受损，很容易对银行不良资产规模进行评估。但美国危机不是简单的银行危机，而是复杂的金融市场危机，许许多多金融机构和金融资产受损。所以，对美国的银行不良资产进行正确评估，在技术上是复杂和困难的。

深尾光洋指出，美国政府基本没有借鉴日本经验。日本在对银行系统进行注资或国有化之前，作了严格而全面的尽职调查。美国政府在对金融机构注资或国有化之前，没有进行尽职调查。这可能与美国金融危机的危急程度有关。但尽职调查有助于维护对金融机构的信心。不过，美国对房地美、房利美和美国国际集团实行国有化，可以说是借鉴了日本的经验。

二、全球失衡与现行国际货币体系可持续性

美国金融危机固然与复杂的结构化金融产品、金融企业过度冒险、放松金融监管和宽松的货币政策密切相关，但还有一个非常重要但经常被人们忽略的重要根源——全球失衡。

1. 现行国际货币体系可以持续

竹中平藏通过引用学者观点来论证全球失衡和现行国际货币体系的可持续性问题。按照竹中平藏的观点，如果美国的巨额经常项目逆差可以持续，就不是坏事。1985 年，保罗·克鲁格曼曾写过一篇著名的文章《强势美元是否可持续？》。克鲁格

6 竹中平藏（Heizo Takenaka）：庆应大学教授，日本经济研究中心特别顾问，曾任日本经济财政大臣。

曼的结论是，强势美元是不可持续的。原因在于，当时美国积累了大量经常项目赤字，主要来源于政府财政赤字。政府财政赤字意味着政府负储蓄，美国政府负储蓄主要依靠外国融资，特别是外国政府的融资。所以，强势美元不可持续。广场协议之后，美元相对于其他主要货币实现了大幅贬值。

与20多年前相比，美国现在贸易赤字占GDP比重已经翻番。但是，有不少人依然相信美国经常项目赤字是可持续的。对此，哈佛大学理查德·库珀给出了一个明确回答。库珀认为，美国经常项目赤字之所以可以持续，是因为美国能够持续获得大量国外投资。库珀经常问的一个问题是，为何人们愿意投资美国？因为美国预期增长率很高，GDP年增长率约为3%。所以，包括中国在内的许多亚洲国家非常愿意投资美国。在竹中平藏看来，这是一件非常奇怪而有趣的事情。因为发展中国家和新兴国家的资本边际回报率显著高于发达国家。但是，许多发展中国家仍然愿意投资美国，原因是人们相信美国新经济可能带来预期快速增长。所以，许多人认为，美国经常项目赤字是可持续的。

现在的形势与网络泡沫时期完全不同。美国金融危机使人们对美元稳定性产生了强烈怀疑，非常担心因美元贬值而受损。一个典型例子是，在过去数月中，日元对美元呈现出明显升值趋势。现行国际货币体系的不稳定，不是由国际金融体系造成的，而主要是由美国国内货币政策错误所致。尽管目前货币体系存在不少问题，但这一体系仍然能发挥作用，还没有到要被取代的地步。

2. 现行国际货币体系不可持续

小岛明认为，现行以美元为主导的货币体系是建立在全球失衡基础上的。第二次世界大战结束时，美国是世界上唯一的生产国和出口国，其他国家经济一片萧条；美国也是唯一贸易顺差国，其他国家均为贸易逆差。现在，美国成为最大贸易逆差国，其他国家则是贸易顺差。当美国贸易为顺差时，美元短缺便出现了。因为其他国家需要更多美元去支付进口，但它们没有足够的美元。为解决美元短缺问题，IMF创立了特别提款权，向经常项目赤字国提供融资。现在，美国保持了持续的贸易逆差，美元供给已经过剩。作为国际关键货币，美元赋予了美国一个特权：为弥补经常项目赤字，美国可向外国借入以美元计价的贷款，而无须担心汇率风险。美国经常扮演投资银行家的角色。从世界各国借钱，一部分用于自身消费，另一部分投资于世界各地，通过“借短投长”的期限转换功能获取利差收益。美国的资产以外币计价，而负债则以本币计价，将由贸易失衡引起的美元贬值风险转嫁给别国。

20世纪80年代，美国曾对自身不断累积的经常账户赤字给予关注，并在1985年通过广场协议大幅下调美元币值，但并未能解决贸易失衡问题。此后，美国政府再也没有认真地对待贸易失衡问题。因为美国政府知道，它具有通过印刷美元来为经常项目赤字融资的特权，如果继续保持这种特权，就不用担心经常项目赤字问题。以至于在美国学术界产生了一些乐观观点。最近一些观点有：他国积累的外贸顺差别无选择只能投资美国的股票和债券；一种新的机制已经产生，贸易盈余国将以双方均满意的方式向美国赤字自动提供资金支持。

近30年来，每隔10年便发生一次金融危机。例如，1987年“黑色星期一”、

1997年亚洲金融危机和2007年美国金融危机。这些危机的一个重要背景都是，不断恶化的全球失衡。由于美国持续通过向外借款来为其日益膨胀的经常账户赤字融资，其净外债在2007年底已达3.2万亿美元，占GDP的23%。出于对规模不断膨胀的美国资产贬值的忧虑，贷款国开始降低美元资产在其外汇储备中的比重。因此，美元汇率大幅度调整，或美元崩溃，在任何时候都有可能发生。这就是全球失衡的危险之处。

美元过剩也是全球失衡引发的一个重要问题。大量投机性过剩美元，造成金融市场和外汇市场的不稳定。颇具讽刺意味的是，美国金融机构在这场金融危机中竟然拿不出美元资产。美国政府应认识到全球失衡问题来源于国内结构失衡，并拿出建设性解决办法。未来1~2年，美国需要救助陷入困境的金融机构和企业，增加政府开支，发行大量国债，印刷大量美元。但美国居民储蓄率很低，需要外国资金提供融资。美国政府用公共资金去救助金融机构和企业，增加政府投资，将恶化“双赤字”问题。

现行国际货币体系已经过时了，因为美国巨额经常项目赤字使得这一体系不可持续。美元将从世界关键货币地位上逐渐衰落，美国货币特权将逐步削弱。目前，包括欧元在内的任何一种单一货币均不能取代美元地位，国际货币体系将从以单一货币为主导向多元货币为基础过渡。不过，这个过渡期将是痛苦而漫长的。美国必须降低家庭部门在住房泡沫时期所积累的过高负债。美国消费需求将呈长期下降趋势。同时，在弱势美元支持下，美国贸易赤字将会下降。日本、中国等出口国需要增加国内需求以帮助美国调整。这将有助于促进全球失衡问题的解决。

三、美国经济前景与美元未来地位

水野和夫[7]从历史视角，对美国经济前景和美元的未来地位给出了令人印象深刻的分析。他认为，目前美国金融市场困境恶化，已从流动性短缺发展为资本短缺，资本短缺不仅仅局限于大的金融机构。美国借款人坏账规模将达1.3万亿美元，当银行减计这些巨额不良资产时，美国金融系统整体上将陷入资不抵债状态。在日本资产泡沫崩溃时代，实体经济在1998~2003年最困难，银行系统处理了80%~90%的不良贷款，银行资产萎缩导致新贷款的减少并加快收回延期贷款。根据日本经验，美国经济将挣扎3~4年时间，直至银行等金融机构将不良资产处理完毕。

以前，美国的银行可寻求中东国家主权财富基金的资金，以弥补资本损失。但由于美国银行股票价格急剧下跌，这些基金也遭受了巨额损失，因此，美国的银行难以从它们那里获得资金支持。由于美国主要银行的不良债权与资本规模相当，而不良贷款处理直到80%~90%后才见成效，因此，向私人银行部门注入公共资金是唯一选择。在美国家庭负债累累的情形下，通过提高税率来获取所需资金显然不是一个可行选择，美国政府只能通过发行更多债券来筹集资金。有能力购买这些债券的只能是外国投资者。2004年以来，美国新债年均发行量达4 000亿美元，外国购买比重达94%。所以，外国投资者对美国的生存至关重要。美国政府债券以美国政府的税收收入作担保，由于美国家庭陷入长期

7 水野和夫(Kazuo Mizuno)，三菱UFJ证券株式会社首席经济学家。

债务危机，新国债发行显然不能获得足够的偿还保证。美国向银行系统注入公共资金将有可能导致美元危机。为实施注资计划，美国需要寻求其他国家的支持或国际联合干预以支持美元。目前七国集团框架下的国际合作显然不够。为解决美元危机，需要中国和中东石油出口国的参与。不过，随着对美国政府征税能力的疑虑加深，外国政府和投资者继续购买美国债券的前提条件可能是，美国发行非美元计价债券。例如，1978年，美国卡特政府在美元危机时期发行了以欧洲货币计价的美国国债（卡特债券）。发行非美元计价债券将使美国更多地暴露于汇率风险之下。

美国金融危机是美元地位的历史转折点。第二次世界大战以来，中东国家支撑了以美元为主导的全球货币体系。但是，中东国家目前面临着输入型通货膨胀和外汇资产贬值等问题，这将可能促进这些国家将货币由钉住美元转为钉住一篮子货币，从而导致石油以美元计价机制的终结。即使各国合力阻止以美国为中心的战后国际体制崩溃，国际新秩序出现将不可避免。正如美国外交关系委员会主席理查德·哈斯所言，“全球化将增强非极化趋势”。在非极化时代，即使有一国扮演了美国现在的角色，也并不意味着现行体制的继续。因此，次贷危机和美元危机预示着“现代社会”的终结。

美国金融危机爆发的一个时代背景是低利率。日本已连续12年保持低利率，超过17世纪初意大利城邦热那亚保持的11年低利率纪录，成为人类历史上实施低利率时间最长的纪录。长期低利率是长期低利润率的一个近似变量。意大利长期超低利率是因为封建领主在中世纪体制下不能创造出足够利润。这导致了资本主义的诞生——资本和国家的“联姻”。日本目前的“利率革命”，意味着资本主义已陷入困境，导致了长期利率下降。21世纪，世界将转向全球资本主义，资本将超越国家疆界。16~17世纪，北美白银大量流入欧洲，导致欧洲“价格革命”，即严重的通货膨胀。西班牙是当时的白银交易中心和主要帝国之一，被迫宣布不能偿还债务。即将到来的美元危机将预示同样的事情可能发生。总之，金融资产泡沫、次贷危机和美元危机将是21世纪“价格革命”的组成部分。美联储前主席格林斯潘也承认，这场金融危机百年一遇。美元危机将严重威胁美元霸主的地位。1995年以来，美国政府一直保持着强势美元政策，导致了全球货币都流向华尔街，奠定了美元的核心地位。如果美元陷入困境，美国本身，以及那些依赖美国市场需求和以美国为投资目的地的经济体也将陷入困境。

尽管自美国金融危机以来，美元汇率一直呈现出强势，但日本学者一致认为，美元近来的持续升值是一种暂时现象，金融危机结束后，美元必将下跌。伊藤隆敏认为，美元强势地位不可持续。原因在于，在金融危机期间，美国的公司和金融机构的海外分支机构在全球出售资产，以帮助总部克服流动性不足问题。这些大量资金是以外币计价，若要回流美国，必须兑换成美元。这意味着美元需求增加，外币供给增加，从而美元升值。当美国金融系统恢复稳定后，美国公司和金融机构的力量将得到增强，这种形式的资本流入将会停止。所以，美元将会变弱、贬值。

平田秋明对美元和欧元、日元等长期走势作了分析。他认为，从长期来看，日元呈升值趋势，主要理由有：日本经济状况虽然很差，但目前经济、金融系统健康状况仍要优于美国；日本过去25年来经常项目一直保持着顺差；日本与美国的利差大幅减少。深尾光洋也指出，日本多年的通货紧缩是促使日元升值的一个重要因素。尽管欧洲经济与美国一样糟糕，目前投资欧元市场风险较大，但亚洲各国央行特别是日本、中国持有的外汇储备中主要是美元资产。根据投资分散原则，各国将会继续投资于欧元。因此，欧元在短期内可能呈贬值趋势，但在长期则呈升值趋势。

四、国际金融监管问题

日本之所以未像欧洲那样深陷美国金融市场，原因在于日本监管当局和金融企业的行为相对保守。日本证券化产品比较简单，基础资产估值较为容易。日本学者均强调改进对国际金融企业的监管，包括监管机构设立、监管机制协调和行为规则制定等方面。

1. 国际金融监管机构设立问题

竹中平藏认为，过度自由、不受管制、不受监督的金融机构显然不合适，G20会议应集中讨论金融机构和金融市场的监管问题。目前，对银行系统监管相对较完善，如国际清算银行(BIS)制定了系统的银行监管规则。但对于对冲基金、证券公司之类的金融机构，监管规则还很少。在这次金融危机期间，雷曼、贝尔斯登等投资银行的财务状况非常类似，均有大量资产损失。因此，欧盟提出加强金融机构监管以及协调货币金融政策的建议是比较务实的。IMF应被赋予某些使命来监管全球金融市场，或成立类似IMF的机构来监督全球金融市场的活动。

平田秋明探讨了设立国际金融市场的监管机构问题。他认为，由IMF担任国际金融市场监管者的角色不太合适，而国际清算银行则是较好的候选者。IMF职责首先是评估各国宏观经济状况，并决定是否向一些国家提供信贷支持，其次是评估各国金融系统的健康状况。但IMF不是国际金融市场的实际参与者，缺乏市场经验。各国中央银行比IMF要好，中央银行有调查、监管各国内部金融市场的经验。如果要选择一个现有国际金融机构从事国际监管工作，那么这个机构可能是国际清算银行。国际清算银行是中央银行的中央银行，远比IMF有实际市场经验，特别是在银行业方面。但问题在于，国际清算银行能否熟悉除银行之外，还包括投资银行、对冲基金等许多机构的整体国际金融市场。国际清算银行也许能够制定出一些较好的针对非银行金融机构的监管规则，但是它在银行监管方面也存在问题。例如，巴塞尔协议II对目前金融危机的发展负有不可推卸的责任。巴塞尔协议II在计算核心资本时引入了评级，风险资本权重取决于资产信用等级。如果信用等级下降，那么金融机构的核心资本将会迅速下降。因此，引入信用评级并不能有效评估银行的核心资本。同时，对国际金融市场的监管还应依赖市场力量。利用市场力量可能是解决复杂的市场监管问题的捷径。一些大金融机构可根据市场状况制定自律性市场监管规则，但市场自身制定的监管原则可能有利于企业自身，不利于公众利益，需要监管机构作适当管理与修正。从总体上看，国际清算银行可能是一个次优选择。

2. 金融企业并表监管和机构经纪业务的监管

深尾光洋提出，应加强金融企业并表

和机构经纪（prime brokerage）业务的监管。关于金融企业并表问题，他表示，美国金融机构通过设立结构性投资载体(structural investment vehicles, SIVs)来规避资本比率要求的做法非常普遍。当结构性投资载体面临流动性问题时，这些金融机构必须为其债务提供担保，或直接提供流动性，甚至将其并入资产负债表内。既然这些金融机构在需要时，须将结构性投资载体并入自身的资产负债表内，就不应该将其转移出资产负债表。金融机构与其下属的结构性投资载体账户分立的状况，导致潜在交易对手风险、资金使用和未来财务支出等信息没有在财务报表中得到充分披露。

关于机构经纪问题，深尾指出，对冲基金通常选择大的投资银行，如雷曼、摩根士丹利等公司作为机构经纪商。对冲基金将证券资产存入雷曼作为交易的保证，以此为条件，可从雷曼处借入货币、股票和债券等资产进行市场交易活动。与此同时，雷曼也可以把客户（对冲基金）存入的证券资产作担保，为自己筹集资金。这样，对冲基金和雷曼都利用存入证券资产为自己筹集资金，导致存入证券资产的过度使用。雷曼运用客户存入证券资产来筹集资金的行为非常危险。当雷曼破产时，那些以雷曼为机构经纪商的对冲基金也随之破产。这就是机构经纪制度的问题。因此，需要强化对存入机构经纪商的证券资产使用监管。

3．国际金融监管的机制与协调

伊藤隆敏认为，当前国际金融监管存在下述问题：一是监管力度弱，发达国家和发展中国家对金融系统的监管较弱，导致适当预警信号没有发出或预警信号发出了但没有得到重视。二是监管框架不统一。尽管私人金融机构活动已跨越国界，但各国的金融监管框架差别很大。各国监管框架应趋向于一致。对银行、证券公司和保险公司的监管应予加强。巴塞尔协议II需要修改以汲取目前金融危机的教训。三是各国金融机构破产程序差别大，很难使那些从事高风险投资且投资失败的国际活跃银行破产。据此，他提出下述建议：一是改进监管机制以避免未来的危机；二是增进各国金融监督和管制框架的协调；三是就广泛参与国际金融交易的大型银行破产程序达成国际协定。

五、IMF改革问题

关于IMF改革问题，日本学者赞同增加发展中国家特别是新兴国家在IMF的发言权，提高其投票权比重，但同时要求新兴国家承担更多责任。同时，日本学者还对IMF的总体定位和职能调整提出了一些建议。

1．IMF投票权改革问题

竹中平藏认为，IMF投票权改革问题，不仅取决于经济因素，而且受政治制约。一个和IMF改革密切相关而有趣的问题是，现在全球面临非常严重的金融危机，全球股票价格基本跌去一半，然而，实体经济与20世纪30年代大萧条时期相比并不是很糟糕。原因是新兴国家发挥了非常重要的作用。例如，中国GDP增长率从11%降至8%，印度GDP增长率从8%降至6%，尽管2%~3%的增长率下降已经非常大，但中印两国仍维持6%~8%的高增长率。根据一项预测，明年新兴国家GDP总和将超过美国。这是一个非常有震撼力和令人印象深刻的消息。因此，尽管全球实体经济将会下降，但表现不会太差，主要原因是发展中国家作用在增强。因此，发展中国家投票权应该增加。但是，投票权分配不仅仅取决于经济因素。三年前，关于联合国改革问题曾有过一次非常严肃的讨论。许多国家认为，日本在联合国的发言权和地位应该得到增强，日本也坚持要增强自己的发言权，但是中国反对。现在，越来越多的人认为，提高新兴国家在IMF地位是非常合理的。若事实果真如此，若中国、印度、俄罗斯和巴西在IMF中能承担起更负责任的角色，如中国政府对人民币弹性持更为积极的态度。对国际社会而言，这将是一个非常积极的变化，整个世界都将从这一变化中获益。

2. IMF职能调整

伊藤隆敏认为，当前全球金融危机，使改革国际金融系统特别是IMF显得尤为必要。他建议对IMF作出下述四点重大改革：一是增强IMF的独立性。独立性是IMF实行成功监督的关键。为使IMF能对宏观经济基本状况和早期预警指标进行客观公正的分析，IMF管理层和员工应独立于大股东。IMF目前的监督受执行董事会的紧密控制，后者则受大股东控制。在某些情况下，执行董事会曾胁迫员工不要发出强烈预警信号。二是对于那些因外国冲击而受到打击的小国，IMF应增强流动性支持的力度。IMF新贷款工具（New lending facility, NLF）应帮助那些遭遇流动性紧缩但有偿债能力的国家。当一个小国因他国原因而遭受大量资本外流时，IMF应无条件向其提供短期流动性帮助。IMF提供的贷款不应与该国配额相联系，但应计算资本外流规模。信贷支持应尽量不设置信贷规模和惩罚性利率等条件。IMF向那些遭受金融危机传染的国家提供资金，是为了阻止金融危机传导至其他国家。在IMF信贷资源耗尽时，那些持有大量外汇储备的国家可通过捐款方式给IMF提供流动性支持。三是IMF的金融部门评估规划应予以强化。建立IMF、国际清算银行和金融稳定论坛（Financial Stability Forum, FSF）的协调机制。各国应对其金融机构进行相应改革，以构建一套包括银行、证券公司和保险公司等金融机构监管框架的最佳行为准则。四是充当国际金融破产法庭角色。雷曼破产的教训表明，当一家国际活跃金融机构破产时，该金融机构在其他国家的分支或附属机构的资产就会被这些国家的监管机构冻结，以保护这些国家的投资者。但是，由于破产法在各国不尽相同，使资产出售和归还贷款人变得非常困难。IMF可扮演国际金融破产法庭角色以解决这一复杂的交易问题。

深尾光洋认为，IMF应加强向遭受流动性冲击的发展中国家提供流动性的职责。不过，发展中国家不能过度依赖IMF，不能过多举债。中国不利用外债来发展经济是明智的。当然，中国可能存在过度利用FDI的问题。借来的钱不可能发挥很大作用，而且非常危险，成本很高。一个国家外债占GDP比例在10%以内，尚可以接受，但若达到20%或30%，就非常危险。IMF可能不会甚至也没有能力援救。

针对一些学者提出赋予IMF在国际金融机构之中以核心地位的观点，平田秋明持反对意见。他认为，在国际经济越来越复杂的情况下，任何一个国际组织不可能在所有事情上都能成功，许多国际性组织都呈现出越来越专门化的趋势。因此，IMF的活动应有所侧重，不应拓展工作领域，应将援助贫穷国家以及遭遇资本外逃和资本流入突然停止的国家，作为最为优先的选择。

六、人民币汇率制度改革问题

汇率政策协调是构建国际金融新体系的一个重要环节。由于中国已成为全球失衡的重要因素之一，如巨额的经常项目顺差和外汇储备，因此，日本学者在讨论国际汇率制度问题时，关注的焦点自觉或不自觉地集中于人民币汇率制度的改革。

竹中平藏认为，人民币较大程度地钉住美元，对亚洲汇率制度造成一定扭曲，增加人民币弹性，对中国和世界而言，都是一件好事。因此，中国政府应抱着更为积极的态度来看待人民币弹性问题。不过，他表示理解，在当前金融危机和经济衰退的背景下，中国GDP增长率已经显著下降，人民币升值是一件非常痛苦的事情。但是，这种调整是必须的。

在深尾光洋看来，人民币汇率政策的失误在于，采取了缓慢升值的策略，人民币相对于美元名义升值20%花费了太长时间，形成了稳定的单边升值预期，导致大量外国资本进入中国，造成了中国的资产泡沫和通货膨胀问题。他认为，中国官方公布的通货膨胀率显著低于工资上涨率。例如，中国工资水平在过去四年中年均增长9%；上海工资水平在过去四年中已累计增长90%，上海劳动者的社会保障成本已经加倍。显而易见，中国劳动生产率提高的速度不可能达到工资上涨率水平。因此，中国工资水平快速上涨相当大一部分体现为劳动成本上升。所以，中国实际上是以通货膨胀调整（inflation adjustment）的方式实现人民币升值。这是在重复日本当年的错误。他还指出，中国对人民币汇率进行持续干预的一个结果，便是积累大量外汇储备。中国和日本的做法基本一样，主要是用来购买美元资产。但日本和中国的情况不一样的是，日本利率比美国低，如美国利率是5%，日本利率是1%，从而，日本政府从投资美国国债中赚钱。所以，日本政府不抱怨。但中国国内利率比美国高，若中国市场利率放开，国内市场利率应在10%左右。因而，中国投资低利率美元资产就会亏损。但中国如果不购买美元，人民币就会升值。这是中国所支付的成本。如果中国将人民币一次性升值30%，情况将会大为改观。不过，一次性升值过大可能对经济产生负面影响，但中国企业应具有足够弹性以应对这一冲击。当日元兑美元汇率在几个月间由360升至308，又很快由308升至260时，在日本国内有很多的抱怨。但从总体上看，日本企业的调整弹性超过政府预期。当然，一些竞争力较弱企业不可避免地破产了。

关志雄[8]认为，在人民币汇率问题上，蒙代尔和麦金农的观点是错误的。蒙代尔近年来，一直反对人民币升值，主张维持钉住美元制。其理由是，如果人民币升值，就会出现“来自海外的投资减少”、“中国经济增长速度下滑”、“中国农村地区通货紧缩压力加大”等不利因素。蒙代尔的近期观点与早年提出的“蒙代尔定理”自相矛盾。根据“蒙代尔·弗莱明”模型和随后扩展的“不可能三角”理论，即无论在哪个国家，“自由的资本流动”、“独立的货币政策”和“固定汇率制度”，这三个目标不可能同时实现。迄今为止，中国实际上维持与美元连动的固定汇率制度，并通过限制资本流动来维持独立的货币政策。但是，在中国加入WTO后，国际资本流动日益活跃，资本控制的难度越来越大，因此，中国

8 关志雄（Chi Hung Kwan），野村证券株式会社资本市场研究所主任研究员。

为维持独立的货币政策就应向浮动汇率制度转变。而且，在与美元连动情况下，中国实质上加入了美元区，中国利率受美国利率左右。根据蒙代尔“最优货币区”理论，如果中美两国之间景气循环连动性高，中国加入美元区，将货币政策委托给美联储未尝不可，反正中国会采取与美国类似的货币政策。但中美两国经济增长率的相关性极低，与美元连动，与其说是带来稳定，不如说是加剧了波动。近年来，中国货币当局为维持人民币对美元汇率的稳定，不得不进行大规模干预，结果是引发了流动性过剩和资产泡沫。这一状况与80年代后期的日本越来越相似。中国过于担心日本所经历的本币升值带来的通货紧缩压力（麦金农），而忽略了为阻止日元升值所采取的宽松货币政策反而助长了泡沫膨胀这一事实（黑田东彦）。关志雄提出，在当前国际远期外汇市场预期人民币兑美元贬值的情形下，借鉴日本在“尼克松冲击”期间汇率管理的经验，在维持资本流动管制条件下，实现人民币汇率向浮动汇率的转变。

七、构建国际金融新体系与中国的角色

竹中平藏认为，建立一个像世界银行这样的全球性金融机构是非常困难的，而建立区域性金融机构，如亚洲货币基金组织，当前情形下应该得到更为认真的考虑。对全球性金融系统进行调整是必要的，但在此之前，应调整区域性金融系统，甚至包括双边金融协定。这类似于国际贸易领域。例如，尽管全球性谈判机构WTO很重要，但区域性APEC和双边自由贸易协定也很重要。因此，全球性、区域性、双边机构之间是互相补充，而不是互相竞争的关系。乌拉圭回合协议之所以在经过10年艰苦谈判之后仍得以达成，是因为APEC的成立推动了WTO的建立。所以，在构建国际金融体系问题上，一个建设性的思路是将全球性、区域性、双边性三种层次的金融机构结合起来。当前，应认真考虑的一个议题是，建立区域性的亚洲货币基金组织。美国和欧洲国家可能会反对，但是日本、中国可以互相合作。在构建国际金融新体系问题上，日本和中国的合作非常重要。目前，日中两国都持有巨额外汇储备。如果日中两国能合作，将会对美国产生强大影响力，尽管美国综合实力仍然强于日中两国。日本现已清醒地认识到，中国经济力量非常大，没有中国的合作，日本是不能成功的。当然，有些时候，日本和中国的方案是互相竞争的。但是，合作是非常好的一件事情。特别是在美国遭遇金融危机的情况下，日中可以合作去说服美国同意建立一些有利于亚洲和日中两国的国际金融规则。

深尾光洋认为，要建立国际金融新体系，制定新的国际金融市场监管规则，至少需要两至三年时间，需要举行多次副部长级别（如财政部副部长和中央银行副行长）会议。二十国集团（G20）峰会仅是一个昂贵的聚会，是个政治仪式，层次太高，不可能讨论监管规则这样非常谨慎而具体的问题。目前，在国际金融领域，十国集团（G10）是主要规则制定者。十国集团中央银行行长每个月都在巴塞尔开会一次，称为巴塞尔会议。国际清算银行监管规则由十国集团中央银行行长会议制定。十国集团央行行长会议还控制了IMF的理事会和金融稳定论坛（FSF）。十国集团是IMF最大的联合董事。同时，十国集团的财政部长和中央银行行长是OECD工作组会议最

为重要的参加者。十国集团副部长会议是该集团最为重要会议，由成员国财政部副部长和中央银行副行长参加。十国集团部长会议是由财政部长和中央银行行长参加的会议。在IMF理事会，十国集团通常举行部长会议，以协调成员国立场。在部长会议之前，通常举行副部长会议，研究决定具体而重大的问题。十国集团副部长会议控制了IMF的一般借款协定机构(General Arrangements to Borrow，GAB)，IMF的拨款方案由一般借款协定机构制定，从而，十国集团副部长会议实际上控制了IMF的财政权。因此，十国集团是国际清算银行、IMF和OECD的实际控制者。现在，十国集团这样一个组织已经变得过时了。例如，尽管中国变得越来越强大，但中国却没有机会与十国集团一起讨论国际金融问题。未来几年，中国应坚持加入十国集团。这意味着中国能参与国际清算银行监管规则和IMF拨款计划的决定过程。在参与十国集团的过程中，中国可获得更大的权力和更多的信息。但与此同时，中国必须承担更多的责任。中国必须接受十国集团制定的一些监管规则，允许其在国内实施。若如果中国要参加OECD工作组会议，必须是OECD成员国，要加入OECD，中国必须接受其相关资本规则，开放资本市场。

深尾光洋指出，中国应该在IMF、世界银行中发挥更为重要的作用。中国要谋求在国际金融市场有一个强大发言权，不仅需要解除汇率管制，而且需要建立一个强大的中央银行系统。如果中国政府放开人民币汇率管制，并保持金融系统稳定，经过五年左右时间，中国有可能发挥比日本更为重要的作用。如果人民币逐渐国际化，逐步放开资本项目的控制，人民币将成为在亚洲的支配性货币。但要实现上述目标，需要中国有一个稳定的货币政策和独立的中央银行，需要对政策制定过程进行重大改革，经济计划政策的地位应降低，而货币政策和财政政策的地位应得到显著增强。中国政府需要减少对金融机构的管制，加快对国内大型金融机构的私有化改造，出售所持有的金融机构股票。目前，美国正在对其金融机构实行国有化，但其方向是很清晰的。在金融市场恢复常态后，美国政府会售出其所持有股份。欧洲国家也是如此。从这个意义上说，中国政府应让大的金融机构私有化，减少和消除政府对金融机构干预。